中国文博名家画传

谢稚柳

郑重 著　文物出版社

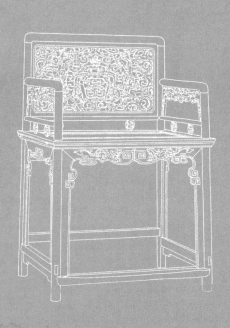

目
录

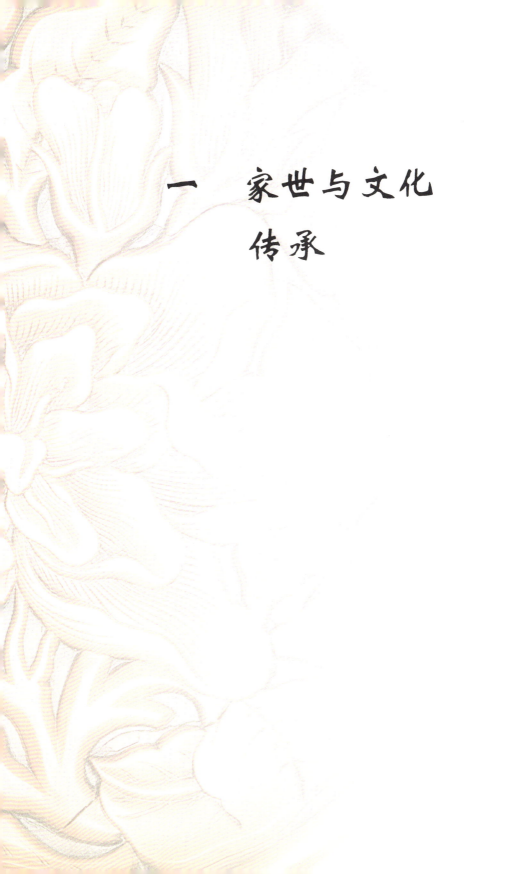

一　家世与文化传承

（一）谢氏家族

中华姓氏探源，谢氏在西晋以前算不上大姓，也称不上是名门望族。而到了西晋的八王之乱，琅琊临沂王氏与陈郡阳夏谢氏随晋室南渡，在长江以南得到发展。王谢两家互相扶植与提挈，在乌衣巷聚族而居，代代有人，朝朝为官，贯穿东晋、宋、齐、梁、陈，历时三百年。对此，唐代诗人刘禹锡不无感慨地吟道："朱雀桥边野草花，乌衣巷口夕阳斜。旧时王谢堂前燕，飞入寻常百姓家"。但谢氏与王氏显然南风不竞，二者家风也有别。古诗有云："乌衣巷在何人住?回首令人忆谢家。"

现在，也让我们回过头来"忆谢家"吧。

谢氏先人能有些名气，还是从晋代谢衡开始的。他娴于掌故，通晓礼制，被称为"硕儒"。谢衡的三个儿子谢鲲、谢裒、谢广，老二谢裒和老三谢广虽官至尚书，但都生卒年不详，可见没有太大建树，唯老大谢鲲史上有名，可是又和老子的儒学分道扬镳，崇尚老庄，纵酒放诞。酒兴浓时，则赤身裸体，披头散发，寄情山水。几十年后，大画家顾恺之为谢鲲画像，背景便是层层叠叠的岩石林木。问他何以如此，他说："此子宜置丘壑中"。

谢鲲的精神与风格中的一些基本要素，由子侄辈谢安、谢尚、谢奕、谢万等传承下来，特别是风流宰相谢安把这种家风发挥到最合理、最理想的境界，进一步确认了那种"官—隐"、"魏阙—山林"的生活理想。

随着生活环境的改变，谢家所仕宦的朝廷衰亡了，他们自身也败落了，那种倜傥风流、钟鸣鼎食的气象也烟消云散。谢氏子弟走出乌衣巷，其中有一朵飘到当今称之为常州的地方，生育繁衍，成为常州"新出门户"，有着蒸蒸日上的气象。

常州谢氏家族，一门风雅，工诗善文，历代不辍其家学。这一支脉的始祖谢春堂有三个儿子，梦葭最长，"才气俊迈，于诗尤长"。举秀才，后因暴疾突发，死于京师，著有《剪红轩诗稿》一卷。梦葭的两位弟弟玉阶、香谷，皆受学于梦葭，因家计困难，兼治商业，但未肯废读，性喜为诗。玉阶有《吉祥止止室诗》一卷，香谷有《运甓小馆吟稿》一卷。兄弟之间，"每有所得，必相与商榷，一门之内，怡怡相唱酬，至乐也"。

谢祖芳号养田，为谢玉阶的长子，谢稚柳的祖父，少年时代即以诗名于乡里，是清代举人，著有《寄云阁诗钞》四卷。他的诗多得天籁妙趣，深博时人好评。崇尚自然的谢养田，仍然传承着"乌衣巷"谢氏的遗风。他早年仕途，奔波于黑龙江漠河等地。中日甲午之战，养田作诗述怀，悲愤之情，跃然纸上，放达而不失爱国之情。

养田的两个儿子仁卿、仁湛皆为秀才，以诗词见长。仁卿著有《青山草堂诗钞》和《青山草堂词钞》各一卷，仁湛著有《瓶轩诗钞》和《瓶轩词钞》各一卷。养田之妻钱蕙荪五十大寿时，全家赋诗酬唱，其乐融融。

谢仁湛字柳湖，也就是谢稚柳的父亲，娶宜兴傅宾用之女傅湘纫为妻。为生活计，仁湛远游于楚。其表兄钱振煌有文记载："仁湛身长貌晰而多病，顾以无财，不乐家食，遂游于楚，始客濮上，继客萍乡，又客湘潭。"仁湛《思亲篇》诗云："家贫谋衣食，囊笔走四方。频岁楚赣游，堂上鬓已霜。"仁湛、湘纫夫妇感情甚笃，长期分别，异地而居，凭添了无穷的思念。为生活所迫，他已没有乌衣巷谢家的轻松潇洒。

1910年5月8日，暮春的江南，草长莺飞，正是风物宜人的时候，谢仁湛和傅湘纫最小的儿子诞生了。他就是谢稚柳，初名谢稚，不知是不是因为父亲号柳湖的关系，后来就改名为稚柳了。

这一年，谢仁湛三十二岁，傅湘纫三十岁，他们已经有五个孩子。长子谢觐虞（字玉岑）十一岁，大女儿谢汝眉（字青若）九岁，二女儿谢亦眉（字缄若）八岁，三女儿谢月眉（字卷若）六岁，四女儿谢介眉（字蟠若）三岁。按排行，谢稚柳是老六。

谢稚柳出世的第二年，父亲在湖南湘潭患腹疾，一月开始腹痛，三月而痢，四月抵家，虽经名医诊治服药，但仍腹泻不止。因为久痢，不能不补，偶服甘温燥剂，则腹痛如刀割，添补不进，到五月便去世了。父亲去世不到一个月，伯父仁卿又患了痢疾，服药无效，于七月病逝。

不到百日，父亲和伯父相继亡故，使祖母失去儿子，母亲失去丈夫，儿女失去父亲，这对钱蕙荪、傅湘纫婆媳是何等沉重的打击！祸不单行，父亲去世后不久，家里又遭火灾。房子全被烧毁，不得不另外择地而居。这时，谢氏的家境完全破落了。

（二）老祖母与《谢氏家集》

谢家破落后，钱振煌即去安慰姑母，即谢稚柳的祖母钱蕙荪，并把谢家长子玉岑接出去读书。自此之后，钱谢姻缘更是亲上加亲，钱振煌的女儿嫁给稚柳的长兄玉岑，稚柳的大姐汝眉嫁给钱振煌的侄子，四姐介眉嫁给振煌的儿子小山。钱谢联姻，在江南常州传为美谈。

悲恸还未从心头消退，钱蕙荪即向侄儿振煌提出刻印《谢氏家集》一事。谢氏诗人辈出，以诗传家。但在梦葭、玉阶、香谷去世后，兄弟三人的诗稿荡然无存。辛未春（1871年，同治十年），谢养田于菱溪钱氏家得其父玉阶《三十述怀》诗二十首，后又在如皋张氏家得谢氏兄弟诗若干卷，都是谢香谷在张氏学馆教书时的手抄本。对诗集中零乱及残缺的地方，养田一一补正，重加编次，辑录成册，但未及出版，他便去世了。仁卿、仁湛兄弟拟续刻谢氏家集，以实现父亲的志愿，并与钱振煌商量刻书体例，但未刻成，仁卿、仁湛兄弟便相继身亡。为了告慰丈夫、儿子们的在天之灵，为了让后人继承先人遗风，她决定完成这未竟之业。此时正值清王朝覆亡之际，天下大乱，而一个深闺老妇，竟有如此之胆识和魄力，诚为凤毛麟角！

钱振煌也早有出版《谢氏家集》的想法。姑母的委托，更增强了他的责任感。可当时他正弃官回乡，经济上也很拮据。但他靠教书鬻字，终于使《谢氏家集》成书，完成了两代人的遗愿。他在《谢氏家集》后面的跋中写道：

> 今年春，姑母呼予谓之曰："谢氏家集，尔姑丈在欲刻不果而死，仁卿兄弟又不果刻而死，今又不刻，我又将死。世虽乱，吾欲见吾书一日成，盍为我谋?业贫也，终不以不刻书而富矣，虽费吾不恤矣"。予奉命遂卒成之。哀哉!谢氏家集而成于吾之手，天下事可料也哉!今釐为十三卷，姑丈先世诗三卷，姑丈诗四卷，姑母诗一卷，姑丈季弟君规遗文一卷，仁卿兄弟诗词凡四卷，以壬子三月毕役。

壬子年为1912年，正是孙中山失去大总统职务之际，也正是钱振煌避乱归隐生活的开始。可以想见，他当时的困难和痛苦，然而却完成了《谢氏家集》，钱振煌的道行德性可知矣!

（三）寄园求学：钟情陈老莲

谢稚柳十一岁学诗，先学平仄声韵，学对偶，然后五言、七言、古诗、长短句。学诗不久，便自作七言绝句，有景有情，出手不凡。老师为他的才气叫好，说他和他的兄长谢玉岑是"谢家双玉树"，将来必成大器。

1925年，十五岁的谢稚柳带上书箧行囊，到兄长谢玉岑求学的地方——寄园，拜表伯钱振煌为师。

寄园既是钱名山著书处，亦为他讲学的地方。

钱振煌又名钱名山，字梦鲸，号谪星，后号名山，又号庸人。早岁曾自署"星影庐主人"，晚年自署"海上羞客"（图一）。生于清光绪元年（1875年），世居阳湖菱溪。1890年，中秀才。1893年，中举人。1903年，中进士，做了一个"刑部主事"的冷官。辛亥革命后，他绝意仕途，束发作道家装，著书讲学于寄园，开始了三十余年的隐居生活。

一　谢稚柳的老师钱振煌

钱名山的学风开明，很少体罚学生。学生多的时候，寄园住不下，便住到他的家里去。他对教学是认真的，每天晚饭后，总要查看一下学生自修的情况。深夜里听到学生读诗平仄不协时，即使已经躺在床上了，也要起来纠正。在一般的情况下，他每天都是摇铃上课，给学生讲书，教学生作诗，主张"诗要有理、有意、有味，并要有声、有色"（《与郑生曼青书》）。讲完了书，他就去做自己的学问了，时间安排得很紧。学生怎样读书，能背诵多少，读些什么书，他是不大过问的。但是对学生的文章，他却有着严格的要求，每隔七天出一个作文题目，学生的文章做得不好，他就要找学生谈话。谢稚柳的文章，经常受到老师的称赞，在他的作文本上，老师会画上许多红圈圈和红杠杠，表示称赞。

最使谢稚柳感兴趣的就是和老师聊天。每天晚上，学生们除了念书之外，就是陪老师闲聊。天南海北，想到哪里就聊到哪里。有时，老师也让学生猜谜语。这样的生活，给谢稚柳智慧，也给他乐趣。

在寄园读书时，谢稚柳除了做论说文之外，还跟老师学写诗填词。他很喜欢读李长吉和李义山的诗，写诗时也学习"二李"的风格。对南朝的山水诗，谢稚柳表现出特别的热情。

他从家中找到一本《谢康乐集》，那是中国山水诗开山之祖谢灵运的诗文集，但老师对他说："你还小，不要太迷恋这些东西"。

二 谢稚柳早岁临陈洪绶《折枝梅花图》

三 1946年谢稚柳仿陈洪绶绘《寿石梅鸟图》

十六岁那年，谢稚柳住在老师的小房间里，画了一张梅花。老师看了，笑着对他说："你画得太'散'了"。随即把收藏的古代字画拿出来给他看，让他临摹。最使他不能忘怀的是令他一见钟情的陈老莲的《梅花》。这幅绢本《梅花》，那凌空铁骨、荡胸云气、眩目明霞，带来缕缕清香，传来一派春之讯息，令他惊诧，令他叹息，令他爱不释手。更使他感到奇怪的是在梅花老根的旁边，三条嫩枝破土而出。这种奇僻的情调，令他不禁拍案叫绝。从此，他迷上了陈老莲的书画（图二、三）。

（四）深厚的家学：文化传承的基因

谢稚柳三岁丧父，但一部《谢氏家集》，使他知道自己家庭的文化传承关系，那是他读书之后的事了。从父亲的诗句，谢稚柳知道父亲是很欢喜他们兄弟姐妹的，诗中说"稚子聪明喜可知，吟诗识字性娇痴"，"最爱膝前三岁女，笑啼能解阿娘愁"。父亲也写了许多怀念母亲的诗："唱罢阳关唱傲侬，羡他牛女又相逢。茫茫一片长江水，更比天河远几重。"父母如此情重，父亲英年早殒，母亲的悲痛该是何等深重！尤其是他的《愤世吟》一诗，让谢稚柳了解到父亲是个志洁行廉、有学问且卓尔不群的人。他不肯随俗浮沉，自甘淡泊清贫。

对父亲了解最多的，还是从表伯钱振煌的诗文中。仁卿、仁湛逝世，钱振煌写了《哭表弟谢仁湛文》、《哭表弟谢仁卿文》与《哭柳湖》、《哭仁卿》及《伤二谢》诗。在诗文中，钱振煌对他们的才情表示极为钦佩。比振煌小三岁的仁湛，少年时代常和他一起嬉戏诵读。振煌哭表弟说："凡余所读书，仁湛靡不读；予所议论，仁湛靡不力赞；予为文字，仁湛靡不喜而记诵。而仁湛积为诗词，予见之未尝不欣然而喜也。"

从表伯钱振煌的诗中，谢稚柳对伯父仁卿也有所了解。"仁卿少予一岁，幼相爱，至亲中无与比。诗词清丽，好蓄书籍玩物、书画古董，客到门无虚日，书画友至，则备纸墨，授笔以写，布纸满地。

予尝以其居为风雅之林。仁卿既笃志好古，是时为时事之学，皆足以博多金，或为仁卿惜。仁卿曰：'吾能食粥。君弟仁湛虽就食于外，或以世所谓学堂教习者，辄拒之。嗟呼，君之兄弟，今世其可复得哉。仁卿为人，急公好义，凡予事皆得其助。而仁湛尤纯孝。昔吾姑母病目几盲，仁湛为母舐目一月，乃愈"。

谢稚柳出生在这样的家庭中，有着深厚的文化背景，血管里自然流动着诗、书、画的血液，火以薪传，谢氏家风的传递重担也就自然地落在他的肩上。

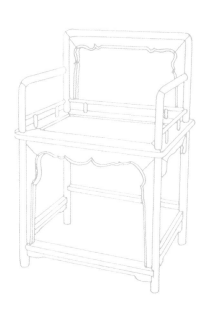

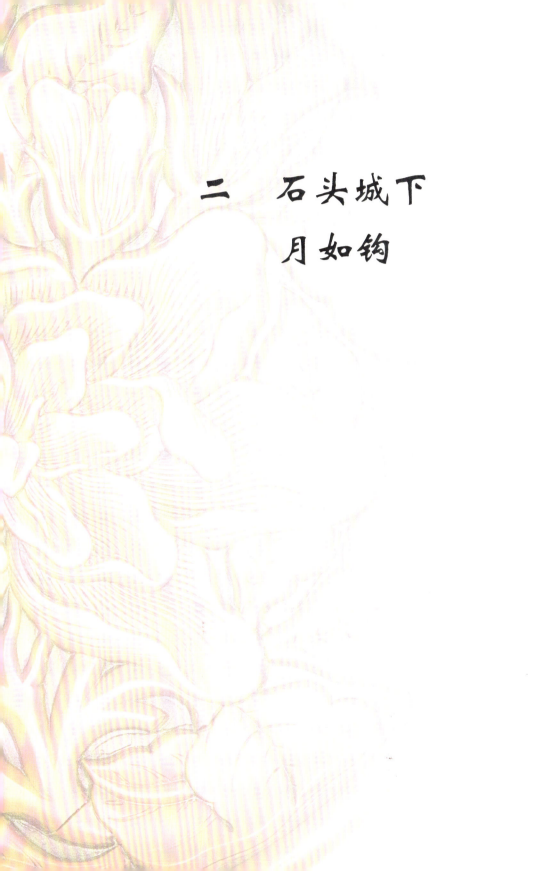

二　石头城下
月如钩

（一）初识巨然《秋山问道图》

　　1929年，十九岁的谢稚柳，告别寄园，告别恩师，到南京谋生。由族叔谢仁冰推荐，入国民政府财政部关务署，从事档案管理工作（图四至六）。

　　南京是历史名都，六朝胜地，古来书画家云集，人称书画之都。他白天在关务署抄写，晚上就在关务署的职工宿舍里画画。这时，他还是迷恋陈老莲，到处寻找陈老莲的画迹。当时的南京，经常举办书画展，也有许多古旧书摊，他趁假日去参观，拣便宜的买，不知不觉，搜集了许多。那时故宫博物院的藏品已经转运到南京。故宫

四　二十三岁的
　　谢稚柳

五 二十六岁的谢稚柳摄于苏州网师园大风堂

藏品很多，那里虽然也办些展览会，但只看展览会上的那些画，谢稚柳还嫌不足。他有位好朋友叫朱家济，在故宫博物院工作，利用工作之便，常带他到故宫博物院的库房里去浏览。那儿藏画极丰，他如进宝山，不禁心旷神怡。谢稚柳与朱家济、朱家潘兄弟相交几十年。朱氏之母张宪祇，善画花鸟，晚号韵莆老人，手抄《陶渊明诗

六 意气风发的谢稚柳摄于南京
七 谢稚柳为朱家溍之母手写《陶渊明诗集》所绘陶渊明像

八　二十七岁的谢稚柳摄于南京栖霞山

集》，装订成册时，朱氏兄弟请谢稚柳绘陶渊明像置诸册前（图七）。
1949年后，朱家济任职浙江省博物馆，朱家溍任职故宫博物院。

　　在南京、北京看到的书画，极大地开阔了他的眼界，令他感到
古代的书画世界丰富浩瀚，珍奇瑰丽。印象最深的是巨然的《秋山
问道图》。巨然是钟陵开元寺僧，宋代画家，工于山水。他的《秋山
问道图》笔墨秀润，布景天真，烟岚气象，平淡趣高，深深扣动了
谢稚柳的心弦。谢稚柳从米芾的《画史》上，虽然知道巨然是学江
南画派开山祖师董源，但巨然的风格到底是什么样子，却从未见过。

　　由巨然而上溯其师董源，他不辞辛劳，寻幽探秘，终于又逐一

看到了这位南唐山水画家的传世之图。巨然、董源的画无疑给谢稚柳以巨大影响。他临的第一幅山水就是巨然的《秋山问道图》。他原来是画花鸟的，所以巨然的《秋山问道图》也是他由花鸟转向山水的一个转折点。当然，这是二十七岁以后的事了（图八）。

谢稚柳一生都痴迷董源和巨然，不只是最早的山水从巨然而来，直到晚年，他对巨然仍是难以忘情。1982年，在他七十二岁时，为画家编全集，第一本就是《董源、巨然合集》。经他一生鉴定，巨然的传世画作都没有逃脱他的眼睛，被推为真笔的有八图，即《秋山问道图》、《万壑松风图》、《山居图》、《溪山图》、《层岩丛树图》、《萧翼赚兰亭图》、《溪山兰若图》、《湖山清晓图》（图九）。经过他多年的研究，直到编全集时才明确裁定前四图为巨然的真迹。在前四图中，又以《秋山问道图》最为著称，推为巨然画笔的典范，并以此图裁定其他三图，"风骨性情，纯属一致，同出一人手笔，昭然可见"。"《层岩丛树图》、《萧翼赚兰亭图》、《溪山兰若图》三图，与《秋山问道图》风貌有别，可以说是纯属二事"。《湖山清晓图》已是刘道士的画笔了。

对某一个画家的研究，谢稚柳用心几十年之久，足见其精心与慎重了。

（二）张谢之交的开始

论资排辈，在画家中谢稚柳和张大千、徐悲鸿是同辈，但谢稚柳是最年轻的。

张大千比谢稚柳大十一岁。他们的交往是顺理成章的事情，正如谢玉岑与张大千的交往一样，由兄及弟。谢玉岑以诗书名重一时（图一〇），张善孖是当时的著名画家，两人作画赋诗，在当时的文坛传为佳话。张善孖的弟弟张大千，便因其兄的关系与谢玉岑交好。谢稚柳又因其兄谢玉岑的关系，与张大千结为挚友。

1930年冬天，张大千画展在上海举办。二十岁的谢稚柳正在谢玉岑那里，玉岑便带着他前往参观。张大千曾听说稚柳人才出众，文采风流，一见即知为笔墨中人，相见恨晚。稚柳看大千，果然长髯浓密，潇洒非凡。而那满堂的墨彩，多为清湘、渐江、髡残风貌，豪迈奔逸，才藻新奇，采各家所长而自成面目。张大千赠给谢稚柳的见面礼是一幅他自己画的山水画。此次见面，拉开了张大千、谢稚柳友情的序幕。

谢玉岑诗坛风流，在他生前，善孖、大千昆仲的题画诗多由他代笔。张大千当时住在苏州，每隔几天，就乘火车

一〇　谢稚柳胞兄谢觐虞

到兰陵探望谢玉岑。每次探望，都带着自己的画作，请谢玉岑指点。当时张大千的名气还不大，而谢玉岑已名播江南（图一一）。但谢玉岑对张大千独具慧眼，认为张大千来日必叱咤画坛，张大千亦以兄尊之。每每张大千作画，总是请谢玉岑在画上题诗。张大千跟着谢玉岑学作诗词，即使玉岑在病中，张大千前往探病之际，也未放过向他学习的机会。这段时间大千的画，多由谢玉岑题诗。现在能看到的有《题大千仿渐江山水》、《题大千黄海三十六峰》、《题大千山水》、《题大千居士仿戴鹰阿浮槎图》、《题大千作团扇仕女图》诸诗。谢玉岑心知张大千来日必主画坛，而他却自叹命蹇等不到那一天。在自知沉疴不起的时候，以长子伯文（号宝树）相托。伯文幼小失语，宜于学画。张大千含泪允诺，收伯文为门下。

张大千为朋友作画最多的当推谢玉岑。谢玉岑夫人钱素蕖病逝，张大千作丈幅白荷《睡老鸳鸯不嫁人》及《天长地久图》相悼。谢

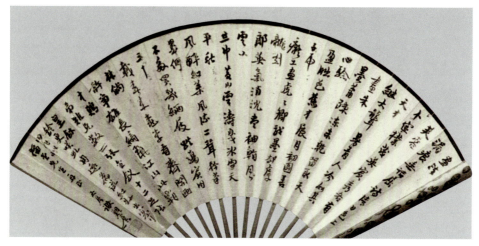

一一　谢觐虞书法扇面

玉岑病逝，张大千特别画荷花、梅花幅悬挂在灵前，这是谢玉岑生前最喜欢的。

　　谢玉岑去世，但谢稚柳和张大千的友谊还继续着。张大千常把谢稚柳当小弟弟看待，除了关心谢稚柳的画艺进步外，有时也请谢稚柳代为其撰文赋诗。

（三）黄山归来不看岳

　　1936年，第一次全国美术展览会后，张大千、谢稚柳、于非闇一起去游览黄山。

　　到了黄山，正好遇到徐悲鸿，就结伴而行。徐悲鸿挂一根棍子。入黄山门，从汤口向半山寺，一路山峰峭立，云雾缭绕。时值春天，野花烂漫，奇卉馨香。清奇古瘦的劲松，嶙峋突兀的怪石，还有流水、岚气、鸟语，到处是诗、是书、是画，叫人灵感丛生。黄山有一条石径直达山顶，石径很陡、很窄，容不得两人并行。徐悲鸿自恃有棍，挂着走在前面，又贪看山景，岂知雾重路滑，一个跟斗，竟摔了下来，紧跟在后面的谢稚柳，正好被他撞倒，也一个跟斗往下滚。谢稚柳年轻体壮，反应敏捷，一翻身就势抓住石崖，立稳了脚跟，连忙去扶起徐悲鸿。张大千在下面哈哈大笑，脱口说出一副对联：徐悲鸿金鸡倒立，谢稚柳鹞子翻身。山中气候无常，突然下起暴雨来。他们事前毫无准备，只好冒雨往上爬。而这一段山路又特别艰险，要到文殊院方可住宿。好在文殊院已经不远，又登上一个山崖，再翻上去，终于抵达文殊院。他们在此驻足，一个个像落汤鸡。寺内僧人出来迎接他们，可是谁也没带衣服，他们便把湿外衣脱下来，晾在栏杆上，每人只穿一条湿淋淋的短裤，大家相视而笑。

翌日，湿漉漉的山石、松树发出清香，他们已经爬行在登天都峰的峭壁之上。张大千不是初来乍到，谢稚柳却是头一回。鲫鱼背是天都峰的绝险处。那路就如同鲫鱼的背脊，窄得只能容一人通过，两边是万丈深渊，山高风疾，挟人欲飞。那时又没有栏杆，无处攀援，望之令人丧胆。临到鲫鱼背前，正当有人从对面过来，那过来的人手脚着地，匍匐爬行之状，让人战栗。张大千爱开玩笑，这时又卖起关子来："此处很险，不过去了吧。"徐悲鸿先前摔了一跤，此时有点犹豫。谢稚柳正在观望，一转脸，不料张大千已经过去了，在那边对着他们挥手，山风吹拂着长髯，仿佛一云中道者。谢稚柳青春年少，何惧艰险，也壮着胆子走了过去，接着便都过去了。从天都峰下来，复经玉屏登莲花峰，上面有棵蒲团松。石涛曾画过一棵蒲团松，所以张大千一见即振奋起来，攀上去坐在松顶拍照。

这次黄山之游，谢稚柳受到的启示很多。黄山山体的劈地摩天，石峰峥嵘，阳刚劲露，使他感到亢奋，获得一种雄浑峻峭的意境。黄山松依势而长，与山石相映成趣，使他感受到一种奇崛的墨趣。云海是黄山的生命力所在，如果黄山失掉了云海，那些山峰便僵硬了。正是在云涛的流动中，黄山才忽隐忽现，尤其在红日出海之际，白云、红日、青峰，何等瑰丽壮观。他从中悟出线条、构图艺术中的布白的重要，用墨的诀窍。他认识到大自然的美是艺术家的乳汁，它同现实生活构成艺术生命之源。他决意要"行万里路，读万卷书"，"搜尽奇峰打草稿"。

一二　1937年，"东西南北之人"游雁荡山。从右至左依次为
谢稚柳、黄君璧、于非闇、方介堪、张大千

自游黄山看到真山、真水之后，又看到巨然的《秋山问道图》，谢稚柳从此开始研习山水画。

（四）"东西南北之人"

黄山归来的次年，谢稚柳又和张大千、于非闇、黄君璧、方介堪等四人，到雁荡山游览（图一二）。游玩期间，下榻雁影山房。乐清县令请他们作画，张大千画了一幅《雁荡山图》。其时诸人都未带印，乃由方介堪急就一章，文曰："东西南北之人"。

所谓"东西南北之人"，因为黄君璧是广东人，代表南方；于非闇来自山东，代表北方；张大千是四川人，代表西方；谢稚柳和方介堪，来自江苏和浙江，是东方的代表。

人事倥偬，书卷飘零。此一画卷，由广州商锡永从厂甸画肆购得，后赠送广州友人王贵忱。

1976年春，王贵忱曾将此画题词录寄温州方介堪。方介堪回信说："承示所藏张大千画雁荡山记游题句，是三十九年前事也。岁月匆匆，岂胜慨念。"之后两年，谢稚柳南往广州，王贵忱出示此画。谢稚柳略为思量，遂即加题：

> 丁丑之春，蜀人张大千、蓬莱于非闇、永嘉方介堪与予相会于白门，因同作雁荡之游。回首四十余年矣。顷来广州，贵忱同志持示此图，恍如梦影。此数十年间，非闇久已下世，大千长客海外，介堪老病乡居，往事如烟，旧游零落，对此慨然。己未春初，稚柳观因题。

书题笔意醇厚娴雅，与张大千原题适相对称，不仅为画面平添墨彩，又补述旧游故事，相得益彰，使当代画坛佳话连绵。

1980年12月，台湾历史博物馆编辑出版之《张大千画集》（第二集），收录张大千新作《雁荡大龙湫图》，笔墨苍健美妙，构图与王贵忱藏件略同，仅无人物、巨松。题画句与谢稚柳所题大体相同，只是详略有别。在题跋中亦记此事并录《谒金门词》：

> 岩翠积，映水淳泓深碧。中有蛰龙藏不得，迅雷惊海

立。花草化云狼藉，界破遥空一掷。槛外夕阳无气力，断
云归尚湿。

　　四十年前同南海黄君璧、蓬莱于非闇、永嘉方介堪、武
进谢稚柳游雁荡山观瀑大龙湫，倚此辞（指《谒金门》）曾
为县令作图，当时俱无印章，介堪磨小凿刀，即席刻"东
西南北之人"印钤之，为一时乐事。

张大千作此图时是八十一岁，对四十余年前往事记忆犹新，连
原画的风貌也未曾忘怀。雁荡云漠漠，龙湫雨濛濛，跃然纸上，可
见对故人、故国印象之深，萦怀之切。

他们从雁荡山下来，经过绍兴东湖。东湖有船，船身狭长，不
能并坐，而且是用脚划船，这就是浙江有名的乌篷船。张大千建议
上船，泛舟湖上，众人皆应，唯于非闇总觉不适，骂张大千说："张
八，大胡子，你想置我们于死地啊！"这是因为乌篷船船身狭长，人
坐在船上又不能动，动则船身就摇晃欲翻。这下子苦了来自北方的
于非闇，他坐船很不习惯，何况又是这种乌篷船，对张大千的建议
很不高兴，只好说浙江落后，用脚划船，很不文明。此时，谢稚柳
历数张大千故乡四川内江的风俗习惯还不如脚划船文明，张大千只
好生闷气。下船后，大家惊魂甫定，埋怨此行之险，纷纷责怪张大
千。这样，张大千更加生气，任凭谢稚柳逗他发笑，也不开腔了。

几十年后，谢稚柳谈起这段往事，仍然感叹："大千心中可贵的
乡情，那是任何东西都无法代替的"。

谢稚柳从雁荡归来，对东湖之游，颇有兴味，请方介堪为他治
一印："渔饮溪堂"，印文取李长吉"譬诸清溪鱼，饮水得自宜"的
意思。同时又用"年来持镜颇有须"，也是李长吉的诗句，有着青春
叹老之感。这是因为和他在一起的人，都比他年长，他也希望自己
能"老气"一点。

这段友情似乎参与其事的人都没有忘记，一直蕴藏在心底，无
时不在回味着。1985年，方介堪由温州来上海，向谢稚柳出示所绘
《雁荡山色图》。谢稚柳看了又是往事如昨，感慨万千，随即在画上
题曰：

　　昔年与方介堪、张大千、于非闇同游雁荡山，晚在宾舍作画，介堪治一印为"东西南北之人"，忽忽已四十年矣。予当时年三十六岁，于非闇谢世，大千远离海外，予与介堪吴越间隔，亦十年不相问闻。顷来海上，握手如梦寐，出示所写雁荡山色图，峰峦竞秀，如逢故人，率题二十八字于画上。

　　曾揽浓光雁荡春，萍浮暂聚旧交亲。
　　画图犹认当年展，已散东西南北人。

（五）为张大千代赋题画诗

　　抗日战争爆发，张大千听了叶恭绰的劝告，由苏州到北平（今北京）去接家眷。但他还未离开北平就发生了"廊房事件"，日本人占领了廊房车站。此时，张大千的家眷还在颐和园，连北平城也进不了。接着，就是北平的沦陷。后几经周折，张大千才抵达重庆，与张善孖、谢稚柳相晤，畅叙途中颠沛流离之苦。眷属也已安全到达，心中自是有着莫大的安慰。整理行囊中，捡得扇面一片，便将自己在北平所作的《三十九岁自画像》画在扇面上，赠给谢稚柳，并在扇子的另一面题一首《浣溪沙》小令：

　　　　十载笼头一破冠，峨峨不畏笑寒酸，画图留与后来看。
　　久客渐知谋食苦，还乡真觉见人难，为谁留滞在长安？

　　此图、此诗，道尽了张大千的心情，辛酸苦辣。

　　1939年，谢稚柳居重庆，接到张大千从青城山寄来的一封信，展开一看，是一张四尺整张宣纸，张大千在宣纸上用白描双钩画了一幅陈老莲的荷花，画上题款"溪山陈洪绶写于南峰之老铁轩"（图一三）。此幅荷花为插在供瓶中之折枝，张大千临摹时，将供瓶省去，在空下来的地方写了一封信给谢稚柳。信云：

　　　　兄性卞急，不赖细勾，又山中新年，往来多俗客，心绪益恶劣，此数稿致多乖误，幸吾弟阅时正之。再有恳者，友人严谷声其尊人雁峰先生为湘绮门人，此公好读书与藏

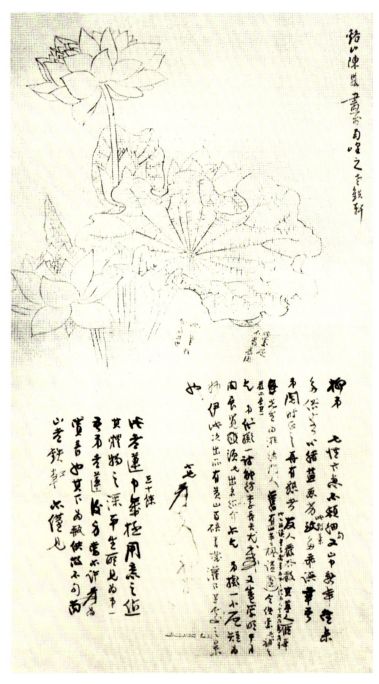

一三　张大千临陈洪绶双钩荷花稿并书赠谢稚柳

书，为陕之渭南人，今海内数藏书者，严亦居其一。旧有
《山寺讽读图》今佚，索兄补之，乞弟代拟一诗，能仿李长
吉尤感。又盛学明于日内展览，须先出名介绍，亦乞弟拟
一小启，短为妙。伊此次出品有黄山、北碚、青城、灌口
等处之景也。

信尾又附言："老莲中岁（三十余）极用意之作，其体物之深，
平生所见为第一，吾弟老莲后身，当亦许爱为赏音也。其下为瓶供，
故不勾，南山老铁轩亦仅见。"可见，在艺术上，张大千对谢稚柳也
有着许多的关心和帮助。后张大千去敦煌临摹壁画需要筹款时，谢
稚柳帮张大千卖了不少旧画，张大千亦致信感谢。

三 客居重庆八年

蜀山秦岭为攀留，燕范遗踪尚可搜。

痴绝雾城年少客，寻常晓月误帘钩。

谢稚柳的这首诗，记录了抗日战争期间，他客居重庆八年的生活。

（一）鼓棹嘉陵江上

1937年，抗日战争全面爆发。

随着战争的步步推进，南京处于危险之中。谢稚柳随关务署机关撤离，西上重庆（图一四）。船行江中，穿越三峡，两岸江山如画，唐代大画家吴道子绘嘉陵三百里图的故事，时时萦绕脑际。在以后的岁月中，谢稚柳对这次江行生活，总是难以忘怀，曾作《武陵春》词，抒发感受。词前小序及词曰：

曩客重庆时，每舟行江中，望两岸山色如画，作嘉陵江图。回忆吴道子写嘉陵江水于大同殿事，戏赋此词：

烟水云山空彩壁，赢得盛名留。惹梦丹青尽已休，犹说旧风流？曾作嘉陵江上客，鼓棹几经游。怪石奔滩认昔游，三百里画图收。

谢稚柳不只是写了《武陵春》词，还画了《嘉陵江图》，思念吴道子，神往于他在敦煌所见到的壁画，神往于吴道子画嘉陵山水时的情景，联想到吴道子照人的双眼，非凡的气度。凭史料记载，他想像中吴道子的形象，总是穿一件宽松轻柔的绛纱袍，未扎腰带。前胸敞得很低，露出了黑茸茸的一团胸毛。头上只随便挽了一个发髻，用一根长长的玉笄绾住。一绺青须飘飘然，随风拂动。不知怎的，他特别对吴道子开元二十三年（735年）春天那件事情感兴趣。那天，吴道子伴驾玄宗皇帝巡幸东洛。裴曼将军厚封金帛，外加上张旭长

一四　1937年冬，谢稚柳（后排中）、徐悲鸿（后排左一）、
张聿光（前排左一）在重庆北碚渡船上

史的一封信，请他到天宫寺为其丧母绘一幅壁画。吴道子封还金帛，
仅要裴将军舞剑壮气以为酬谢。裴将军乃天下剑器名手。吴道子观
罢他那电光石火、走马如飞的剑舞，一跃而起，大笑着持笔走到画
壁前，一挥而就，如有神助。连同张旭的草书，时称"三绝"。那时，
吴道子头戴一顶白鹿皮尖顶弁，鹿皮各个缝合处都缀着一行行闪闪
发光的小玉石，看上去像星星一样，这顶皇族的华冠何等耀眼！他身

一五　二十九岁的谢稚柳摄于重庆大德里寓所

着一件狐裘，外罩一件黄软缎长袍，腰身左右各悬着一套佩玉。当他在画壁前挥舞着旋风似的画笔时，佩玉的冲牙和两璜相触，发出悦耳的声音。

唐代大画家吴道子的许多故事，牵动着谢稚柳艺术家的神经。

到了重庆，谢稚柳和谢端如结婚（图一五至一八）。婚后就脱离关务署，到《中央日报》担任副经理。此时，钱振煌的女婿程沧波担任《中央日报》社社长。端如在内江一所中学任教，只有在假期时，夫妻才得以团聚。

一年之后，长女出世，取名璎。为了家务，谢端如即辞去教师工作。小璎两岁时，张大千为她画像，沈尹默、潘伯鹰在画像上各题了一首诗，潘诗题曰："题稚柳长女璎璎十五月画像。平阳东鲁见

一七　二十九岁的谢稚柳摄于重庆公园

诗篇，憨态争如画笔传。弟妹他时应相笑，纵非最小也堪怜"。这年的冬天，次女出世，无名。稚柳戏曰："两块玉嘛，就叫小珏吧"。长女小璎，次女小珏，皆从玉。"文化大革命"期间，笔者曾见到张大千为小璎画的像，可惜的是，张大千的题款及沈、潘的题诗均被谢端如剪去，只留有一张画着头像的纸片。"文化大革命"结束后，小璎的画像经重新装裱，稚柳作了长题。

稚柳初到重庆，先住枣子岚垭，遭到敌机轰炸，改住上清寺，又

一八　谢稚柳在重庆时期

遭轰炸，最后到江北，租了三间农房。一到冬天，便养了很多盆水
仙花，从含苞到开放，单株或成丛，千姿百态。谢端如能把它逐一
描绘出来，栩栩如生，为稚柳下笔提供了蓝本和灵感（图一九、二
〇）。张大千称赞谢稚柳花卉画得比他好，与他注重写生有关。除了
水仙，小院子里还种茶花。另外，还有一个大铁笼子养着一对斑鸠。
稚柳每天都在院子里观察斑鸠。有一天，突然发现两只斑鸠不见了，
原来不知谁喂完食后忘了把铁笼的小门关上了。只有竹子养不活，
栽了死，死了栽，如此几年都未能养活。

一九　谢稚柳在重庆时期所绘花卉写生

在重庆期间，谢稚柳在巴蜀大地作逍遥游，游眉山，谒三苏祠；游峨眉，登金顶；游嘉州，拜大佛。有时也到青城山张大千的住处小住数日。谢稚柳在青城山住了半年，和张大千重叙许多旧日话题，也观赏了山景。一日发现一种白头黑身子鸟，谢稚柳感到稀罕，心里便记下了。这种鸟后来常常出现在谢稚柳的画中。

1961年，谢稚柳为北京人民大会堂作巨幅着色竹。因为没有那样大的画案，是挂在墙上画的。他以不露锋芒的厚重的笔势，丰腴的墨彩，表现竹叶的向背纷披、俯仰疏密，错综而挺拔，生动而多变，深刻地表达了竹的形与神，强调了竹的美。特别是，他那撇出

二〇 谢稚柳在重庆时期所绘风景写生

的方法，风雨前夕，摇曳姿态的描写，自成一体，有深切的真实感。
这种体验与观察的程度虽与双钩竹同等，但表现手法却要比双钩竹
艰难而绰约。谢稚柳画竹的风格和形态，与在重庆的生活也有关系

二一　1959年谢稚柳绘《着色竹》

（图二一）。

这种影响从他两则画竹的题跋中也可得知。1953年，他作《翠竹白鸠图》，图成作长题曰：

予客巴山时年二十有八，避寇机之炸，寓江北白鹤林之北，后园丛竹，老梢新篁，春雨秋晴，烟青雾碧，虽非渭川千亩，而亦一片潇湘图也。越八载，重归江南，爱竹成癖，而小庭土薄，种多不活。又好畜鸠，时辄飞去，随写此图以寄其兴。搁置尘箧，又已五载矣。雨夕偶从乱楮中重见此图，如重逢故人。岁月易逝，图中景物如昨，而鬓发渐斑，披图对坐，信乎无益矣。癸巳十月漫书。

1955年，谢稚柳绘《墨竹图卷》，画成后又作长题：

余客巴山，居嘉陵江北岸白鹤林之北，屋后修竹几及亩余，余啸其间，积有岁月，颇好写竹，实自此始。盖烟梢露叶，春雨秋晴之姿，一求之于真，不复乞灵于先迹。数百年来论写竹，其高者莫能脱元人藩篱。息斋迁讷，遂为大国，趋跄于从车下风，吁可叹矣。冬日大雪，常见有为雪压折者，其势殊奇，尝思图之，因循未果。今夕雨雪，偶弄笔墨，回忆其景，忽忽又十年前事，因想像为此图，亦不能尽得其趣，聊寄所思云尔。乙未正月，谢稚柳苦篁斋记。

与其说这段文字是题画，不如说是谢稚柳的忆旧。对已往的生活，谢稚柳萦绕于怀，不能忘却。

（二）"又进了一次寄园"

随着程沧波调往监察院任秘书长，谢稚柳也到监察院任秘书。以国民党元老于右任①为院长的监察院，是一个老人世界，章士钊、汪东、沈尹默、乔大壮、潘伯鹰等都在这里。因此，也可以说监察院是一个独特的文化世界。谢稚柳在监察院工作，感到像"又进了一次寄园"（谢稚柳语），从老人那里学到许多东西。

于右任很爱才，他的属下，聚集了许多书法名家，沈尹默是监察委员，其他还有章士钊、潘伯鹰等人。将谢稚柳从关务署调过来，自然是看中了他的书画才气。

如果说，南京八年，是他绘事大进时期，那么，重庆八年，则是

---

① 于右任原名伯循，字以行，号骚心，又号髯翁，晚号太平老人。陕西三原人。清末以来杰出的书法大家，擅诗文。光绪举人，后入同盟会，追随孙中山从事民主革命活动。辛亥革命前后办《民呼报》、《民立报》、《神州日报》。其书初从赵孟頫入手，旋改攻北碑，以魏碑为基础，将篆、隶、草法入行楷，独辟蹊径。中年变法，专攻草书，参以魏碑笔意，自成一家，时称"于体"。于1931年发起成立草书研究社，创办《草书月刊》，首倡《标准草书》，整理字形，方便学者，集成《标准草书》千字文行世。他著述颇丰，除诗文著作外，还有《右任墨存》。其遗墨辑入《于右任书法》、《于右任墨迹选》等书。

他书艺探索嬗变时期。因为，谢稚柳到了重庆，接触更多的是书家。

书法家沈尹默②比谢稚柳大三十岁，时年三十的谢稚柳与他建立了深厚的友谊，成为忘年之交，基础就是书法诗词。

在山城的陶园，谢稚柳与沈尹默相识、相交。谢稚柳住的地方，与沈尹默只隔两间屋。他看到沈尹默像一个小学生那样早起晚睡地操持笔墨，心想，鼎鼎大名的大教授、大书家竟能如此勤奋，难得！油然而生仰慕之情。沈尹默也很注意谢稚柳，听说这位年轻人出手不凡，书画皆精，是个人才。

两人交谈最多的话题是关于诗词、书法。沈尹默极喜谈诗论书，谢稚柳青少年时在寄园学习，已有很好的诗书功底，两人谈得非常投机。谢稚柳当时又是春风杨柳的壮年时代，诗风近李长吉、李义山。他将自己所作的诗请沈尹默指教时，沈尹默见其诗才横溢，喜欢得很，并且说道："要研究一些宋人的诗，吟咏一些自己深切的感受"。沈尹默生活阅历丰富，偏爱宋诗的哲理也很自然，当然，也包含着一种爱才的心理。所以两人虽然相差三十岁，却相知甚深。

沈尹默先生几乎每天都作诗词，并且以秀美工整的楷书抄写在自己的稿本上，积下了厚厚几册。七十岁时，谢稚柳为他祝寿，印了一册宣纸线装本的《秋明室诗词》手迹。沈尹默认为谢稚柳是最有发展前途的画家，并为他写了题画诗："罗胸万象总清新，活现毫端意态真。异异同同各如分，不将虚构费精神。"

对沈尹默，谢稚柳总像对待长辈那样尊敬。他在敦煌期间，曾将那里的情景写信告诉沈尹默。沈尹默给他回信，就以诗代信（图

---

② 沈尹默原名君默，号秋明、瓠瓜。浙江吴兴人。早年留学日本，五四运动时期曾任《新青年》编委，倡导白话诗，亦擅旧诗词。历任北京大学、中法大学教授，北京大学校长。工正、行、草书，尤擅行书。崇尚二王，初学欧阳询、褚遂良，后遍习晋唐诸家以及北魏、汉碑，对宋代苏、黄、米等也多有留心。精于用笔，清秀圆润中有劲健秀逸之姿。著述颇丰，书法方面，著有《历代名家学书经验谈辑要释义》、《书法论》、《二王书法管窥》、《沈尹默行书墨迹》、《沈尹默法书论》等。

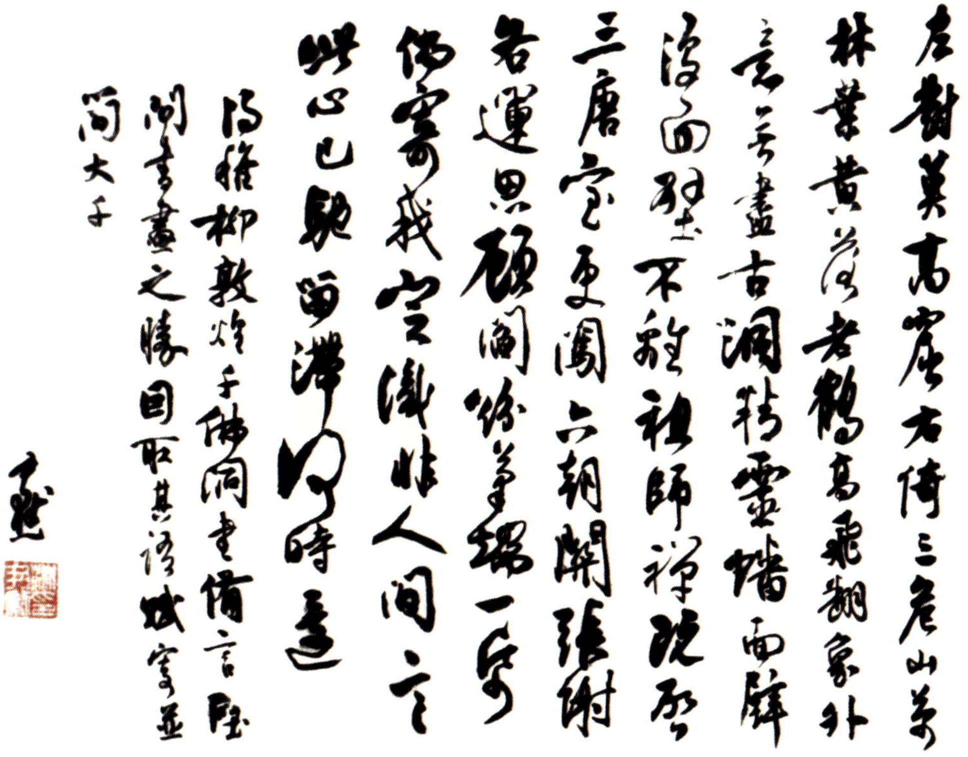

二二　沈尹默诗赠谢稚柳

二二）。

　　左对莫高窟，右倚三危山。万林叶黄落，老鹤高飞翻。
象外意无尽，古洞精灵蟠。面壁复面壁，不离祖师禅。既
启三唐室，更阄六朝关。张谢各运思，顾阎纷笔端。一纸
倘寄我，定识非人间。言此心已驰，留滞何时还？

　　得稚柳敦煌千佛洞书，备言壁间书画之胜，因取其语
赋寄，并简大千。

这两位朋友忘年相交四十年，直到1971年6月2日，谢稚柳的

一位学生来告诉他："沈尹默逝世了"。当日谢稚柳卧病在床，未能去作临终告别，蓦然听到这个消息，不禁清泪涔涔：

> 诗书老去颂生民，健笔纵横意态新。
> 放眼江山风物美，忆公何止念平生。

在重庆，谢稚柳经常交往的还有潘伯鹰。潘伯鹰和沈尹默一样，每天也只是写写字，做做诗。谢稚柳开始并不认识潘伯鹰，潘比他年长七岁。谢稚柳的一位朋友冯若飞认识潘伯鹰。

一天，冯若飞走了进来，对谢稚柳说："潘伯鹰要请你画张画。"

"好！"谢稚柳答应下来，并马上画了一幅工笔梅花。

梅花画好了，谢稚柳还写了一首诗题在画上，并钤了一方他最喜欢的印章，内容为太白诗句："问君西游何时还？"

潘伯鹰接到这幅梅花图，非常高兴，马上写了四首诗回赠。其中一首为：

> 笔端慧业定中因，径上寒苞客里身。
> 更有水仙分韵色，绡衣罗袜各生尘。

谢稚柳在敦煌时，也曾和潘伯鹰通信。潘以诗代信作为回复："奉答稚柳敦煌手简，备言石窟壁画之盛，非顾恺之、阎立本所及。君侯传写何精妍，兴酣落笔无古先。西行万里入石窟，始叹阎顾非其难。仙人吸露三危山，老鹤唳天天下寒。兹游盛事端不朽，莫放平日浮生闲"。

潘谢之交，持续几十年。

章士钊，字行严，笔名黄中黄、秋桐、孤桐、烂柯山人。湖南长沙人。早年曾游学日本及英国，清末主笔《苏报》，民国后主编《甲寅杂志》，影响很大，著作颇丰。其书法丰富多姿，行书时有智永气象，有文化素养，高迈绝俗，儒雅之中不时透露出剽悍俊逸之风。稚柳每有新作，必请章士钊题诗。章氏著《柳文指要》，曾签名赠稚柳。

于右任是谢稚柳的上级，谢稚柳当然不能像和沈尹默、潘伯鹰、章士钊等交往那样随便。谢稚柳生性无拘无束，所以总是避免多接触。有时，于右任请下属吃饭，但到他那里，也不好随随便便的。于右任很器重谢稚柳，觉得他不但才气俊迈，且对书法很有鉴赏力。一次，谢稚柳和别人一起到他那里去吃饭，餐厅里挂着一副他用小篆自书的对联。他便请谢稚柳发表评论。

谢稚柳虽说当面无法品评上司的作品，但他觉得于右任青少年时即治北碑，功力极深。这副小篆自书对联正是表现了他深厚功力的精品。而他的草书犹如少林长拳而入太极，变雄疾而出圆润，缓慢迅疾中见深厚。其风格犹如黄河竞天奔地，实在是一个血肉有情男儿，实在是大宗师胸怀。这正是他以篆入草才树立起自傅山、徐渭、王铎之后的又一座丰碑。

山水画家黄君璧在中央大学任教，与谢稚柳也经常相见。在重庆，为躲避日寇的轰炸，谢稚柳将家由市区搬到江北的农村。重庆的夏天是奇热的，当时有一位朋友杨君，住在南岸的梁风垭，那里与谢稚柳的住处虽只是一江之隔，气候却凉爽得多。这位杨君是徐悲鸿的朋友，于是就约徐悲鸿、黄君璧和谢稚柳到他家去避暑。他们在杨家住了几个星期。

后来，黄君璧去了香港，最后在台湾定居了下来，自此海天相隔，两人三十多年没有见过面。1981年，谢稚柳去香港中文大学讲学，黄君璧也在香港，听说谢稚柳来了，两人在电话中诉说了阔别之情。因为黄君璧第二天要去美国，故未能见面。从此以后，他们互赠佳作，联络友情。黄君璧最后终老台湾，竟作永世之别了（图二三）。

词人汪东是章太炎的学生，此时也是监察院监察委员。作为秘书的谢稚柳，要经常到他的办公室去。汪东早年留学日本，为最早的同盟会员，追随孙中山先生从事革命，曾参加辛亥革命，担任过《民报》、《大共和日报》总编辑，中央大学文学院院长，礼乐馆馆长等职。他是著名词人，著有《梦秋词》，谢稚柳经常和他在一起切磋词艺。汪东对谢稚柳的艺术极为欣赏，曾作《探春会·谢稚柳折枝蝴蝶》词云："小桃含露，海棠烟带生香，拗断细思量。猩色屏风畔，也曾惹，云鬟乱。谢家池沼春谁管，把丹青闲看。最怜他蝴蝶眠香惯，错寻认，当时半"。

二三　谢稚柳、陈佩秋和黄君璧（右一）合影

　　此外，还有诗人、教育家叶元龙，金石家治印高手乔大壮都在这里，朝夕相见。

　　寄园是谢稚柳求学的地方，而在监察院工作的几年，对中国文化可谓三沐三浴，扩大了知识领域，无疑是谢稚柳的另一个学堂。

（三）书画红娘：《风雨归舟》和《溪岸图》

　　1938年10月，张大千在桂林和徐悲鸿告别不久，徐悲鸿也到了重庆。这时张大千已由重庆移居青城山。

　　张大千一听说徐悲鸿也到了重庆，马上从青城山赶到重庆，感谢徐悲鸿在桂林对他的招待。最重要的是要通过谢稚柳去换徐悲鸿的那幅宋人画。这时，张大千的画风已由石涛转向宋人，对董源的那幅巨幅山水，他是萦怀于心，朝思暮想。

　　"稚柳，你去和悲鸿说把那张宋人画换给我吧！"张大千说。

"悲鸿能愿意换吗?"谢稚柳说。

"我给他金冬心的画,再加上其他的画。"张大千说。

"这样,也许悲鸿会同意的。"谢稚柳说。

谢稚柳知道,徐悲鸿这时正迷上金冬心,要他用董源的《溪岸图》换金冬心的《风雨归舟》,他会同意的。谢稚柳觉得这样不会使徐悲鸿勉为其难,便愿意去当这个说客。

谢稚柳和徐悲鸿一说,果然徐悲鸿一口答应下来。徐悲鸿得到了极喜欢的金冬心的画,张大千得到了他所喜欢的董源的画。

张大千携董源山水画,回到青城山,赏玩不已。

不料,张大千这个画迷,还不罢休,心中老是惦念着他在徐悲鸿那里见到的《八十七神仙卷》。为此,他把谢稚柳请到青城山小住数日,实在忍耐不住了才对谢稚柳说:"换他的《八十七神仙卷》,他要什么我给什么"。

"如果说宝玉是贾宝玉的命根子,那么,《八十七神仙卷》就是徐悲鸿的命根子。大千,你要《八十七神仙卷》,无疑是要徐悲鸿的命。"这是谢稚柳当时对张大千说的话。

青城山夜雨。雨声更响了,他们谈兴正浓,又提到那幅要命的《八十七神仙卷》,念及此,张大千总有无限眷恋之情。

《八十七神仙卷》是国宝。"七七"事变后,徐悲鸿逃往香港。一天,由许地山介绍到一位德籍夫人家中看收藏的中国画。这位德籍夫人的父亲曾在中国任公职数年,收藏了四箱中国画。在这里,徐悲鸿看到了这幅国宝,便以一万元再加上自己七幅作品的代价买了下来。这是一幅白描人物,列队行进,飘飘欲仙。徐悲鸿在上面写了题跋。

徐悲鸿带着此画,流离奔波,历尽艰辛。在云南大学的时候,因为突然发生空袭警报,日本的轰炸机结队而来,他和许多人跑进防空洞。警报解除后,他回到住所,竟发现门锁被撬开,《八十七神仙卷》被盗!后来到了重庆,徐悲鸿的学生卢阳寰来信,说在成都发现《八十七神仙卷》。徐悲鸿托一位刘将军以二十万元现款和十多幅自己的作品,使《八十七神仙卷》"完璧归赵"。拿到这幅画时,画上

"悲鸿生命"印章已被挖去，题跋也被割掉，但画卷还很完整。徐悲鸿当即写了一首七绝：

> 得见神仙一面难，况与伴侣尽情看。
>
> 人生总是荼菲味，换到金丹凡骨安。

张大千虽然打消了换画的念头，但心中的遗憾是长久的。他相信物各有主，相见无缘。

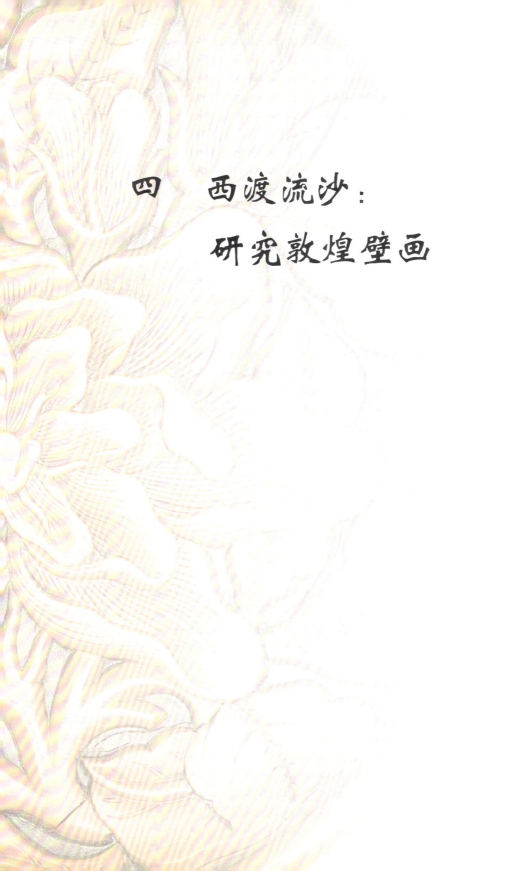

四　　西渡流沙：
　　　研究敦煌壁画

（一）不和张大千走同一条路

1941年5月，张大千率夫人杨宛君、次子心智赴敦煌。张大千本来准备到敦煌走马观花，流连三个月即回成都。但是当他走进莫高窟，即被满壁的古代绘画和精美彩塑所倾倒，遂决定将观摩时间由三个月改为半年，半年不够，再往后延长。

敦煌艺术之美，张大千要与朋友分享，他首先想到的是谢稚柳。于是就给谢稚柳写信描述敦煌，并请他来共同研究壁画。

接到张大千的信，谢稚柳心想，凭着大千的才识、眼力，对那里的艺术价值的判断肯定是不会错的，否则大千怎会带着妻子、儿子、厨子等十多人，行李好几百斤，到那里去？

谢稚柳决意西行。他把自己的抉择告诉了徐悲鸿。徐悲鸿是中央大学艺术系主任，刚刚向谢稚柳下聘书请他到艺术系任教。徐悲鸿说："没关系，你去好了，课程由我安排。"在当时的情况下能在中央大学谋一个教授职位非常不容易，要不是他的才气和名气，中央大学是不会虚位以待的。可谢稚柳还是婉谢了。

到达敦煌的第二天，张大千便领他去看千佛洞。

千佛洞是敦煌莫高窟的俗称，西接鸣沙山麓，与三危山遥遥相对。窟朝东，壁高十余丈，有一里多长。碧树层层叠叠遮蔽着山崖，绿水曲曲弯弯环抱着石窟。窟的东面，有上、中、下三寺。上、中寺为僧刹，下寺为道观。上、中寺，开始是唐的三界寺，清道光时，始分为二。光绪年间，道士王圆箓以发现藏经洞致富，以下寺为中寺，道观为下寺。寺后曾有巨流，名岩渠，发源于南山，广及十余丈。沧桑巨变，此时只余细流数湾，不复成渠了（图二四）。

望着敦煌壁画中人物的千姿百态，端详着每个形象安详、自尊、

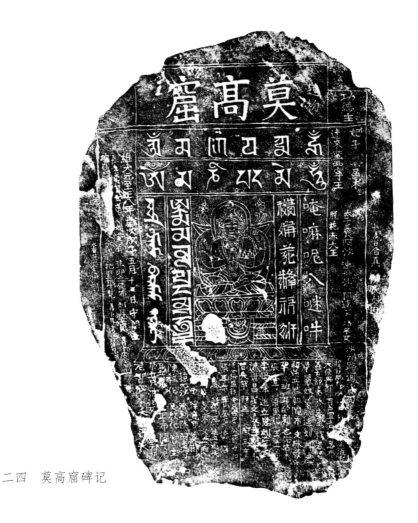

二四　莫高窟碑记

宁静、超脱的气概，那飘逸的霓裳如同一朵朵轻轻开合的云霞，谢
稚柳感到仿佛置身于一个无与伦比的崇高境界。

　　从何处着手呢？像张大千一样搞临摹，他又有些不情愿。这个自
小就喜欢走自己路的人，别人走过的路，他不想继续再走。他要另
辟蹊径，对敦煌进行研究。

　　谢稚柳开始了对敦煌的研究，而没有像张大千那样去临摹敦煌
的壁画。他对敦煌的每一个佛窟都进行了记录与考证，这是敦煌研
究的最基础的工作。首先，他对每一个佛窟进行测量。没有皮尺，也
没有铁的卷尺，就找了一根木条做了一把土尺。每天吃过饭，他就

进洞，请一个当地人当他的助手，逐窟进行测量、考察，并做了详细记录。

要逐窟测量记录，第一个问题是用哪一种编号做记录的根据。

谢稚柳开始工作时，发现莫高窟已有三种编号，首先是法国人伯希和于20世纪初所做的莫高窟编号，共一百七十一号，完全是根据拍照顺序而来，杂乱无系统。但因其编号最早，在当时有一定影响。其次是20世纪30年代甘肃省官方为莫高窟做过的编号，共三百五十三号，因较少使用，标志大部分脱落，故影响甚微。张大千是为莫高窟编号的第三人。张大千按照从祁连山来的流水方向，从南至北，由低而高，复由北至南，再由下至上往复进行编号，共三百零九号。为了和张大千的工作协调一致，谢稚柳决定采用张大千的编号。

洞子坐西朝东，上午只能靠射进来的太阳光进行工作。到了下午，洞子里就变得一片漆黑，无法工作。于是，他就回到寺内整理记录。生活是单调而乏味的，但谢稚柳面对着这些壁画，感受到其中有着无穷的力量，震撼着他的胸膛，也就不感到疲劳、单调和乏味了。

在住地，谢稚柳还养了一只黄色的野鸭，休息的时候，就和鸭子相戏为乐，或者爬到佛洞里去掏野鸽子，有时也以纵马戈壁为乐。

（二）再见了，莫高窟

来到敦煌，谢稚柳已经度过一个新年。1943年的春天，谢稚柳和张大千要告别莫高窟，去安西万佛峡的榆林窟。熟悉敦煌地理的人都知道，安西榆林窟和莫高窟，以及离莫高窟十余里的西千佛洞，是三座独立的石窟群，由于其壁画和雕塑的时代特点和艺术风格属一个系统，所以总称为敦煌石窟。

临行，张大千将张君义将军的断手用木匣装好，谢稚柳将在测量各洞捡到的敦煌遗书碎经残页贴好，交给常书鸿转交敦煌艺术研究所保存（当时在于右任的倡议呼吁下，准备成立敦煌艺术研究所，由常书鸿负责筹备工作）。张、谢对常书鸿说："这都是国家的宝贝，还是让它留在敦煌。"张君义将军断手是张大千初到敦煌时发现的，外裹以墨"告身"。张君义为唐代征西将领，奉命西征，屡建奇功，谁知朝廷昏庸，竟令责罚。张君义愤极，砍下右手，埋入地下，以示抗议。此系唐睿宗李旦景云二年（711年）之事。因敦煌气候干燥，故断手保存完好。

临行的前一天晚上，张大千的兴致很好，他展纸挥毫，为谢稚柳画了一幅荷花。谢稚柳的诗兴也很好，题诗画上曰：

来时香柳绿当风，去日梨花雪满丛。

静对莫高山下窟，虚怜画笔泣神工。

到了榆林窟，谢稚柳看到那里的壁画和莫高窟的壁画风格大体接近。窟中壁画年代自唐到宋俱有，但以五代和宋为多。令谢稚柳觉得难能可贵的是，他在这里看到了西夏的艺术。过去论画，他没有看到过西夏的绘画史料。西夏画派，远宗唐法，和宋代绘画风格极不相似。谢稚柳对西夏绘画的评论是"画颇整饬，气宇偏小，少情味耳"。

历时一年，谢稚柳对莫高窟、西千佛洞、榆林窟、水峡口四个地方做了全面考察、研究，记录了几大捆笔记。最后，他和张大千一起离开榆林窟，经破城子回兰州。他把精心饲养的黄鸭子装在木笼里，系在汽车后面，要带回重庆家中。但到了兰州，才发现黄鸭丢了。直到晚年，他提起那只黄鸭子还深情地说："大概饿死了"。

到了兰州后，张大千忙着办敦煌壁画临摹展，谢稚柳也忙着帮助做些应酬，结识了一些新朋友，并为朋友画了一些画（图二五、二六）。但思家之情使他心绪不安，感慨良多，这在他的《八月一日夜坐作，时在兰州，行将还蜀》诗中有淋漓的体现：

身是孤篷心是筝，十年痴绝冷虚名。

巴山苦恋云兼雨，何似人生雾里行。

在兰州盘桓几天，谢稚柳就告别张大千，"重上西南千里路"，回到"巴山雾雨日沉沉"的重庆去了。他坐着滑竿，回到家里，家里的人都用陌生的目光看着他："啊，这是哪里来的又黑又脏的大胖子！"

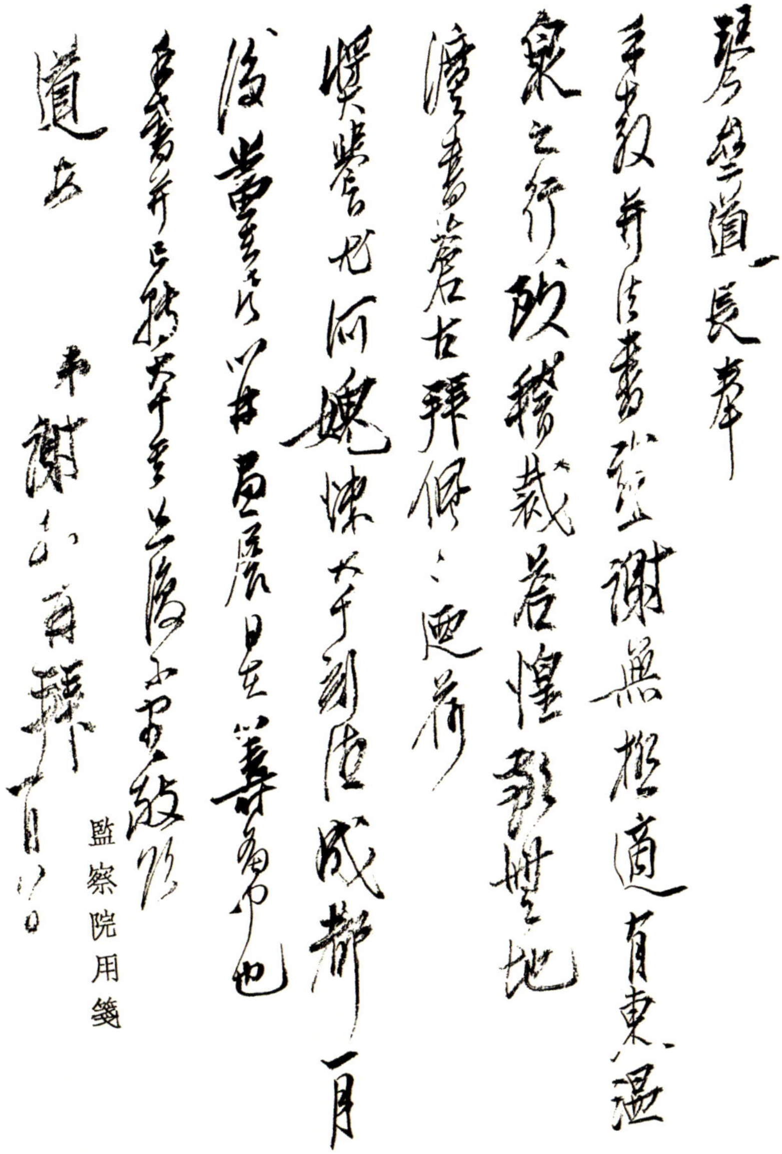

琴斋道一长兄

手教并读书画册谢鱼枯适有东温

泉之行，故稽裁善惶影世地

济书画苍古拜偲，迎前

赏誉也何魄惊大千到渝成都一月

须喜并呈摺是筹马也

遺去　弟谢稚柳再拜十月□□

監察院用箋

二六　谢稚柳致简琴斋信札

（三）《敦煌艺术叙录》一书的出版

　　谢稚柳在敦煌莫高窟、榆林窟、西千佛洞、水峡口等地做了一年的考察（图二七、二八）。1955 年，他将考察笔记整理成《敦煌艺术叙录》一书，总结了考察收获（图二九）。在该书的后记中，谢稚柳写道：

　　　　在整理"石窟叙录"的这些日子里，仿佛又回到了"莫高窟"。从北魏到赵宋，绚烂高华的千壁丹青，都浮现于心目中来。当我到敦煌，经过了一段时期之后，我逐渐惊心于壁上的一切，逐渐发现个人平时熟悉于一些明清以及少数宋元绢或纸上的绘画，将这种眼光来看壁画，一下子是无法妥洽的。这正如池沼与江海之不同。平时所见的前代绘画，只是其中一角而已。今天要论祖国的传统艺术，循着当时的历史与社会背景，来认识和辨析它的变迁和盛衰之迹，因而对莫高窟自北魏到赵宋，这唯一的、有系统的人民艺术，是更能得到较全面的理解的。

　　在此书中，谢稚柳对敦煌壁画的研究有着这样的成就：

　　第一，确立绘画的时代性，为中国绘画史的分期立下了坐标。

　　敦煌壁画从北魏到宋，有着一个完整的绘画系统。中国绘画风格的演变都可从壁画上反映出来。它的真实的依据就是壁画上的供养人像的发愿文及题识。如张大千剥落的 20 窟，张大千虽说是"盛唐名手"所画，但具体的年代他没有研究（图三〇）。谢稚柳根据造像的题记考证，此图作于唐"天宝五年后，成于十四年前"。

　　案《旧唐书·地理志》云："河西道瓜州下都督府，天宝元年（742年）为晋昌郡，乾元元年（758年）复为瓜州。"《旧唐书·职官志》曰："武德改郡为州，置刺史，天宝改州为郡，置太守，乾元元年复改郡为州，置刺史。"晋昌郡，天宝元年置，乾元元年底废，凡十六年，乐庭瓌守晋昌，要当在此十六年间，墨离军不知始于何时。案《新唐书·地理志》瓜州晋昌郡下，但言"西北千里，有墨离军"。《新

二七　1949 年谢稚柳著《敦煌石室记》

唐书·张守珪传》记："王君奠死，诏以守为瓜州刺史，墨离军使。"
王君奂卒于开元十五年（727 年）。又《新唐书·王忠嗣传》载："讨
吐谷浑于墨离，平其国。"天宝五年（746 年），王忠嗣为河西陇右朔
方河东节度使，讨吐谷浑在领节度使时，是乐庭瓌之守晋昌郡，兼

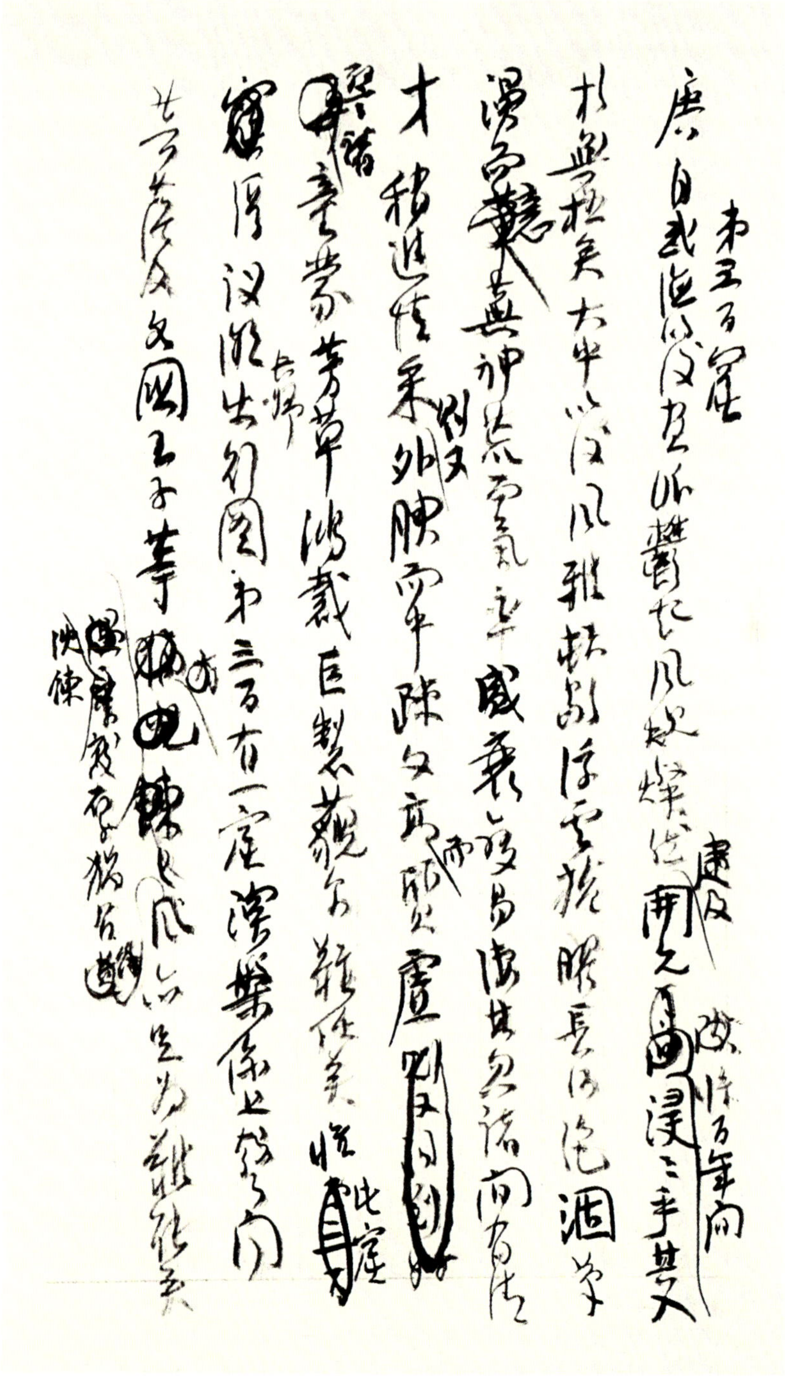

二八　《敦煌石室记》手稿之一
二九　1955 年谢稚柳著《敦煌艺术叙录》

三〇　敦煌莫高窟 20 窟内景

墨离军使，又当在天宝五年后。天宝十四年（755年），安禄山叛乱，肃宗（李亨）在灵武尽召西河戍卒，收复两京。以一郡守自不能在出师收京之时，悠然自营功德窟。至德二年（757年），西京收复，第二年为乾元元年，而晋昌郡废，是此窟当始于天宝五年后，成于十四年前。

再如190窟，供养人题名中只剩下"幽州总管府"几个字。这个"幽州总管府"的主人是谁？他从《资治通鉴》中查到敦煌的沿革：隋大业元年（605年）废诸州总管府，至唐武德元年（618年），边塞要州复置总管。武德七年（624年）后，复改总管为督。此窟的题名当是武德元年至七年间的事。

石窟壁画从北魏、西魏到隋、唐、五代、宋初都有，论定它的时代，首先依靠的是文字、纪年、题记或题名。这些都是考订壁画年代的先决条件。因为，除此之外，我们再不能见到其他从北魏至隋唐的这样有系统的画笔以资佐证。而每一个时代，又有它的先后期之别。如隋代，开皇与开皇以后有别。初唐、盛唐与中晚唐有别等等。如20窟之供养人像定为唐天宝五年至十四年间，190窟定为唐武德元年至七年间，都是根据题名的官职名称论定的。其他没有文字根据的，大都是依据论定的画格，从而确定它的时期。这在《敦煌艺术叙录》中都有较详细的记载。

第二，发现敦煌壁画的艺术缺环与补上缺环。

谢稚柳在考察敦煌壁画，进行190窟和94、96诸窟比较时，发现了一个问题：隋朝自文帝至恭帝（581～618年）前后近四十年，为时不长，画派初承西魏，唯骨体稍圆。而开皇以后的94窟（开皇四年）、96窟（开皇五年），画风凝厚纯正，肆野之气已绝，温婉之风渐生。自唐武德（618～626年）以后，画派郁起，风规灿然。迨及开元（713～741年）近百年间，绘事达到高峰。

为什么从隋开皇到唐武德短短几十年间，画风会突然有个飞跃的变化，有一日千里之势，中间没有过渡阶段，这在绘画发展上是不可思议的。

这一发现使谢稚柳迷惑了多年。直到1983年，山西太原娄睿墓壁画的发现，才解开了这个谜，填补了绘画艺术史上的缺环。

北朝时期的绘画流派，谢稚柳熟悉的是敦煌莫高窟的北魏、西魏壁画，认为是代表了北朝整个画派。可是，从娄睿墓壁画上，谢稚柳看出北魏与北齐之间的画风有着出人意表的不同，北齐画是耐人寻味的新奇。他极为惊奇与北魏相接的北齐，为什么会出现如此截然不同的风格？

他看到娄睿墓壁画中的《出行图》，人物的面部一般都比较长而丰满、眼小，除眉、眼、口、鼻或须而外，没有更多的一笔，衣纹有时用连续屈曲的线条一笔而下（图三一）。它描绘宽袖的皱褶，为前所未有的写实表现，用笔劲爽，有时用尖锋直下，飘动而潇洒，使构成的画面自有一派清高而流利的气质。

高氏从高欢开始，历经北魏、东魏及北齐的灭亡，总不过四十年，画派的勃兴，令人惊异的是在此短短的时间中，如何能与北魏画风背离违隔而卓然自立！

从敦煌莫高窟隋末唐初画风来看，与元魏的风格截然不同，而与北齐则显得更为亲密。这时，谢稚柳不能不承认莫高窟的隋末唐初壁画风格渊源于北齐。

谢稚柳将两者加以比较发现，这两者之间的异同不在于形体，而在于描写的繁简，北齐简而生动，而唐繁一些；衣纹的表达，唐已不用屈曲的描绘，归结于直线而圆折的行笔。至于马，如马头，则唐表现深刻，形神周到，没有潇洒的气度，多出于浑厚，也没有尖锋的行笔。总的艺术风格，北齐灵动，而唐凝重；北齐清高，而唐敦穆。

根据《历代名画记》，谢稚柳研究了杨子华在北齐到唐初的影响。因此，他判断，墓室壁画画风当出于杨子华，莫高窟初唐的画风则受到阎立本的影响，而阎正是从杨子华而来。由此可知，北齐的作者并未接受元魏的传统影响。隋统一后，渐渐接受这一画派。展子虔正是由北齐入隋的，至唐初而发扬光大。自东晋顾恺之而后，画派的宗尚，虽地分南北，而风气所开，初无阻隔。莫高窟在隋开皇以前，所有壁画一脉相承于民间传统，从而形成自己的面貌。而北

三一 太原北齐娄睿墓壁画《出行图》（局部）

三二　八十一岁的谢稚柳摄于火焰山下

齐转向到士人画一面，民间传统已为澌灭，它已经后于南朝。然在西北，正是北齐起了登高一呼，众山皆应的作用。

谢稚柳说，娄睿墓壁画的价值，在于揭开了从东晋到隋唐之际艺术渊源之谜，使这一时期空虚的绘画史得到了充实。唐初画派的兴起，与二阎不能无涉。二阎与杨子华正是师承的渊源关系，可知莫高窟隋末唐初之所以能脱离它的旧辙，翻然自新，正是杨子华画派的孕育。

谢稚柳八十一岁时，随一个文物考察团去考察了"丝绸之路"上的克孜尔、库木吐喇、柏孜克里克诸佛窟壁画，这样就把以敦煌莫高窟为起点的壁画长卷全部连接起来，有了一个完整的认识，真正圆了他的石窟壁画研究之梦（图三二）。

（四）画风丕变：走出陈老莲

敦煌之行，谢稚柳虽未像张大千那样临摹壁画，但耳濡目染，铭之于心，画风亦大变，而且开始画人物。他的绘画艺术已极为引人注目。

1944年秋，谢稚柳在昆明举办画展，展出作品六十一幅（图三三）。《谢稚柳画展目录》是他自己写的前言：

> 翠海朝红，太华夜碧，乍经尘履，初濯虚衿，实畏炎景于三巴，始接青飚于上郡。薄言情悟，小住为佳，高情宠之以香醪，同好促迫其能事。及中年之哀乐，对老笔之婆娑，丹青自笑，疏阔奚如。

昆明画展作品被爱好者订购一空，但是到回重庆的时候，却连路费也没有了，还是新识书法家李天马资助路费。三十年后，沈尹默的夫人褚宝权和笔者谈到谢稚柳的昆明画展说："稚柳能挣钱，也会花钱，钱都花在朋友身上去了"。

昆明展览结束，又在成都举办画展，这是谢稚柳入蜀后的第二次画展。第一次是在1942年，谢稚柳还在敦煌时，几位爱好者朋友在成都为他举办一个画展，这是他学画以来的"处女展"。这次成都画展，沈尹默为谢稚柳题了一首诗："小谢山水亦清发，短幅点作巨然师。春阴尔许秋色媚，四季暗移人莫知。虚堂悄悄众忘机，嘉禽仙蝶相委随。壁间大士示微笑，霜鬓一时尽年少。画师作画能逼真，原来更作如花人。莫向老莲取粉本，态殊意远世人嗔"。

从沈尹默的这首诗中可以得知，此时谢稚柳绘画的内容扩展了，不只是花鸟，而且有山水，山水的风格又是巨然的派头，其中也有人物画，还有敦煌的菩萨。在昆明画展时展出的《观音菩萨像》即是临敦煌壁画，他在画上写了赋体的长题：

> 玉毫香燕，光染金华，缣素云裁，芳生莲萼，伏以旆檀宝树，檐葡芳花，诸观斋心。谨伏安西榆林窟西夏大士

编号	画题	编号	画题
五	渊明归去图	卅六	渔父图
六	鸟柏楼鸟	卅七	朱碧莲
七	白石念奴娇词意	卅八	练天清寂
八	白石长亭怨慢词意	卅九	溅漂山水
九	朱槿蛱蝶	四十	白少博鲜吟图
十	鸂鶒山茶	四一	枯木竹石
十一	竹禽幽图	四二	玉梅红茶
十二	嗅梅图	四三	松阴读书
十三	疏林亭子	四四	密竹疏枝
十四	松阴纳凉	四五	鸂山积雨
十五	水村图	四六	黄水仙花
十六	羽扇仕女	四七	鸂山积雨
十七	莲花	四八	青莲居士
十八	碧云深处	四九	霜枝冷红
十九	白鹇花	五十	宋人词意
二十	霜枝山禽	五一	红鹦鹉
廿一	桐阴觅句	五二	竹禽朱实
廿二	折枝紫花	五三	豁亭雨霁
廿三	独往图	五四	仿老莲山水
廿四	唐人诗意	五五	仿宋人青绿山水
廿五	白兼白头	五六	桐阴清图
廿六	红兼白头	五七	云禽
廿七	寒梅修竹	五八	看云图
廿八	东坡诗意	五九	高唐图
廿九	夏坚松风	六十	榆榆林窟初唐大士
三十	梅花小禽	六一	怅焕煌石室初唐飞仙
卅一	秋瓜图		

一躯，凭斯腾因，奉资灵助，齐烟九点，沧海三生，四禅莫缚，八垢皆清，早契菩提之树，长游般若之津，一切迷方，会归觉路。甲申三月廿五日。

1946年，谢稚柳作人物画《倚春图》（图三四），张大千题识："此稚柳敦煌归后，其运笔及衣饰并效唐人，非时贤所能梦见也。己丑十月大千居士题"。就我们所看到的谢稚柳不多的人物画，也可以说完全是一派唐代风神。

1945年夏季，谢稚柳在西安举办个人画展，结识了大收藏家张伯驹、潘素夫妇（图三五）。

对谢稚柳，张伯驹也早有所闻，不只是画画得好，而且治绘画鉴定学，在南京时就看过不少旧画，目光极为敏锐。对这样一个青年鉴定家，张伯驹尽出所藏，请谢稚柳观看。

在西安期间，谢稚柳为张伯驹、潘素夫妇画梅，并题诗画上：

三三　1944年谢稚柳在昆明
　　　举办个人画展目录

"自写苍苔缀玉枝，粉痕和墨迓乡思。即今渐老春风笔，何况江南久
别时"。

　　西安画展结束，谢稚柳作华山之游。在华山之巅，得闻抗日战
争胜利的消息，随即还蜀。老友关德懋由西安送稚柳至宝鸡，阴雨
滞留，飞机无法起飞。关氏作《送稚柳还蜀宝鸡阻雨》诗："几日秋
阴重，殷勤留谢公。蜀山朝送雨，秦树晚来风。世事高歌外，关河
醉眼中。百年羁旅意，惆怅雁书空"。到了成都，宿张大千寓所，大
千出示自画小像嘱稚柳题识。稚柳题曰："自写龙文天矫枝，苍髯坐
阅老松姿。飕然堂上清风发，何况相逢执手时。乙酉九月自长安还
巴山过成都。大千八兄命题　弟稚柳"。

　　2004年5月，得见张大千《苍莽幽翠图》，大千题款："乙酉仲
秋，斋中坐雨，图之破闷，尽两日之功写竟。蜀人张大千爱"。另一
跋为"晓迎幽翠树如盖，暮拂苍条把清霄。远峰眉黛剪双眸，一曲

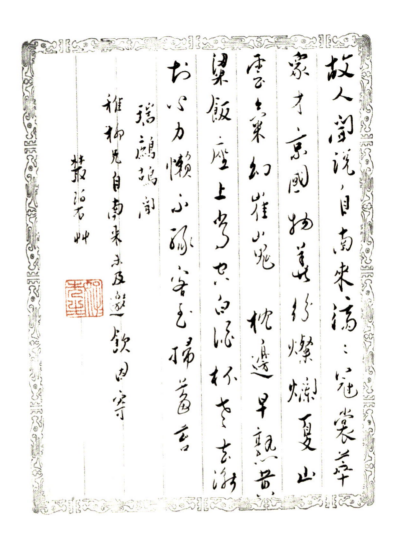

三四　1946年谢稚柳绘《倚春图》
三五　张伯驹赠谢稚柳词稿

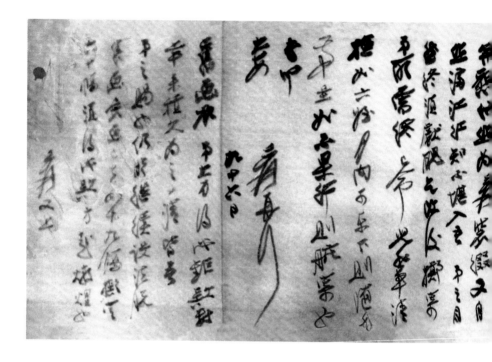

飞泉动爽籁。拟石溪石涛略得苍莽之致，正所谓之久正脉也。稚柳吾弟清正，乙酉兄爱"。谢稚柳生前给笔者看过几幅张大千的赠画，但此幅不在其中，亦未听他谈到此事。但从张大千作画、赠画与谢稚柳的行踪来看是相契合的，题跋诗风也近谢稚柳（图三六）。

告别张大千，谢稚柳又去峨眉山，途中留宿眉县一小旅舍。不料，这里的旅舍竟又脏又乱，夜里蚊子成阵。谢稚柳蜷曲帐中，一灯如豆，欲明欲灭，只觉浑身发痒，有小虫在身上爬行叮咬，一掌下去，臭气难当，起身细看，那床板上，被单上，一串串臭虫正在蠕动，心里顿时发麻。翻身下床，观那帐子，哪是什么蚊帐，全是用挽联缝成的大布袋。

夜已深了，秋风阵阵，虫声凄切，那帐子没法钻进去了，那臭虫也不敢再领教了。坐在桌旁，用东西驱赶着蚊虫，先前在三苏祠见到的一切又涌上心头，想到苏东坡几次留居自己的家乡常州，最后老死常州，不禁诗从中来，吟成七绝一首：

三六 张大千致谢稚柳尺牍一通

东坡久客江南老，已断顾塘桥水流。

可怜黄昏灯火冷，无人与说过眉州。

就这样，谢稚柳心中由一种寂寂的清冷，牵引出一段淡淡的乡愁，挥洒在苏东坡的故园里。

谢稚柳客居重庆八年，可谓久矣。在蜀期间，夔门之险，剑门之雄，峨眉之秀，青城之幽，皆得以饱览；锦江春色，嘉陵花月，令他难以忘怀。总之，蜀中的山山水水，皆成为他画笔的灵感和素材。在以后的"漫忆旧游"中，他画了《峨眉金顶》、《峨眉烟景》、《峨眉积翠》、《蜀中山色》、《春夜写蜀中山水》等图，饱含着对蜀中风物之美的怀念（图三七）。

乙酉十月自太華
還蜀復登峨嵋
宿清音閣時將
薄暮北景良攵
可得此橋其禹山
為香爐峰也
雨戍六月補記之
時歸自江南用
北苑法
　　稚柳居士

三七　一九四五年谢稚柳绘《峨嵋香炉峰》

五 结伴还乡
东归海上

（一）诗家小谢画犹勤

"青春结伴好还乡"。抗日战争胜利后，谢稚柳和夫人谢端如及两个女儿回到上海，在新闻报馆担任经理，定居虹口溧阳路。沈尹默定居海门路，近在咫尺，对巷而居。

到上海不久，谢稚柳的个人画展，在成都北路中国画苑举行（图三八）。和稚柳交往的大都是学者名流（图三九），但他的几次画展都是自己写序，上海画展也是如此。自序云："蜀道迟徊，春秋八易。

三八 1946年谢稚柳在上海举办个人画展展品目录

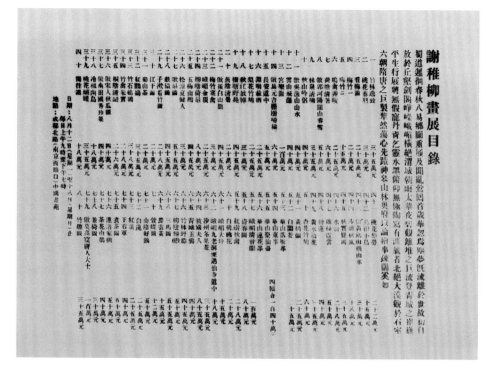

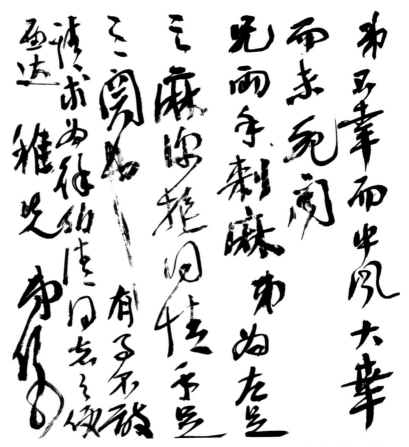

三九　吴湖帆致谢稚柳尺牍一通

乡关重履，及闻乱莺。回首岁华，忽焉尘梦。既流离于世故，初自放于丘壑。剑阁峥嵘，峨眉横绝，渭城朝雨，太华夜碧，观离堆之巨流，登青城之崔巍。平生行展，将无假宠崇丹青，乞灵水墨。俯仰无极，陶写有涯。曩者北绝大漠，观于石室，六朝隋唐之巨制，犁然荡心。先迹神臬，山林奥府，以论绘事，疏阔奚如"。

这篇小序，可以说是谢稚柳八年行踪的缩影，也是他绘画艺事的小结，此时心情清新开朗，再没有巴山蜀水、秦岭大漠中的惆怅与寂寞了。

研究敦煌壁画，看张伯驹的收藏，促使谢稚柳的艺术从陈老莲

四〇　1948年，张大千收李秋君为闭门弟子并行将还蜀留影。
前排右起：李祖夔（右二）、梅兰芳（右三）、张大千（右
四）、徐汶波（右五）、李秋君（右六）、张善孖夫人（右
七）、顾青瑶（右八）、李祖韩（右九）；第二排右起：李
祖同（右四）、李祖元（右六）、谢稚柳（右七）、李祖模
（右十）；第三排：张德加（张善孖之女，右一）

的风格中走了出来。而他的艺术日趋成熟，还是从重庆回到上海之后。"痴绝雾城年少客，寻常晓月误帘钩"。如果说谢稚柳的这两句诗表现了他在重庆时对绘画的痴情，到上海后，则更是如醉如狂。1948年，张大千在北平时（图四〇），画坛高度评价他的画。他谦虚而又严正地说："中国当代画家只有两个半，一是溥心畬，一个是吴湖帆，半个是谢稚柳，另一半已经故去，那就是谢稚柳之兄谢玉岑。"

诗人、书法家潘伯鹰题谢稚柳画山水诗，并序曰："展子虔游春图，王诜烟江叠嶂图及宋徽宗的雪江归棹图，今皆在张伯驹家，稚柳与余皆见之。稚柳见诸宋画，其画大进。此册有一幅近雪江图，而能以己意变化，是不可及也"。

一天，潘伯鹰携谢稚柳旧作《酒柳手》重访，画已变色，要稚柳重新补色。《酒柳手》是1943年稚柳客居重庆时为潘氏所画，画成，稚柳题识曰："秋日，绍杰饮凤翔旧酿，华阳乔壮翁因言凤翔酒柳手世称三绝，伯鹰道兄遂有饮制，并属予写此归之。癸未嘉陵江上"。此画裱成后，潘伯鹰题诗于画上，云："发映樽中酒，风约窗前柳。十五凤翔人，提壶扬素手。劝君菲惜醉如泥，此境人间哪常有。古来但见骨成灰，何事欺人三不朽"。乔大壮亦有诗题于画上："玉手提壶柳陌头，醒来一笑醉中休。魂销尺幅三唐本，四十年前宿凤州。"谢稚柳重睹旧物，随手给潘伯鹰重新画了一幅，并在原来的一幅画上题写道："伯鹰道兄癸未客渝州时，有凤翔三绝诗，曾见命为图，乙酉东掳瓦解，我受降于南京，其时因得与伯鹰重履江南。比者，伯鹰迁于新居，与余密迩，重展斯图，则柳枝俱变黝色，不复能三绝之意，属余重润色之。始予以石绿写柳，石绿不能与粉合，合则变黝色，当时始以笔上粉未洗尽渗入石绿中耳。余因求为别图，以当旧制，然伯鹰欲并存之。故人念我，见爱拙笔如此，虽铭心惶愧，又何能以鄙俗浮谦之词重辱故人也。丁亥四月十一日夜，海上迟燕草堂"。

1947年秋，《谢稚柳画集》一集出版，1948年春又出版二集，各十二幅。稚柳作品出版并不多，但社会各界极为重视。潘伯鹰在《谢稚柳画集》一集序言中写道："谢稚，字稚柳，常州人，为名工笔花卉画家谢月眉女史之胞弟。工书画。所画山水、人物，萧散秀逸，有宋元遗韵。花卉、翎毛亦甚精妙。书法二王，行楷苍劲高古，甚为艺林所称道。旅居沪上，自榜其庐曰迟燕居。不轻易为人着笔，故作品传世不多，益为鉴藏家所珍视。稚柳于丁亥年春自题《泽畔行吟图》，诗云：'江干垂柳织吴丝，青眼唯余去后思。彩笔工裁流靡体，金荃难得淡渊辞。远上莲社攒眉地，老子南楼咏夜时。浮世风期宜少贬，未应落漠是矜持。'想见其高洁之风标矣"。

丁亥为1947年，谢稚柳榜其居室为迟燕居、迟燕草堂，别号乌衣，可见乌衣巷的旧事又隐隐浮泛心头。潘伯鹰在序言中称"想见其高洁之风标"，可谓对谢稚柳知之甚深。

谢家一门，除了玉岑、稚柳兄弟能诗善画，月眉亦是女画家中之豪杰。早年学恽南田，画没骨花卉，曾作《芙蓉花鸭》、《芙蓉乳鸭》、《紫白菊小鸟》、《山茶鹦鹉》。其兄玉岑作《题月眉工笔花鸟四首》，从"剑气珠光迥绝尘"、"真谛唯应静里传"、"佛士花寒参识慧，仙禽语妙验清圆"等诗句中，可知月眉花卉的高洁雅致。1934年，谢月眉参加"中国女子书画会"，同时参加的有冯文凤、李秋君、陈小翠、顾青瑶、顾默飞、吴青霞、陆小曼等。1947年，顾默飞、谢月眉、冯文凤、陈小翠举行"四家书画展览"，由黄宾虹题识。月眉终生未嫁，一直跟随其弟稚柳生活。

（二）庞虚斋家看董源《夏山图》

通过朋友的介绍，张大千在上海以重金购得董源又一巨制《潇湘图》。张大千欣喜若狂，马上通知谢稚柳来鉴赏。

谢稚柳打开这四尺多长的卷子，是一卷着色山水，以花青运墨，没有奇峰峭壁，皆长山复岭，远树茂林，一派平淡幽深。有着苍茫浑厚之气，远处烟波浩渺，无穷无尽。这和他经常看到的北方画派，完全是不同的情致。他感叹地说："千载以来，董源的才情和他那高深的观察与体验，不得不使人佩服"。

张大千又告诉谢稚柳，上海大收藏家庞莱臣家中藏着一卷董源的《夏山图》，他已经和吴湖帆一起去看过。

谢稚柳一听，当然大为动心，他要张大千和他一起再去看一次，但是，张大千不想再去了，要他自己去看。

谢稚柳想：我还是个小人物，庞莱臣会不会让我看呢？此时，他认识的王春渠和庞莱臣特别熟，便要王春渠引荐他到庞家去看画。

"好。我给你写封信。"王春渠热情答应了。

庞莱臣的性格，谢稚柳早就听说过，一般人到他家看画，总是给看清代四王的画。名气大一些的去看画，可以看到明四家沈、文、仇、唐的作品。除了张大千，在上海能看到董源《夏山图》的人，为数极少。

谢稚柳想，到那里去看明清的画没有意思，这类画看到的机会较多，要看就得看《夏山图》。

庞莱臣会不会给他看呢？

"你先把信寄去，说我点名要看《夏山图》。"谢稚柳说。他想如果庞家不同意，他也就不去了，免得到那里碰钉子。

过了两天，庞莱臣回信了，欣然同意给他看《夏山图》。

到了约定的那天，谢稚柳前往庞家。

在那里，庞莱臣已经把《夏山图》拿了出来。

谢稚柳将画打开，迅速地把这个一丈长的卷子从卷首看到卷尾。有了初步印象，然后又一段一段地向后看，看到卷尾，又回过来从卷首看起……

"张大千的《潇湘图》你看到过了？"庞莱臣问。

"我看过了。"

"你看怎样？"

"庞莱老，你看怎样？"谢稚柳回答得非常谨慎。他知道，像庞莱臣这样的大收藏家，识多见广，眼力是很不错的，不好轻率地表明自己的态度。

"你想想看，五代到现在多少年了？他的《潇湘图》还是那样新。有可能吗？你看我的《夏山图》，旧到什么样子，这才是真的，他那卷是假的。"庞莱臣身上那种收藏的性格特别鲜明，谢稚柳感到这位老人可亲可敬。

"这两个都是真的。"谢稚柳的话没有说出来。

看完之后，庞莱臣马上要把卷子收起来。

"我还要看。"谢稚柳用手按着卷子，怕庞莱臣真的收进去。

"好，吃过饭再看吧。"庞莱臣说。

中午，庞莱臣请谢稚柳吃西餐。吃过饭，他说："我就不陪了"。庞莱臣的儿子庞秉礼陪着谢稚柳，在客厅里继续看《夏山图》。

他一直看到傍晚，才离开庞莱臣家。晚上，他躺在床上，还像背书一样，把《夏山图》又凭记忆温习了一遍。

经过研究，谢稚柳发现董源的画在宋代一般评价并不甚高，如《圣朝名画评·山水木林门》列李成、范宽两人为"神品"，而说"宋有天下，为山水者，唯中正（范宽）与成称绝。至今无及者"。巨然只列在"能品"，无董源。《五代名画补遗·山水门》也仅列荆浩、关仝二人为"神品"，而无董、巨。郭若虚的《图画见闻志》论三家山水，也只抬高吴、李、范三家。只有米芾才称董源的画为"近世神品，格高无与比"。到了元代，汤垕的《画鉴》评论："董源得山之神气，李成得山之体貌，范宽得山之骨法，故三家照耀古今，为百代师法"。

在谢稚柳看来，一个画家被人承认和理解是很不容易的。画史记载，明代董其昌家里曾经悬挂了董源和黄公望、倪瓒的画。而他的朋友们却只欣赏黄公望及倪瓒，不向董源看一眼，虽然倪、黄正是从董源发展而来。对此，谢稚柳感慨系之，自己作了江南画派的《青绿山水》，并写了诗文题记：

> 何事人间有白头，相看长此故林丘。
> 翻愁地老天荒日，减尽风怀是旧游。
>
> 老董风流殊未陈，倪黄踪迹得前身。
> 思翁已叹迷来处，绝意当时一辈人。

诗后还有一段文字说："思翁记云，金吾郑君与予博古。悬北苑于堂中，兼以倪、黄诸迹，无复与北苑着眼者，正是不知元人来处耳。"

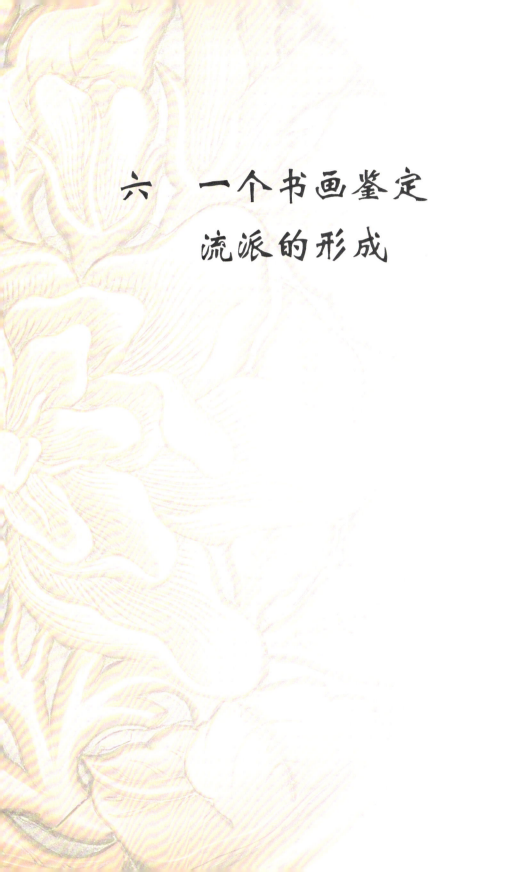

六　一个书画鉴定
　流派的形成

（一）笔墨风格派的确立

书画鉴定的基本方法是共同的，即以笔墨风格、题款、题跋、钤印、纸绢材料判断及考证文献。但在具体运用这一方法时，却因鉴定家主客观条件的不同而有各种不同的侧重，由此形成了不同的鉴定方法，即鉴定流派。就当代鉴定家来看，大体可分为三大流派：

第一个流派是经验派。这一派的鉴定家由于大量接触实物积累了丰富的经验，对同一时代、同一地区不同画家的风格，或同一画家不同时期的风格，进行过全面系统的比较。积累了经验，眼心并用，尤重用眼，即古人之作用我之眼而会之我心，会我之心进而会古人之心。代表性的鉴定家有张珩、徐邦达、刘九庵、杨仁恺。

第二个流派是文献派。文献派重点在文献考评，如服饰、建筑形制、避讳文字、著录的核实等等。这类鉴定家多为学者，某一研究领域中的专家，兼为书画鉴定家。作为代表性人物，便是启功、傅熹年。

第三流派是笔墨风格派。这一派的鉴定者必定是具有很高绘画造诣的画家，对笔墨风格的认识，重点依靠画家本人在创作实践中所取得的领悟。他对于笔墨风格的认识，包括时代风格、地区风格、个性风格等等，有着自己创作实践的体验，深得其中的甘苦。笔墨风格派鉴定家有张大千、吴湖帆、谢稚柳等。

谢稚柳之所以搞鉴定，最初的目的并不是为了当什么鉴定家，而是为了画好画。由于他认定画好画的前提是继承传统，但继承传统必须有所选择，既然要选择，就必须要有全面比较、研究、分析。更为重要的是，他又不是宗一家一派，花鸟画由陈老莲入手，二十七岁以后又翻然改图，立足于两宋，直追宣和体。西出敦煌以后，又远追五代隋唐的堂奥，旁及元人的水墨放逸。至于山水画，则一开始就从宋人入手，巨然、李成、郭熙、王诜、燕文贵，直到元代王蒙，兼收并蓄，广为涉猎。人物则受敦煌壁画的影响，十足的唐人气派。他对传统的认识，从一家一派开始，扩展到二家二派，三家三派，可谓是"一生二、二生三、三生万物"了。

1950年，谢稚柳被上海市文物管理委员会聘为特约顾问，而且是住会顾问，书画鉴定成了他的本职工作。上海市文物管理委员会副主任、文物鉴定大师徐森玉，把谢稚柳、陈梦家视之为左膀右臂。一个专职于书画鉴定，一个专职于青铜器、简牍的鉴定。也是在这个时候，谢稚柳又和张珩、朱家济、启功、徐邦达等参加国家文物局组织的团城鉴定，对散落于书画商手中不能出口的古代书画进行集中鉴定。上海市文物管理委员会征集书画由谢稚柳鉴定自不用说了，当时文化部文物局征集上海大收藏家庞虚斋、王南屏的书画以及从香港抢救回归的书画，局长郑振铎给徐森玉写信，也请谢稚柳鉴定，并称他为"南方掌眼人"，真可谓是中国鉴定界的半壁江山。从事鉴定工作后，谢稚柳反而把画画放在次要地位，并戏称自己是"业余画家"了。

谢稚柳的书画鉴定扛鼎之作，当推1957年出版的《水墨画》及1966年定稿并在香港《大公报》连载的《论书画鉴别》。前者是从笔墨风格、时代流派着眼讲绘画史。陈佩秋说："但又不是为写绘画史而研究绘画史，是为了创作实践而研究绘画史。"后者则是专门讲书画鉴定的，除了讲书画自身的特点如笔墨风格、时代流派，也兼顾书画的附加条件，如题跋、避讳、纸绢、印章等。

（二）对张旭《古诗四帖》的辨识

1962年4月，谢稚柳和张珩、刘九庵、韩慎先四人北行鉴定书画时，在沈阳看到草书《古诗四帖》（图四一）。此卷草书古诗四首，前两首为南朝梁庾信的《步虚词》，后两首为南朝谢灵运的《王子晋赞》与《岩下一老公四五少年赞》，共四十行，一百八十八字，五色

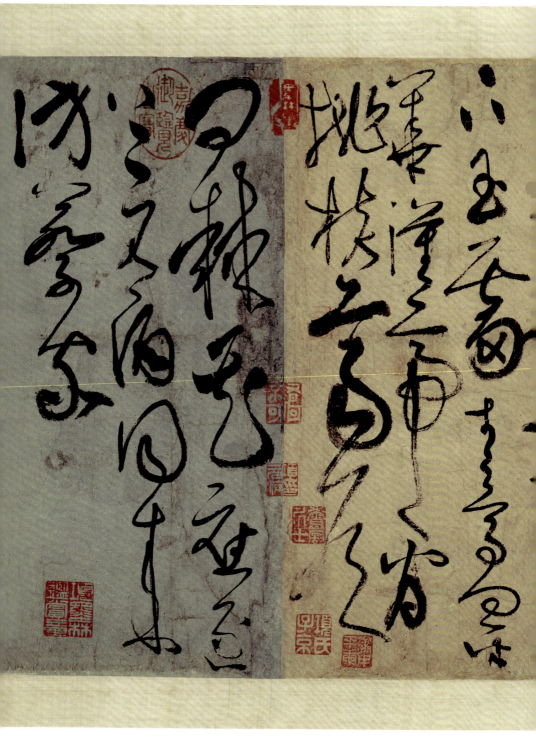

四一　唐张旭《古诗四帖》（局部）

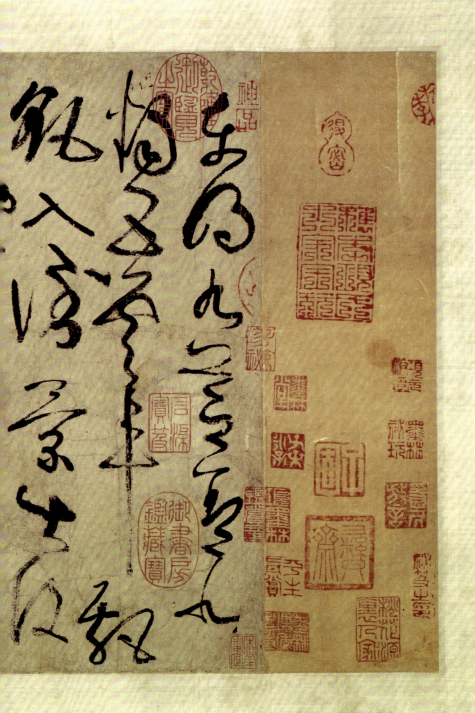

笺。卷前后有残缺，后段有谢灵运赞并书名氏，而前两首之庾信《步虚词》开首并无名字及诗题，卷末无款，亦无余纸，已被割截。卷中有宋徽宗赵佶的"政和"、"宣和"骑缝印，均已半残，后隔水尚是宣和原装，前隔水有赵子固二印，则为后来所配上者。按卷中收藏诸印，其流传之迹，宣和以后，仅有明华夏、项子京及清宋荦。尚有其他前代印记，则已残缺漫漶不可辨。后有明丰坊两跋，其一为文徵明的正书，以及董其昌一跋。按明汪珂玉《珊瑚网》所记，此卷有元至正庚子荣僧肇一跋和项子京一跋，而无丰坊、董其昌等三跋。清顾复《平生壮观》所记，则有荣、丰、项、董诸跋，而未提及作正书者，可知此卷已为后来所割截。

经过研究，谢稚柳赞同董其昌的判断，《古诗四帖》是唐张旭所书，但不同意《古诗四帖》为谢灵运书或赝品的说法，并为此著文《唐张旭草书〈古诗四帖〉》和《宋黄山谷〈诸上座帖〉与张旭〈古诗四帖〉》。谢稚柳认为董其昌的根据是最有力的，站得住脚。

首先，从笔法看。

董其昌的论证，一是"狂草始于伯高（张旭），谢容（谢灵运）时皆未之有"。最主要的一点是说此卷与张旭所书的《烟条诗》、《宛陵（溪）诗》为同一笔法。

这一卷的书体，在用笔上直立笔端逆折，使锋埋在笔画之中，波澜不同的提按，抑扬顿挫的转折，导致结体的动荡多变。而腕的动转，从容舒展，疾徐有节，如垂天翼乘风回翔。用以上所述的一些论说来互相引证，都是异常贴切的。

其次，从张旭草书的新兴风格对后学的影响看。

"张旭三杯草圣传"，在当时这一新兴的风格对后学起了很大的影响，颜真卿的《笔法十二意》显示了对张旭的拳拳服膺。而怀素《藏真帖》说自己"所恨不与张颠长史相识，近于洛下偶逢颜尚书真卿，自云颇传长史笔法，闻斯语如有所得也"。当时狂草是以怀素继张旭，号称"颠张狂素"。颜真卿和怀素的笔迹，现在还能见得到，那么，从颜、素的法书来论证这一卷的相互关系，似不失为探索张旭的另一途径。

最后，从张旭草书的时代性看。

即从晋唐以来的书体发展来看，这一卷的时代性绝不是唐以前所有，而笔势与形体也不是晋以来的风格。从王羲之一直到孙过庭的书风都与此卷大相悬殊，迥异其趣。这一流派的特征，在于逆折的笔势所产生的奇气横溢的体态，显示了上下千载特立独行的风范。

为了进一步论证《古诗四帖》是张旭真迹，谢稚柳又从黄山谷《诸上座帖》中寻找出了依据。北宋黄山谷每论书，几乎言必称张旭。他曾说："怀素暮年乃不减长史，盖张妙于肥，藏真妙于瘦"。"怀素草工瘦，而长史草工肥，瘦硬易作，肥劲难得也"。"张长史作书，乃有超轶绝尘处，以意想作之，殊不能得其仿佛"。"予学书三十年……其后又得张长史、僧怀素、高闲墨迹，乃窥笔法之妙"。黄山谷的草书，不仅出于怀素，更主要的是受到张旭的影响。从黄山谷《诸上座帖》中，确实可以看出黄山谷深得张长史圆劲飞动之意，其中有若干字与《古诗四帖》波澜无二。因此，可以证明黄山谷草书之源出于张旭，而《古诗四帖》也从而可以证明为张旭所书。

对《古诗四帖》的鉴定，应该是比较完整地体现了谢稚柳的鉴定风格，可谓言之成理。

启功和谢稚柳的友谊在书画界及鉴定界被传为佳话。但在学术上，两人各持己见，有时甚至针锋相对，但也恰恰在这方面，体现了彼此的气度及温馨的友谊。启功从帖中"北阙临丹水，南宫生绛云"的"丹"、"绛"二字，认为此帖是宋人的作品。他说："按古代排列五行方位和颜色，是东方甲乙木，青色；南方丙丁火，赤色；西方庚辛金，白色；北方壬癸水，黑色；中央戊己土，黄色。"庾信的原诗是："北方临玄水，南宫生绛云。"玄即是黑色，绛即是红色，北方黑水，南方红云，一一相对。而作品中把"玄"改为"丹"。丹是红色，绛也是红色，便成了红对红。这有悖于古诗对仗的常规，分明是刻意的更改。这种不合常理的更改往往与文字避讳有关。他查出文献史籍中的记载，宋真宗在大中祥符五年（1012年）十月戊午下诏，自称梦见他的始祖，名叫"玄朗"，诏令天下遇到"玄朗"二字必须避讳，凡"玄"改为"元"或"真"，"朗"改为"明"。启功

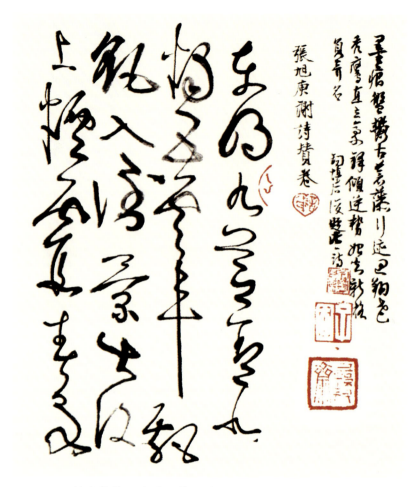

四二 谢稚柳临《古诗四帖》(局部)

以此为根据，推断此卷古诗的书写时间，下限不会晚于该帖入藏皇宫和《宣和书谱》编订的时间，而上限不会早于大中祥符五年十月戊午宋真宗下诏的时间，以此来证明这是一件宋人书法。其鉴定风格亦是言之成理，令人折服。

这两位文物鉴定大家对《古诗四帖》不同的见解，不但见诸文字，而且见面亦时有争论。谢稚柳对张旭《古诗四帖》的推崇，不只是在梦中见到张旭作书的形象，而且还抛弃陈老莲的书体改学《古诗四帖》(图四二)，并谱写一首《蝶恋花词·观张旭草书戏赋》：

意兴偏随沉醉好。墨未浓时，书被催成早。舞袖临风
杨柳袅，鸾笺笔阵蛇矛扫。搵发飘烟成一笑，无尽流光，总
是抛人老。头上霜丝梳更少，酒痕应褪狂颠草。

（三）对《簪花仕女图》的考辨

辽宁省博物馆藏的《簪花仕女图》是我国绘画史上一件非常杰
出的作品（图四三）。不知从什么时候起，被公认为唐代周昉的手笔。
这种说法已经根深蒂固，就像金科玉律一样无人怀疑。谢稚柳第一
次接触这件作品时，的确被它的艺术魅力打动了。

怎么能证明《簪花仕女图》是唐代周昉的作品，周昉的画笔究
竟是何面貌？谢稚柳请教了当时鉴定界的前辈，但谁也无法提出肯定
的意见。谢稚柳发现，《簪花仕女图》是周昉所绘的说法只不过是一
代代沿袭下来，从未有人做过深入的研究。

时代性是确认一种画风的根据。谢稚柳回忆起他在敦煌石窟看
过的唐代所有壁画，想从壁画中找到这个画派的痕迹，但这二者之
间没有相同之处。他又想到孙位《高逸图》、《宫乐图》和《纨扇仕
女图》，这些有明确年代可证的唐代绘画，和敦煌的唐代壁画都有一
脉相通的地方。但是从这些画幅中，谢稚柳也未找到《簪花仕女图》
的画风痕迹。谢稚柳得出的初步结论是，这是唐代所没有的一种清
新的艺术风格。

图中仕女头上的高髻，引起了谢稚柳的注意。像这样的高髻，只
有敦煌唐代壁画引路菩萨下面的一个女子头上的高髻与之相似，但
是那个女子的高髻上却没有《簪花仕女图》中仕女头上的巍巍花朵。

那么，这种打扮、装束的时代性又在哪里？谢稚柳锲而不舍地追
根寻源。他东翻西翻，上下寻觅，从陆游的《南唐书》中，查到了
后主李煜大周后的装束"创为高髻，纤裳首翘鬓朵之装，人皆效之"。
马令《南唐书》中也记载李煜哀悼大周后的诔文，有"高髻凌风"之
句。这就像找到了打开大门的钥匙，谢稚柳心中一阵高兴，那图中
妇女的头饰、花朵及披纱衣的风俗，不正是体现了南唐的生活气息

四三　传唐周昉《簪花侍女图》（局部）

吗?

《簪花仕女图》中画了一株辛夷花。辛夷花是春天开放的花朵。在春天的时候,妇女们穿得"绮罗纤缕见肌肤",那种温馨的景象,正是江南的春天,《簪花仕女图》所表现的也正是江南的风光物候!

经过这样一番详尽的考察,谢稚柳对《簪花仕女图》提出了新的判断。他说:"这幅画的艺术风格虽不免有较浓厚的唐代气氛,但那恢宏的气概、雄健的笔势所表现的风骨情采已不是唐。而特别显著的相异之点在面部,在于眉、眼、嘴角和手等等的描绘形式,这与唐人的习性已判然有别,分道扬镳,显露出一种特有的艺术形态与情意。它正显示着晚于唐代不远的一种新兴风貌,但与唐的传统渊源还保持着较亲近的关系。这样,可以说《簪花仕女图》所表现的应该是南唐贵族妇女所流行的打扮、装束,而它的笔法,正是南唐时代的艺术特征。"对此,谢稚柳挥毫写了一首诗:

辛夷花烂春云热,鬓朵新装露雪肤。

南唐风物凭君识,哪得宣州长史图。

(四) 对徐熙《雪竹图》的论证

徐熙《雪竹图》是一幅没有题款的画,流散在社会上有相当长的时间,后为上海收藏家钱镜塘收藏。经谢稚柳鉴定,认为此图出自南唐徐熙之手,遂为上海市文物管理委员会购进。

南唐花鸟画家徐熙,在北宋,与西蜀黄筌的画派并称。列论"徐黄异体"是指"黄家富贵,徐熙野逸"。1954年,谢稚柳在写《水墨画》一书时,就把"徐熙落墨"当作一个专题来论述。五代时期花鸟画派代表人物,西蜀是黄筌、黄居寀父子,南唐是徐熙、徐崇嗣祖孙。花鸟画在南唐很繁盛,而在西蜀比较冷落。黄氏讲求用色,自称写生。而徐熙讲求用墨,名为"落墨"。徐熙曾经学过唐末孙位的"墨竹"。

谢稚柳在文章中引用了许多史料。

苏轼题徐熙杏花诗云:"却因梅雨丹青暗,洗出徐熙落墨花。"

《宣和画谱》曰："且今之画花青，往往以色晕淡而成，独熙落墨以墨写其枝、叶、蕊、萼，然后傅色。故骨气风神，为古今之绝笔。"

宋李廌《德隅斋画品录》所记徐熙《鹤竹图》云："根、干、节、叶，皆用浓墨粗笔，其间栉比略以青绿点拂，而其梢萧然有拂云之气。"

宋沈括《梦溪笔谈》云："徐熙以墨笔为之，殊草草，略施丹粉而已。"

宋米芾《画史》云："黄筌画，不足收，易摹。徐熙画，不可摹。"

宋梅圣俞咏徐熙《夹竹桃花》曰："年久粉剥见墨踪，描写工夫始惊俗。"

《图画见闻志》援引徐铉语：徐熙"落墨为格，杂彩副之。迹与色不相隐映也。"

徐熙在自撰的《翠微堂记》里也写道："落墨之际未尝以傅色晕淡细碎为功。"

谢稚柳将以上所说综合起来认为，所谓"落墨"，是把枝、叶、蕊、萼的正反凹凸，先用墨笔连描带染的全部画出来，然后在某些部分略略地加一些色彩。它的技法是，有双钩的地方，也有不用双钩只用粗笔的地方，有用浓墨或淡墨的地方，也有工细或粗放的地方。整个画面，有的地方只有墨，而有的地方是着色的。所有的描绘，不论在形态或神态方面，都表现在"落墨"，即一切用墨来奠定，而着色只处于辅助地位。它的画法是这样：那些竹竿是精笔的，而叶的纹又兼备有粗、细笔的描钩，是混杂了粗细不一的笔势。用墨也采取了浓和淡多种不混合的墨彩，竹的竿，每一节的上半是浓墨粗笔，而下半是空白。一些小枝不画轮廓，只是依靠绢底上烘晕的墨而反衬而来。这些空白的地方，都强调了上面是有雪的。左边那棵树的叶子，一部分用勾勒，一部分也是利用绢底上的烘墨来反衬出来，地坡上一簇簇用墨所晕染而成的也是雪。在总体上，它是工整精微的写实，是细和粗的多种笔势与深和淡的多种墨彩的组合，表达了林中竹树，在雪后高寒中劲挺的风神。这一画派，证明在写生的加工上，能敏感地、生动地、毫无隔阂地将对象的形态和神情完整地再现，是一种突破了唐代以来各种画派的新颖奇特的风格。

这幅《雪竹图》的表现，与李廌所记的《鹤竹图》正相符合，与沈括所说的"以墨笔为之，殊草草"，徐铉所说的"迹与色不相映隐"，以及徐熙自己所说的"落笔之际未尝以傅色晕淡细碎为工"，正相贯通。也确如米芾所称道的，是难于摹拟的。

这幅《雪竹图》完全符合徐熙"落墨"的规律，看来也正是他仅存的画迹。

谢稚柳兴奋之余，又不无感叹地写了一首诗：

凌乱寒光数竿竹，风流飘忽几年华。

至今落墨无人赏，冻叶寒梢褪雪花。

画家吴湖帆不同意稚柳的见解，并劝他不要在徐熙的"落墨"上花费功夫了。稚柳也由此写了一首诗相赠："落墨为格杂彩副，除是江南谁有此。辛苦苏州吴倩庵，劝我莫题徐处士。"

1983年，《艺与美》第2期上刊登了徐邦达撰写的《徐熙落墨法试探》，但直到1986年3月，谢稚柳才看到徐文。

关于什么是"落墨"，徐邦达写道："……落墨即是'落笔'，墨不能离开笔显现在纸绢上，所以论画都以'笔墨'合称，明白了这一点，才能理解所谓落墨应是一种怎样的风格面貌的花卉画了"。

徐邦达还从绘画的材料上来证明《雪竹图》的时代性。他写道：徐熙是五代时人，那时画绢的幅面不宽，一般不能超过60厘米。此图阔约1米，系独幅绢，起码到南宋时期，才能见到。凭这一点，至少不能承认它是南宋以前之物，是无可争辩的。他指出，此图的年代早不过南宋中期，晚可以到元明之间。

谢稚柳读了徐文，写了《再论徐熙落墨——答徐邦达先生〈徐熙落墨画法试探〉》一文。

谢稚柳在文章中写道："这里想谈谈我的读书方法，文句是有上下文的，而下文是承上文而来的。但这是最起码的道理，我只是说明我是用这样的方法来阅读文句的，理解文句的。"

对徐邦达关于"落墨"即"落笔"的论证，谢稚柳说："把徐铉和《宣和画谱》的解说，可以视而不见，引而曲解。把'落墨'、'落笔'说成一而二，二而一，照此说来，'落笔'也可称之谓'落墨'了，又何必'独熙落墨'呢？"

对徐邦达关于绢的尺幅这条意见，谢稚柳回答说："徐先生'不迷信旧说'，却迷信于绢，以绢来评定画的时代，这说明绘画是不可认识的了，要认识只得靠绢。这幅《雪竹图》很不幸，没有依据徐先生的是'独幅绢'，而是双拼绢，还不到60厘米。这样，从不认识画只认识绢这一事实来说，对《雪竹图》凭这一点'不知道足以为凭'否？"

由此可见，谢稚柳和徐邦达鉴定书画的着眼点有所不同，谢稚柳注重的是绘画自身风格特点，是时代性；徐邦达比较注重绘画的外部条件，如著录、印章、纸绢，这大概就是常常引起他们争论的原因吧。

总结多年的鉴定经验，谢稚柳提出这样的看法：鉴别的标准，是书画本身的各种性格，是它的本质，而不是在画家的这一幅画或那一幅画。因此，它无所谓高与低，宽与严。作为一个画家，他可以创作出水准高的作品，也会创作出水平低劣的作品，这是必然的规律。问题不在于标准的高、低与宽、严，而在于书画本身的各种性格的认识。性格自始至终是贯串在优与劣的作品中的，如以某一作品艺术水平高低为标准，不以它的各种性格来进行分析，这是没有将性格在不同的作品中贯穿起来。在鉴别的范畴中，真伪第一，优劣第二。在真伪尚未判定之前，批判优劣的阶段就还未到来，两者之间的程序，评判优劣，是在真伪判定之后，而不是判定之前，亦即认识优劣，不可能不在认识书画本身真伪之后。

（五）从《茂林远岫图》识燕文贵

《茂林远岫图》是一个横卷，绢本，墨笔，原为清朝内府旧物，卷后有南宋向若冰的题语（图四四）。题语中说，李成的《茂林远岫图》与吕夷简的儿子吕公弼相距百年。看来，距李成以后不久，此

四四　宋燕文贵《茂林远岫图》（局部）

卷就被定为李成的笔迹。相距的时间越近，历史记录就越可靠，这已经成为一种常识。所以从来就没有人怀疑过《茂林远岫图》是否真是李成的作品。

在鉴别生涯中，谢稚柳特别注意绘画的渊源关系。流从源出，认识源就可以知道流。可是遇到像李成这样的画家，或者说遇到五代以后的山水画，在鉴别上就出现了一个问题：他们的老祖宗李成的笔迹已经不存在，没有源，这流又怎能进行判断呢？

当谢稚柳深入研究的时候，发现郭熙与王诜的笔法有许多不同之处，郭熙用笔壮健而气格雄伟，富有圆笔中锋的含蓄性；王诜用笔尖俏而风格爽利，富有圆笔尖锋的明显性，这是两人画风的基本分野之处，从而形成了各自的风格体貌。但在铺陈的习性、造型的特点方面，两人却有较多的共通之处。他查阅画史及郭熙、王诜的真本，就遇到不少因此而被混同的例子。《溪山秋霁图》是历史记录的郭熙的真迹，但实际不是郭熙而是王诜的画。同样，也有把王诜的画误以为是郭熙的。

谢稚柳由郭熙与王诜共通之处认识李成之后，看出《茂林远岫图》和郭熙、王诜的笔法是风马牛不相及的，断定此图与李成无关，可能是燕文贵的作品。

谢稚柳从他所知的燕文贵的四幅作品中，找出《溪山楼观图》和《茂林远岫图》相对照。《溪山楼观图》有燕文贵的题款，作为认识燕文贵的画风，此图一向被认为是标准物。从两图的互相印证中，谢稚柳发现了两者之间的共同点，以及一致的性格。《茂林远岫图》的繁密铺陈，精微深刻的描写，水边安排的台榭楼阁，达到了臻美的艺术妙境，正是号称"燕家景"的特征。

谢稚柳说："在我看来，作为认识的依据，《溪山楼观图》显然是主要的，如果以艺术性而论，《茂林远岫图》却在它之上。"

谢稚柳为《茂林远岫图》题写了一首诗：

取次山涯水畔行，墨图笔阵尽疑兵。

眼前一派燕家景，便是当年旧姓名。

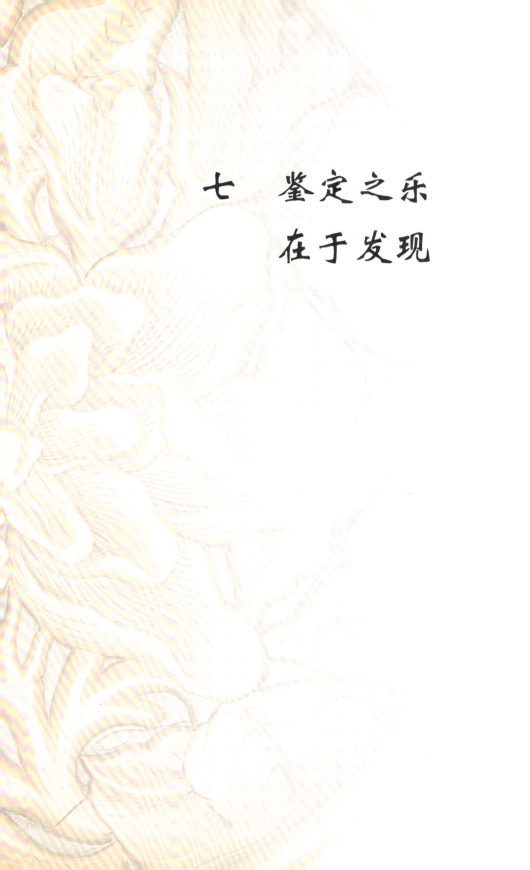

七　鉴定之乐
在于发现

　　谢稚柳的书画鉴定生涯，可谓其乐多多，诸如为上海博物馆从叶恭绰手中购进王献之的《鸭头丸帖》（图四五），从文物商人手中购进清宫旧藏孙位的《高逸图》（图四六、四七）和赵佶的《柳鸭芦雁图》，以及从庞虚斋后人手中购董源《夏山图》，这些都是赏心乐事。将那些濒于消失，以假之名被打入冷宫，即将流散到海外的文物被抢救归来，就不只是他的乐事了。对于文物收藏来说，这应该是功德无量的。

四五　晋王献之《鸭头丸帖》

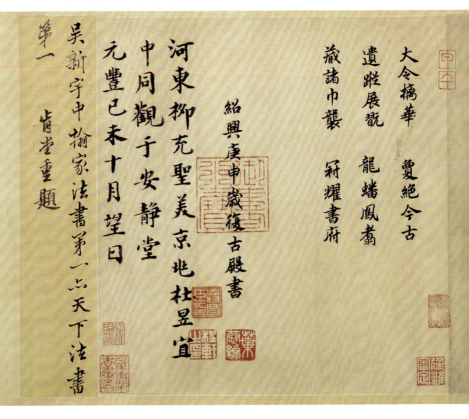

（一）鉴定唐摹本王羲之《上虞帖》

上海博物馆藏晋人二王书法，起始只有王献之的《鸭头丸帖》，被视为法书中的镇馆之宝。从徐森玉开始，就想得到王羲之的书法，但几十年来一直未能如愿。

1975年，上海博物馆从抄家文物中发现了王羲之的《上虞帖》（图四八），可谓得来全不费工夫。

"文化大革命"期间，抄家物资中书画堆积如山，不知有多少书画在这一劫难中灰飞烟灭。1972年，在清理抄家书画时，万育仁代表上海博物馆参加书画及工艺品的清理工作。在工艺品的仓库中，

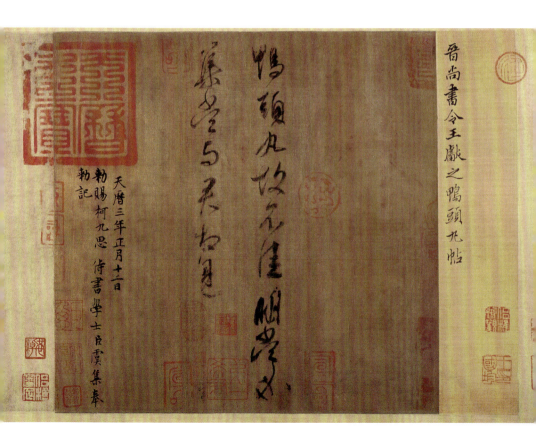

四六　唐孙位《高逸图》(局部之一)

他发现《上虞帖》被当作一般书法扔在一个竹筐里。他打开卷子一看，其艺术性及旧时的风貌非同寻常，又看了装裱，认为这个字卷很有价值，就带回博物馆，准备请有关专家鉴定。但经过一番鉴定，被视为赝品，又被打入仓库冷宫。时隔三年，博物馆馆长沈之瑜已经"解放"，允许工作，万育仁又重提《上虞帖》。沈之瑜及书画保管部主任马承源看了，也认为是件好东西，并认为如果上海不能解决，可送到北京请人鉴定。马承源提出，上海有谢稚柳，不必送北京。沈之瑜和马承源即派书画征集部的尚叶煌将《上虞帖》送给谢稚柳看。

　　在十年动乱中受尽苦难的谢稚柳，这时虽然"解放"，仍然是无事可做，把岁月寄托在绘画之中。给他送来一卷东西，打开一看，啊，《上虞帖》!

　　他清楚记得，此帖刻于《淳化阁帖》诸帖中，明詹景凤《东图玄览》、清安仪周《墨缘汇观·续录》中都曾提到，但原本的流传多少年来湮没不彰，寂然不为人所知。此帖是否是《淳化阁帖》所依刻的祖本呢?

　　谢稚柳鉴赏喜用比较法。他将此帖又与《万岁通天帖》、《如何帖》比较，于是，认定俱为唐人摹本。《上虞帖》以摹本的现象而论，逊于《万岁通天帖》，但以《上虞帖》体势的灵动绰约、丰肌秀骨，却远较王羲之的《如何帖》为胜。此帖仍保留着北宋内府原装。

四七　唐孙位《高逸图》(局部之二)

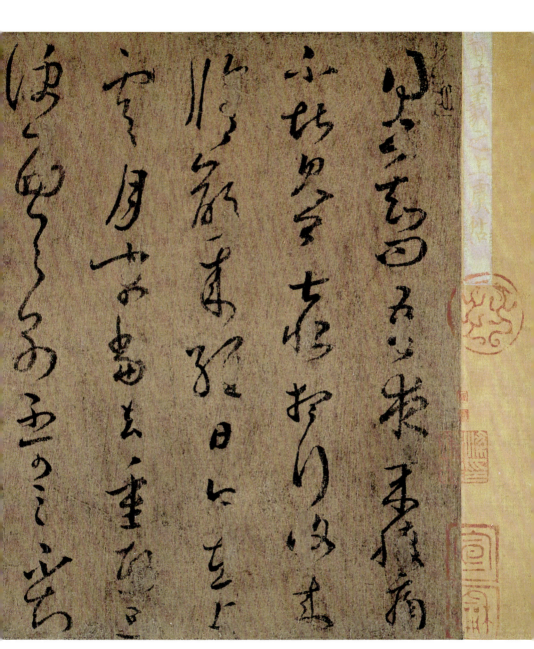

四八 晋王羲之《上虞帖》（唐摹本）

　　这一切虽然再现了《上虞帖》的历史价值，但它究竟是哪个朝代的摹本？正当他感到山穷水尽时，却在帖的右上角发现有南唐"集贤院御书印"，下面还有一方印，但已经模糊不清。

　　一天傍晚，在上海博物馆保管部门的办公室，笔者为一睹《上虞帖》的风姿，也到了那里。谢稚柳又捧着《上虞帖》凑近窗口，盯着那方隐隐约约的印，看呀，看呀，他心中暗暗地一动，这不是南唐的"内合同印"吗？他将这一发现提出来和同事们商量，但没有人看出还有一方印。为了彻底搞清楚《上虞帖》的流传过程，判断它的时代，马承源又借来一部机器，用同位素钴60照射，果然发现"内合同印"和"集贤院御书印"。而后，裱画师严桂荣在重新装裱时，经技术处理，又将这两方印清晰地再现出来。此二印在宋代就被称之为两方金印，在并世流传的古书画上，有此两印的也仅见于《上虞帖》。发现这一历史流传的印记，为《上虞帖》是唐摹本，提出了有力的证据。

　　四九　宋王诜《烟江叠嶂图》（局部）

谢稚柳为这一鉴定赋诗一首：

上虞希世唐摹本，淳化传镌迹久迷。

重见江南旧长物，金签墨纽尽堪稽。

（二）为王诜《烟江叠嶂图》正名

20世纪50年代的某天，北京文物商人靳伯声带来北宋大家王
诜的《烟江叠嶂图》（图四九），卷尾有苏东坡的两段长题。谢稚柳
还记得在他走出老师钱名山的寄园，到南京去谋生不久，就看过这
个画卷。那时谢稚柳约二十岁，没有仔细观看，就让它轻轻从眼前
过去了。没想到一别二十载，故物竟能重逢。重相见，即断肠，他
感到与这幅画缘分匪浅。他看这幅《烟江叠嶂图》，面貌没于蒿莱，
隐匿尘氛，顿生惜念。再端详，又觉得比二十年前看到的，更加珠
光灵动了，一下子就把他带入到烟霞深邃的蓬莱仙境。历史的灰尘，

掩盖不了美玉的光辉。

谢稚柳把《烟江叠嶂图》带到上海博物馆，建议鉴定小组召开会议，对此画进行鉴定。

早在几十年前，此画已经不止一次地出现在上海书画商的摊子上，上海的书画鉴赏家及收藏家也已经不止一次看过，通通斥之为"假货"，甚至是"出了名的假货"。当时的要价只有八百元也没人买。经鉴定小组鉴定，大家一致认为是赝品，只有谢稚柳坚定地认为是王诜真迹。他让记录者把各种意见记录在案，以作历史见证。谢稚柳之所以这样坚定，是因为他曾把《烟江叠嶂图》和《渔村小雪图》、《溪山秋霁图》等做过对照比较，认为实是并出于同轨，有着共同的气息。但当时是少数服从多数，最后决定将原画退回。

靳伯声又将此画带回北京，请北京的一些专家进行鉴定。北京的专家也认为是赝品，文物保管单位不愿买进。靳伯声只好将此画退回苏州收藏者处。

过了一些日子，人们渐渐把这件事情忘却了，可是谢稚柳怎么也不能忘。他对学术上的争论，从不计较，只服从真理。但是如果让眼皮子底下的国宝沦落，或万一落在外国人手里，他觉得那才是千古罪人。

靳伯声接触过不少的鉴赏家，最佩服谢稚柳的鉴赏能力，一到上海，总要登门造访。那天，他又出现在谢稚柳的书房里。

"老靳，你把《烟江叠嶂图》再拿给我看看。"谢稚柳的依恋之情，令靳伯声感到欣慰。靳伯声又到苏州，和收藏者讨了两千元的价，《烟江叠嶂图》复又回到上海。这时，陈佩秋正热衷于临摹宋画，对宋人的笔性很熟悉，她也认为这张画是宋人作品无疑。他们决定把它买下来。

"谢公，这可是公认的假货！"靳伯声提醒他。而谢稚柳说："我是作为真画买的。"

谢稚柳还价一千八百元买定。但他手头拮据，一下子拿不出这个数目，就和靳伯声讲定，钱款分三次付清，第一次先付五百元。后来，谢稚柳又卖了一些别的画，其中有一幅是石涛的荷花，将余下的一千三百元带到北京，由靳伯声寄给苏州的收藏者。

　　谢稚柳为《烟江叠嶂图》写了长题，拟在重新装裱时附于卷尾。《烟江叠嶂图》落入谢稚柳之手一事，引起了书画鉴定家们的重视。北京著名书画鉴定家张珩说："看来，我们对《烟江叠嶂图》看走了眼！"张珩的话，表现了他不愧为大学问家、大鉴定家的风度。可是，在上海，却出现了与张珩的见解和风度大不相同的情况。有的说，他们当时就认为这张画是不错的。谢稚柳以一千八百元买假画的价钱买真迹的说法不胫而走。

　　1964年，"四清"运动开始了，谢稚柳又是首当其冲，以花一千八百元买《烟江叠嶂图》是"投机倒把"，被列为重点批判对象。那时不叫批判，美其名曰"下楼"、"洗手、洗澡"。而谢稚柳被认为老是"洗不干净"，所以很长时间也下不了"楼"。

　　最后，上海博物馆终于将《烟江叠嶂图》没收作为谢稚柳"洗手、洗澡"的收场。

　　"文化大革命"结束之后，对抄家物资落实政策，基本上都要物归原主。如果抄家的东西已经散失，也要论价赔偿。但直到以马承源为馆长的新的领导班子组成，如何处理《烟江叠嶂图》才被提上日程，并认为过去在极"左"路线的指导下，对《烟江叠嶂图》的处理是错误的，原件应该归还谢稚柳。《烟江叠嶂图》归还后，谢稚柳、陈佩秋将它捐赠给上海博物馆。

（三）《王文公文集》和宋王安石书
《楞严经旨要卷》的回归

　　1981年，谢稚柳在香港中文大学讲学时，王南屏向谢稚柳提出要将《王文公文集》和宋王安石书《楞严经旨要卷》捐献给上海博物馆，但有个条件，他在上海家中收藏的两百件明清字画要允许出境。谢稚柳认为这个要求不高，可以按这个条件进行。

　　谢稚柳把自己的想法告诉马承源，马承源和汪庆正商量，都认为此事可行，就告知谢稚柳先鉴定这两件东西的真伪。

　　谢稚柳虽然尚未对这两件藏品进行鉴定，但他心中是有数的。王南屏的父亲王有林，是上海有名的收藏家。他和谢稚柳不但都是常州人，而且又是亲戚，早年爱好书画，并有较高的鉴赏力。除经营染织行业外，还喜欢搜集鉴赏历代书画。他珍藏有宋拓《张从申玄静碑》册、《清华寺碑》册及元杨维桢《行书诗》轴和明蓝瑛《人物山水》轴等书画作品四百余件。"文化大革命"后查抄文物落实发还时，已将其中七十三件珍贵文物出让给上海博物馆。在谢稚柳心中，王南屏上海家中收藏的珍品可以说已经不多了。

　　对《王文公文集》，谢稚柳更清楚。此宋刻龙舒本《王文公文集》仅存世一部，且一分为二，一部分收藏在日本东京宫内省图书馆，另一部分即为王南屏所藏的残集七十六卷。20世纪60年代初期，《王文公文集》残卷出现在香港书肆，徐森玉、张珩、谢稚柳就商量把它买回来。他们委托旅居香港的王南屏、徐伯郊着手此事，最后为王南屏购得。本来说，等内地筹款后再从王南屏手中购回，但十年动乱开始，此事即不了了之。在此之后，日本人曾千方百计要用重金从王南屏手中购买，均遭拒绝。王南屏说，这是中国的国宝，又有约在先，不管等到什么时候，都要将它送回内地。

　　而宋王安石书《楞严经旨要卷》，谢稚柳也认为是真迹无疑。《楞严经》系唐般刺蜜帝译，十卷。王安石摘录其中观世音发妙耳门，以闻思修，"三十二应"随机变化，现身说法，获得"十四种无畏功德"一节。卷前录有此经全称"大佛顶如来密因修正了义诸菩萨万行首楞严经"经名一行。王安石在卷末自题："余归钟山，道原假严经本，手自校正，刻之寺中。时元丰八年（1085年）四月十一日，临川王安石稽首敬书。"

　　王安石以政治、文学名世，书法上亦颇有造诣。他的书法有横风疾雨之势，前人评论云："凡作行字，率多淡墨疾书"，"美而不妖娆，秀而不枯瘁"。《楞严经旨要卷》于正书中间有行书，结字修长紧聚，用笔清劲，起笔轻按，导送收放，使转灵活，意蕴潇洒简远。

　　《王文公文集》的珍贵还不限于是宋刻孤本。其纸背面皆为宋人书简及宋代公牍，系宋代实物文献，可补史册之未详。这又是日本所藏的残卷所没有的。宋人印书常用公文废纸，明张萱《疑耀》称："长睿得鸡林小纸一卷书章草（急就），余尝疑之，幸获校秘阁书籍，每见宋版书多以官府文版翻其背印以行，如《治平类编》一部四十卷皆元符二年及崇宁五年公私文牒残启之故纸也"。其纸极坚厚，背面光泽如一，故可两用。《王文公文集》的用纸，均有"向氏珍藏"印记，也都是用废公文纸印的，颇具珍贵史料价值。

书简的作者共六十二人，书简三百余通。诸人中见于《宋史》的有洪适、黄祖舜、叶义问、张运等，见于其他记载的有二十余人。其中有名官、将士、文人、学者。书简中有友情问答、官场交际。文字为骈四俪六，书法则系正书端楷。简纸幅式大，行距也宽，为后世所罕见。

1984年，上海市文化局、上海市文物保管委员会联合向文化部文物局写了《关于接受香港王南屏捐献宋代珍贵文物并允许落实政策的二百件明清书画运港的请示报告》。文化部接到报告后又请示了国务院。

在得到国务院同意的批复后，为了确保国宝级的文物不流出境外，谢稚柳和上海博物馆书画组对准备运往香港的两百件明清书画，重新做了鉴审。为了慎重起见，又请故宫博物院的徐邦达、刘九庵等重审后，才装箱启运。

1985年2月，《王文公文集》和宋王安石书《楞严经旨要卷》运到上海。在举行国宝回归捐献仪式之前，又将王安石手书经卷送到北京故宫博物院，请专家再做鉴定。专家们鉴定的结果：宋王安石书《楞严经旨要卷》经鉴定，确系真迹。徐邦达、启功、冀淑英、丁瑜、史树青、吴希贤、刘九庵、傅熹年等专家们都慎重地在鉴定结果上签上了自己的名字。

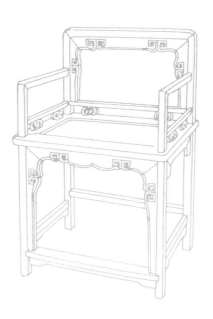

八　尽识海内外所藏，观古代书画之灵奇

（一）1964年：全国书画鉴定未能终了

自1949年以来，文化部文物局曾两度组织对全国文物机构所藏书画进行鉴定，谢稚柳都是发起者和参加者。

第一次书画鉴定工作是从1962年4月开始的。鉴定组成员包括张珩、谢稚柳、刘九庵和韩慎先。他们从北京出发，途经天津、哈尔滨、长春、沈阳、旅顺、大连，历时半年，鉴定书画一万多件。

对于这次北行鉴定书画，谢稚柳都做了笔记，回到上海之后，整理成《北行所见书画琐记》一文。其中云："……往返半年，所见书画万余轴，随于笔录，不复诠次。其中名迹巨制及新奇之品，非片言数行所能尽者，不在此论列。"谢稚柳所谓"名迹巨制及新奇之品"，就是《簪花仕女图》、《古诗四帖》、《茂林远岫图》等。对这批珍迹，他都有专文论述。

北行鉴定书画结束，稍作休息，谢稚柳即与张珩、刘九庵前往湖南、湖北进行鉴定工作。冬天则到广东，鉴定广东省博物馆藏品。这时，他又想起老朋友容庚收藏的一幅明人山水，题款为戴进。1955年，容庚曾将这件收藏给谢稚柳鉴定，那时他认为从时代上来看，是明朝人画的，但是不是戴进的作品还要讨论。这次谢稚柳又告诉容庚，他想再看看这张画。经过研究，他仍然认为这不是戴进的真迹。1988年11月27日，全国古代书画鉴定组到广东省博物馆开始鉴定书画工作。谢稚柳又看到此画，经过几天的审视，遂弃前论，鉴定为戴进真迹。谢稚柳向鉴定组的专家讲了前两次鉴定的经过，而这次则认为是戴进的早年作品，在他传世的作品中不多见。鉴定组的专家亦有同识，遂定为一级藏品。

对待一幅古代书画，谢稚柳总是采取极为严肃慎重的态度。他曾和笔者交谈："别人都说我看画时看得比较宽，其实不是我有意如此。对一件古人作品的真伪，如果采取严的态度，说它是假货，是伪作，那是很容易的事；要看真，要肯定它，是很费功夫的。特别是有争议的作品，更不能轻率地把它否定，打入冷宫。有时不妨多看几遍，多想一想，有的画我是看了思索了若干年才决定的。有些画这一代人决定不了，让后来人再看。对画就像对人一样，要持慎重态度。"

1964 年，书画鉴定小组继续工作。此时，张珩已去世，谢稚柳与启功、刘九庵重新建组，到重庆博物馆及四川省博物馆鉴定书画。"以阶级斗争为纲"的政治运动已处在"山雨欲来风满楼"的时刻，文化活动都被涂上了阶级斗争的色彩，书画鉴定小组工作无法再进行下去，鉴定工作遂告结束。

此外，张珩去世作为一个插曲亦值得一记。1962 年，张珩、谢稚柳、刘九庵三人北行鉴定书画，行至大连。据杨仁恺所记：一天晚上在房间闲聊，张珩忽然提起自己的祖父、叔父辈都是在五十二岁时得癌逝去的，而他认为事情并非巧合，如果他能躲过五十二岁不生癌，就能长寿。在此前一年，谢稚柳与他到苏州时，也是一个晚上，张珩出去探望其叔病症先回旅馆。谢稚柳在外面听评弹回来较晚，见张的房间无灯光，以为外出未还，特意开灯一看究竟，原来张一人枯坐沙发上，呆若木鸡。见谢进屋，突然吐露出祖、父辈往事。由此可见，他心上的阴影一直没有消失。结果，张珩也发现肺癌，请名医为之手术，术后不到二十四小时，溘然而逝。

（二）八年普查：为中国古代书画立户口

1983 年，中国古代书画鉴定工作又重新提到议事日程上来，谢稚柳受国家委任，率领中国古代书画巡回鉴定组对全国公家所藏历代书画藏品进行鉴定和整理，并造册出版。

中国古代书画鉴定小组由七人组成：

谢稚柳　上海博物馆顾问,古代书画鉴定家、画家、理论家

五〇　前国务院副总理谷牧（前排正中）和中国古代书画鉴定组
　　　成员合影。前排右起：徐邦达（右一）、启功（右二）、谢
　　　稚柳（右四），后排右起：傅熹年（右一）、刘九庵（右二）、
　　　杨仁恺（右四）、谢辰生（右五）

启　功　北京师范大学教授、书画家，古代书画鉴定家

徐邦达　故宫博物院研究员、古代书画鉴定家

杨仁恺　辽宁省博物馆馆长、古代书画鉴定家

刘九庵　故宫博物院研究员、古代书画鉴定家

傅熹年　中国建筑技术发展中心建筑历史研究所高级建筑师、古代书画鉴定家

谢辰生　文化部文物局顾问

1983年8月，第一期鉴定工作先从北京开始，所有参加鉴定组的专家及工作人员都陆续到达北京（图五〇至五八）。谢稚柳因在国务院紫光阁作画，已先行到京。

鉴定工作第一天的会议，在谢稚柳下榻的东交民巷15号国宾馆召开。谢辰生首先发言，并郑重地取出了一听香烟，语重心长地说，这听香烟是二十余年前张珩临终时所赠，张珩逝世后，他一直封闭不抽，后又经过十年浩劫，好容易保存至今，就是为了等今天这个大喜的日子。

往事如烟，生离死别，大家都有着许多感慨。启功在感慨中不无幽默地说："下一个就该轮到我了。"

谢辰生说："在座的几老中，你最年轻，小乘修炼功夫又好。定会长寿的。"

谢稚柳也说："轮到你还早着呢。"

大家感慨了一阵之后，谢稚柳讲话。他说：这是一件造福于子孙后代的千秋大业，我很光荣能挑起这个重任。此次鉴定工作与前两次不同，"文化大革命"后，书画又一次大集中，工作量异常之大，此其一。其二要趁此机会出书、出图录，让国家知道自己的家底，让后人有学习研究的资料。其三，培养接班人，不仅要培养高一级的，还要为地方培养。为此，他强调每到一地方，当地文物部门都可选一两位专业人员参与其事，以提高他们的鉴定素质。他反复提到接班人的问题，因为，他考虑和担心的不是眼前这一代，而是如何使鉴定知识代代相传，让鉴定队伍更加发展和壮大。

这次鉴定的目的是很明确的，一是考察全国各文物机构和文化

五一　1983年谢稚柳、杨仁恺（右二）和中国古代书画鉴定组
　　　在从长春至沈阳途中
五二　谢稚柳、傅熹年、刘九庵在培养后学
五三　1983年谢稚柳和学生劳继雄（中一）在北京雍和宫

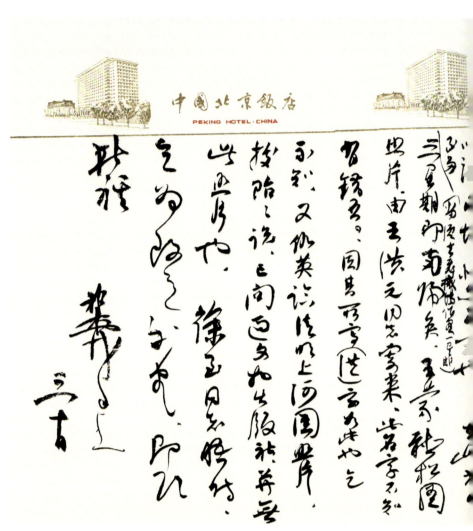

五四　谢稚柳致杨仁恺尺牍一通

北京饭店
ING HOTEL·CHINA

中國北京饭店
PEKING HOTEL·CHINA

台灣帶來之一切皆到
再報欽遲之至，真可滯一天，
可不致像還，所已見到，不過半生
者。一花黃，是宋人所作藏黃
業。二橘居圖儿宋學為元人筆，
竊以為左右不可只則者蓋之千
鈞等華蓺，而弃眾之也，小弟為
儒，以借月知，以君郭熙之孙，
懷帖山借月知，以君郭熙之孙
標原本，
君為古之人（即君）孙，王荆翁一足矣，
芳但真之唐草本，光彩和諧印。

五五　谢稚柳致杨仁恺尺牍一通

教育机构等单位所藏历代书画的情形；二是协助各单位鉴定藏品，分出精粗真伪；三是部分私人藏品也获得鉴别评定；四是由此而鉴定出书画的真伪，评定其等级，从而更有利于文物保护，为美术史研究者提供丰富材料，提高其研究的科学性。这次鉴定的作用是很明显的，通过此举还能培养一部分中青年专业人员，建立起书画鉴定队伍。

中国古代书画鉴定组鉴定范围和编目的办法分为三种，一是账目式目录，凡所鉴定的真迹佳品，一律编入；二是附有黑白图版目录；三是稀世珍品还编印大开本彩色图录，并附有说明介绍。

五六　谢稚柳和杨仁恺（右一）鉴定书画

　　这个鉴定组的成员都是年逾古稀的老人，每年要两次离家外出鉴定，每次最少要三个月，即春季三个月，秋季三个月。

　　考虑到鉴定组成员都是年事已高的专家学者，故一般安排在上午工作，下午休息。而鉴定组的其他工作人员则在宾馆里继续整理上午所鉴定的书画，做卡片，查资料，记笔记。这种工作方式完全打乱了谢稚柳的生活规律，他几十年的生活习惯就是晚睡晚起，有时甚至早饭并在中饭一起吃。以往，除了重大会议或活动，一般不改变生活习惯。但是为了鉴定工作，他必须每天早起，对一个老人来说，要改变这个习惯是很痛苦的。然而，谢稚柳虽然有着万般无奈，却从来没有因为睡过头而影响了小组的工作。

　　在沈阳鉴定期间，辽宁省博物馆等五个单位联合举办"谢稚柳、陈佩秋书画展"，庆祝谢稚柳八十寿展。启功为画展题诗云："六法名言谢赫传，烟云满世宗前贤。一堂妙绘钦双管，神岳乔松寿比肩。1988年夏日，谢稚柳先生暨陈健碧夫人举行伉俪画展，藉以预祝稚

五七　伪作难逃慧眼

五八　1995年，中国古代书画鉴定组在北京达园合影。左起依
　　　次为谢辰生、刘九庵、杨仁恺、谢稚柳、启功、徐邦达、
　　　傅熹年

兄八十荣寿，属书俚言为颂，请两家兄嫂吟正　启功"。

　　全国书画鉴定组在谢稚柳的带领下，历时八年，跨越二十五个
省市，对二百零八个单位所藏历代书画十余万件进行了系统的鉴定，
并由文物出版社编辑出版了《中国古代书画图目》、《中国古代书画
目录》等书。此次鉴定工作抢救出的稀世珍品有扬州文物商店的元
倪瓒《山水》轴，辽宁的宋马远《山水》轴，四川的元黄公望、王
蒙合作《山水》轴，山西的王若水《山水》轴，至于明清诸大家的
作品就更多了，为此全组受到国家文物局的表扬。鉴定组的领头人
谢稚柳更是深深地吐了一口气，笑着对学生劳继雄说：原本在北京
开会时估计三年完成，不期一发不可收拾，搞了整整七年（还有一

年总结，故一般称之八年），现在总算完成了，诸位老先生也都安然无恙。说老实话，我真担心中途出什么差错，不好交代呢！

鉴定工作结束后，大功告成。然而谢稚柳的心事并没因此就完全放下，对鉴定以后的出版问题，卡片、彩色底片的保管问题，都一直牵肠挂肚。他谆谆告诉鉴定组的青年人：卡片、彩色底片都是你们心血的成果，也是国家的一份财富，一定要妥善整理和保存好。他时时关心着图录的出版进程、排版和印刷的质量，关心着未来精品图录的编辑出版。他还特别关照劳继雄：我是没有精力再去编写画家的专集了，图录出全后，你们可以一家家的去编写画家的专集，这是研究鉴定和出成果的最好机会啊！

谢稚柳不只是鉴定家，而且是画家，所以鉴定组每到一地，他除了鉴定书画之外，还要奋力创作书画，酬谢当地书画爱好者。大到地方首长，小到普通司机、理发员、宾馆服务员等，他总是有求必应，毫无怨言。画毕就请劳继雄去钤印，总要加上一句："有没有遗漏的？"真是细心备至。鉴定工作结束之后，谢稚柳曾向笔者谈及此事，并很感慨地说："鉴定工作是结束了，我的画也画坏了"。言下之意，应酬作品太多，没有精力和时间再去研究创作的问题。

八年的鉴定工作，谢稚柳没有留下任何鉴定文字，倒是诗兴勃发，写了不少诗。仅在南京博物院鉴定期间，就写诗五首，都颇能反映他当时的生活情趣及心境，如《东郊宾馆席上》云："鸡汤菜核如棉软，入口清松狮子头。饮啜每嗟齿摇落，老夫于此复何求"。《游镇江，观定慧寺瘗鹤铭、陆放翁刻石》云："大字无过瘗鹤铭，柳颜乍见放翁亲。低回千载摩崖迹，唤起临风汲古情。"在山西鉴定时，写有《太原晋祠圣母殿》 诗："婆娑周柏绿参云，圣母殿高迥出尘。两列裙钗犹宋塑，伊然三晋眼前人"。在天津鉴定，写有《津门初雪，十月初八日》："昨暖今寒类转蓬，冰坚车滑雪霜浓。乃知今世流离久，原是炎凉自上穹"。在四川鉴定时写了几首诗，其中一首诗并序云："五月十四日重过灌口，青城山在云雾中。曩余登兹山，年三十，时故人张大千住青城山上上清宫，此来不克登攀，回忆当年曾游处，惘然久之。都江堰上观水流，灭没青城云气浮。不见当年长髯翁，回

首匆匆五十秋"。在重庆鉴定，更是旧地重游，他写了《己巳九月二
十四日重过渝州》："接天云雾隐山楼，下瞰嘉陵江水流。当年吴带
三百里，至今凝想到双眸"。此时，诗人又想当年吴道子图绘嘉陵江
三百里的故事来了。

（三）访美书画见闻

1985年5月下旬，美国纽约大都会博物馆（The Metropolitan
Museum of Art）举办了"文字与图像：中国的诗、书、画"国际
学术研讨会。除中国学者外，还有来自欧洲、日本的学者，宣读论
文共计二十二篇。这是在美国的中国艺术史界所掀起的一个高潮。
谢稚柳、徐邦达、杨仁恺、杨伯达四人应邀参加。启功因病，未能
成行。在会上，谢稚柳宣读了《北宋屈鼎〈夏山图〉的诗境与艺术
渊源》一文。

在赴美之前，向大会提供什么样的论文，令谢稚柳颇费斟酌。由
于研讨会的主题是"文字与图像：中国的诗、书、画"，谢稚柳也就
老老实实地按会议主题做文章。谢稚柳曾对笔者说：诗书画是老生
常谈了，不知有多少人写过这方面的文章，谁也写不出新意来了。我
说：你还是用你的鉴定方法，通过具体的作品来谈。过了几天，笔
者再去看他，论文已经写好了，即《北宋屈鼎〈夏山图〉的诗境与
艺术渊源》一文。他告诉笔者，1983年，大都会博物馆方闻来中国
访问，曾在上海和谢稚柳相见。方闻赠给谢稚柳大都会博物馆所藏
《夏山图》影印巨册，谢稚柳由此得以从容审览这一人间孤本。他的
学术论文就是看了这一影印本写成的。并世所传北宋画本，数到屈
鼎，可谓凤毛麟角，绝无仅有。过去有的鉴定家认为《夏山图》是
燕文贵手笔，是因为历来提及屈鼎的不多，对其很生疏。

在这篇论文中，谢稚柳重点谈了中国诗与中国画的关系问题。
他认为水墨山水最初兴起，便被骚人墨客奉为至高的艺术，并与诗
联袂相接，出现了王维的山水诗与山水画，出现了苏东坡论述诗与
画的名句"观摩诘之画，画中有诗；味摩诘之诗，诗中有画"。王维

对山水陶醉，唱出了"宿世谬词客，前生应画师"的独白。诗之于画，画之于诗，两者的对象同一，情境同一，虽然诗是以文字作为描写手段，而画则是以笔墨付诸直接描写。由于两者不仅是同一对象，更由于两者的形象思维、艺术想像也是同一的，所以，画又称为"无声之诗"。

谢稚柳认为屈鼎的技法出于燕文贵，是"燕家景"的延续。《石渠宝笈续编》中记载燕文贵的《夏山图》："绢本，纵一尺四寸，横三尺六寸，水墨画，飞瀑双落，山中界画楼阁四五处，山下村桥帆樯森列，无名款。"如上记述，就是屈鼎的这幅画。

这篇论文的别致之处，是作者引用了谢康乐的山水诗来描述这幅画："连障叠巘崿，清翠杳深沉。""密林含余清，远峰隐半规"。"疏峰枕高馆，对岭临回溪"。"侧径既窈窕，环洲亦玲珑。俯视乔木杪，仰聆大壑淙。石横水分流，林密溪绝踪"。"山行穷登顶，小涉尽洄沿。岩峭岭稠叠，洲萦渚连绵。白云抱幽石，绿筱媚连涟。葺宇临回江，筑观基鲁巅"。

文章说："上列的清辞妙语，曲尽了山林之美，几乎是屈鼎这卷《夏山图》的意境。那么，谢康乐的诗是屈鼎的画呢，还是屈鼎的画是康乐的诗呢?因而，诗非诗，却是画;而画非画，却是诗。正所谓'诗中有画，画中有诗'"。

在诗与画的关系上，谢稚柳的论述比较具体、实际，这是从他的绘画与写诗相结合的实践中得出，因此没有故弄玄虚之感。

谢稚柳的这次美国之行，除宣读论文外，还走访了美国富于中国书画收藏的主要博物馆，因而备受瞩目。访美全程计二十二天，纳尔逊博物馆研究员张子宁始终与谢稚柳同行，按序纪实，以志国际研讨会、海外中国艺术史研究现况及四人书画鉴定组访美之经过。

在大都会博物馆看画，留下印象较深者计有韩幹《照夜白》卷、米友仁《云山图》卷、屈鼎《夏山图》卷、赵大年《江村秋晓》卷、赵孟坚《水仙》卷、钱选《归去来辞》卷、《羲之观鹅》卷、李珩《双钩竹》轴、罗稚川《古木寒鸦》轴、吴镇《松石》轴、倪瓒《虞山林壑》轴、董其昌《山水》册、王鉴《仿古山水》册、王原祁《辋川图》卷、石涛《十六罗汉》卷等。

在波士顿美术馆看到的书画有传为阎立本的《历代帝王图》卷、宋徽宗摹《捣练图》卷、《五色鹦鹉》卷，赵令穰《湖庄清夏》卷，夏珪《风雨行舟》团扇，陈容《九龙图》卷，石涛《鬼子母》卷等。其中以《历代帝王图》卷最引人注意，谢稚柳一行花了一上午反复观看讨论此卷。

哈佛大学佛格美术馆以收藏青铜器、古玉、钧瓷著名，绘画较弱，所见佳作有梁楷《柳鹭白颈鸭》团扇、李士行《枯树》轴、姚绶《墨竹》轴、龚贤《课徒画稿》卷等。梁楷一幅画作被谢稚柳收入《梁楷全集》中。

弗利尔美术馆位于美国首都，专门收藏东方艺术品，不乏其中佳作，较精者有沈周《江村渔乐》卷、唐寅《南游图》卷、陈淳《仿小米云山图》卷及《杜诗咏怀古迹》草书卷、陆治《浔阳秋色》卷、董其昌《山水》、宋本《洛神》卷、郭熙《溪山秋霁》卷、李山《风雪松杉》卷、龚开《中山出游》卷、钱选《来禽栀子》卷和《贵妃上马》卷、赵孟頫《二羊图》卷、吴镇《仿荆浩渔父图》卷和《风雨墨竹》轴、王蒙《夏山隐居》轴等。

在克利弗兰美术馆，所观精品计有巨然《溪山兰若》轴、宋人《溪山无尽》卷、牧溪《龙·虎》二轴、任仁发《三骏图》卷、倪瓒《筠石乔柯》轴、董其昌《江山秋霁》卷和《青弁山》轴、陈洪绶《仿古》册、朱耷《菊石鱼图》卷等。其中董其昌的《青弁山》轴为众人到该馆所必观的一件。

著名收藏家翁万戈先生邀约四人一行至其离波士顿不远的宅邸莱溪观画。翁万戈系清末翁同龢五世孙，曾制作与中国文化有关的系列纪录片，并与杨伯达合编故宫藏品录。此行所观精品计有宋梁楷《黄庭经神像图》卷，唐人小楷《灵飞经》，明解缙《杏园雅集图》、戴本孝《山水》册、八大山人《书画》册等。

谢稚柳编《梁楷全集》时，翁万戈以《黄庭经神像图》原尺寸照片相赠，遂成契交。告别翁万戈的莱溪居所时，谢氏题诗相赠："乙丑五月在美，翁万戈约过其莱溪居，信宿而别，临行赠此一诗：

别业营城鬟不斑，松杉郁郁水潺潺。辋川幽境龙眠胜，无分秋来看叶丹"。

谢稚柳访美一行，全程计二十二天，经七州，走访了八大博物馆。实际上，在每座博物馆仅有两天的看画时间，不足以尽观所藏。

谢稚柳访美归来，可谓尘埃落定，回顾在美所见所闻，感慨良多。他曾对笔者说：这样多的国宝级的书画流落国外，有的是强行掠夺，有的是收藏家辛苦经营所得，无论是哪种情况，都说明旧中国政府的腐败和无能。一个昌明廉洁的政府，对文化遗产定是倍加珍惜与保护。这些珍品在国外博物馆中得到很好的收藏，这对他也是一种安慰。既去之，则安之，它们还是代表中国文化而存在着。对这些书画进行研究，有外国人，也有居留在外国的中国人。这些中国人或执教于学校，或供职于博物馆，均为发扬中国文化而克尽一己之力，研究的功底也更为深厚，比国内的做得要好。

（四）为古代画家编全集

谢稚柳鉴定工作的另一重要内容是为古代画家编全集。

谢稚柳总结了自己几十年的创作生涯，深感对前人作品借鉴的重要。但是现在的中青年画家，要看到一件古人的作品甚为困难。博物馆的陈列室，一年到头挂的就是那样几张画，出版的东西又不多，能有什么东西可借鉴呢？

谢稚柳下定决心要为几位古代画家编辑全集。

在浩如烟海的书画作品中，谢稚柳对一些画家的作品总在寻踪追迹，将能收集到的作品都收集起来。谢稚柳认为，历史上的诗人、文学家，历代都有全集，有的为生前自己编订，有的为同代或后人所辑录。而绘画从未有以原作编过集子，有的只是采录收藏家的文字著录。现在，为古代一些著名画家收集其存世之作，编印全集，使每一个画家从事绘画的先后行程之迹及渊源流派的趋向，昭然聚于一书，不但应有可能，而且是完全必要的了。

然而，古代画家一生的作品，当时未能聚集，后人的搜罗，又很难归之于一。随着时间的流逝，这些作品又流散到国内各地甚至国外，真是天涯海角，要寻到它们的踪迹又谈何容易。但是，他还是将流散到国内外的名画做了详尽的统计，千方百计搞到照片。

谢稚柳在编的全集有《董源、巨然合集》、《梁楷全集》、《燕文贵、范宽合集》、《郭熙、王诜合集》、《宋徽宗赵佶全集》。在这些全集或合集中，他都写了数千字的论文，并对其画风的特点、演变及作品的流传进行了考证。他之所以要编这些古代画家的全集，是因为这些画家目前留下来的就这样几件作品，说是"全集"，只是为了大体上不致有所遗漏。对明清的画家他认为无法编全集，因为这个时期画家的作品太多了，很难收全，所以就没有继续再编下去。

（五）台湾之行：对董源绘画的再思考

1992年6月，谢稚柳在美国参加"董其昌研讨会"后，又应台湾太平洋文化基金会和台湾省立美术馆之邀，赴台访问。本来谢稚柳想从美国或香港直接去台湾，但手续不允许，一定要回到深圳，然后再转经香港去台湾。这次被邀请的画家还有上海中国画院院长程十发、副院长施大畏和上海师范大学艺术系主任刘旦宅。但程十发和施大畏因事未能成行。

这次台湾之行，谢稚柳的本意是看老朋友，看画，看风景。

谢稚柳第一要看的是老朋友，像张大千、黄君璧、台静农、徐悲鸿的前妻蒋碧薇，但这些老朋友都相继过世。他原以为可以和台湾作家高阳谈谈，那是他十年前在香港相识的新朋友，没想到在他们去台湾之前两个星期，高阳也过世了。这次想见的老朋友都没有见到，使谢稚柳感到十分遗憾。

谢稚柳在台湾见到唯一的老朋友郎静山，这位摄影大师已是一百零二岁的老人，身体非常硬朗。郎静山也是谢玉岑的朋友，见到谢稚柳仍以二弟相称（图五九）。

在一次朋友相聚的宴会上，郎静山说："我现在是两条腿的不吃，四条腿的不吃，硬的不吃，软的不吃，其他都吃"。他解释说：

五九　谢稚柳在台湾和郎静山（左一）、刘旦宅（右一）合影

"两条腿的是人，所以不吃；四条腿的是桌子，所以不吃；硬的是石头，所以不吃；软的是棉花，所以也不吃。"

郎静山的这四句话，使八十二岁的谢稚柳赞叹不已："你还是当年的性格，一点没变"。

郎静山说："这叫本性难移嘛。"

谢稚柳这次在台湾奉行的原则是只看画，不评论真假。这是由他的地位决定的。像他这样的鉴定家，是不好随便发表评论的（图六〇至六三）。这里有一个小小的插曲，刚下飞机时，刘旦宅的儿子刘天炜也去机场接他们。刘天炜问谢稚柳想看什么，谢稚柳就随便和刘天炜讲了几幅画。谢稚柳和刘天炜随便说的话，台湾的一家报纸第二天报道了，报纸的标题是《冲着故宫博物院来，谢稚柳未必能如愿》。报道中还谈对古画"年代质疑讨论空间不小，学术争论，不容易有定论"。谢稚柳看了这个报道很不高兴。他说："这样的报道是说我谢稚柳是来挑刺的了，使我无法看画了。"后来，台湾故宫博物院原来的副院长江兆申请他吃饭，那位记者也被邀请，谢稚柳半认真半开玩笑地对那位记者说："我给你说的你不写，我没有给你说的你倒写了"。江兆申说："怕你砸饭碗来了！"旁边有人打圆场说："他们吃记者饭的是语不惊人誓不休。"这样，这桩事才算过去。这么一来，双方都很谨慎，台湾故宫博物院给谢稚柳看什么很谨慎，谢稚柳看画也很谨慎。

谢稚柳、刘旦宅去台湾故宫博物院看画，由院长秦孝仪陪同，谢稚柳在机场和刘天炜说的阎立本的《萧翼赚兰亭》、董源的《龙宿郊民图》、马远的册页都已经陈列出来。谢稚柳仔细看了，然后又到库房去看了几件，并在库房里看了《四库全书》。库房是在一个山洞里，有恒温设备。对画，谢稚柳未加评论，但对库房的设施和保管，谢稚柳说："这是第一流的"。

在台湾，谢稚柳对所看的作品未发表任何的评论。回到上海后，笔者曾对他进行过一次访谈，并见诸报端。

笔者：为什么要点看这几件呢？

谢稚柳：马远的册页是没有发表过的，我想看看。《萧翼赚兰亭》从画册上看像唐人的真迹，实际情况如何，我想看看原作。给我们看些什么，他们也是很谨慎的。这次在台湾，我是只看画，不评论真伪。

笔者：我很想知道台湾故宫博物院收藏的南唐董源《龙宿郊民图》的情况。

谢稚柳：这张画我们也看了。董源存世的几件作品，一件是美国王季迁先生收藏的《溪岸图》，这是当年大千用金冬心的画从徐悲鸿手里换来的，一件就是台北的《龙宿郊民图》，一件是北京故宫博物院藏的《潇湘图》，一件是辽宁省博物馆藏的《夏景山口待渡图》，再一件就是上海博物馆藏的《夏山图》，如今这几件作品我都看到了，原来的看法有些改变，产生了新的想法。

对董源的画，谢稚柳的看法有什么新的改变，他生前没有说，更没有来得及研究。在他访问台湾之前，1988年12月31日，笔者向他请教绘画鉴定问题时，他告诉我这样一件事：在张大千逝世前两个月，曾托王南屏带信给谢稚柳："你告诉稚柳，董源的《夏山图》、《潇湘图》、《夏景山口待渡图》都是假的"。谢稚柳当时对笔者说：

六〇　谢稚柳、刘旦宅由台北故宫博物院院长秦孝仪（左二）陪同
　　　看画（右侧旁立者为谢稚柳之子定琨、定玮）
六一　谢稚柳、刘旦宅与台湾画家江兆申（左一）合作作画
六二　谢稚柳和刘旦宅、王微粼夫妇（右二、三）及何子兰（左一）
　　　合影

六三　专注鉴定

"张大千老了，钻牛角尖，董源存世的五件作品，我认为都是真迹。"谢稚柳还曾向笔者建议："你可花些功夫进行研究。"我自知才疏学浅，没有去研究这个问题。

谢稚柳以研究江南画派为乐，到了台湾之后看法有所改变，这种改变是像张大千那样对董源存世作品的看法全部改变，还是对某一件作品的看法改变，这已成为鉴定史上永远无法揭开的谜了。

九　漫漫丹青路

在当代美术史上，谢稚柳是一位多面体的艺术家，可以从书画鉴定、美术理论、绘画、书法、诗词等各个视角去探讨他。就以绘画而论，山水、花鸟、人物、鞍马，他无所不能，而且有着独到的艺术成就（图六四至八四）。

谢稚柳常说："我是搞古代书画鉴定的，书画只是我的业余生活。"足见书画鉴定在他的事业中占有重要的位置。鉴定中国古代书画是谢稚柳的主业，但是他的鉴定生涯又的确是从学画开始的。他说："我当初并不是为学鉴定而去看画的，主要是想学习绘画而开始研究古人的真迹。从那时候起就成了一个习惯，一有机会看真迹，就绝不会放过，而且必定一丝不苟，因为不认真学习，以后就可能再也看不到这件作品了。"谢稚柳向古画学习，不是对本临，而是背诵默写，且重在精神的领会。谢稚柳的艺术的总体风貌继承了中国绘画中写实这一脉绪，发挥了自家笔墨的风华，古穆浓丽，典雅蕴藉，有一种幽思之情意。

明末的陈老莲与清初的石涛都是极具个性和极富情感的大家。张大千基础在石涛，他成功地运用了石涛的绘画思想；谢稚柳扎根在陈老莲，汲其温婉，去其倔强，直逼其神理。他对陈老莲的迷恋时间不短。从十五岁到二十七岁，他取法老莲，钟情花鸟，并探究老莲的身世与性情，著有《陈老莲》一文。二十七岁以后，他就摆脱陈老莲，上溯两宋之高华，追踪宣和体，用笔工整纤细，婉丽清幽，在风神上压倒两宋院体画。可以这样说，他的花鸟之作，是新的"宣和体"。而西出敦煌之后，他又远追五代隋唐之堂奥，旁及元人的水墨放逸。

谢稚柳的山水画，从巨然的《秋山问道图》入手，又力学王诜的《烟江叠嶂图》、《渔村小雪图》，从中得到许多营养。对北宋画派领军人物范宽的《溪山行旅图》、燕文贵的《溪山楼观图》，也曾用

六四 一九四八年谢稚柳绘《仿宋人山水》

六五　1948 年谢稚柳绘《仿郭熙溪山秋霁图》
六六　1949 年谢稚柳绘《桃花双鸠》

六七　1949年谢稚柳绘《四美图》

　　过很大功夫，以后又神交董源，对江南画派进行了深入研究。王诜的俊爽清峭，郭熙的含蓄温婉，董源、巨然的平淡天真，加之其出尘洒脱的笔势，构成了他自己独特的风格。在他的山水画中，我们常见到的一种以巨然长条子披麻皴表现的王诜的树石，但却无王诜用笔的尖刻之短，又去巨然结构的平板之呆，山势峻峭，草木浓郁。既有王诜之清峻，又不失巨然朴实自然之趣，是谢稚柳自创的"江南画派"，是他的山水风格。

　　谢稚柳推崇江南画派，追风沿波，由五代至宋，并逐及元四家中的黄公望、王蒙、吴镇，尤为显著，王蒙偏重于董源，黄公望偏重于巨然。黄公望生发而为简，王蒙引以为密，而吴镇一生服膺于

披麻皴、泼墨山水的繁衍。为了更深入理解以董源为代表的江南画派，谢稚柳曾于1948年仿黄鹤山樵（王蒙）和梅道人（吴镇）作山水。黄鹤山樵最能懂得董源的神理。在此，谢稚柳只不过是透过黄鹤山樵去领会老董的风流罢了。对江南画派的三沐三浴和真实华美的感受，使他对江南画派的研究达到一个新的高峰。50年代初期，也就是在他四十三岁时，仿江南画派作巨幅《通景屏》。此图系用六张六尺整张宣纸绘制而成，应该是他学江南画派的成功之作。

就花鸟而论，谢稚柳所绘荷花数量最多。波塘弄影、银塘清影、莲塘清晓、斑竹红莲、荷净纳凉、荷塘清暑、洛波微步等各种图式，写出了荷花的出水风姿，窈窕清绝，轻绡掩雾，薄罗障烟，以及出

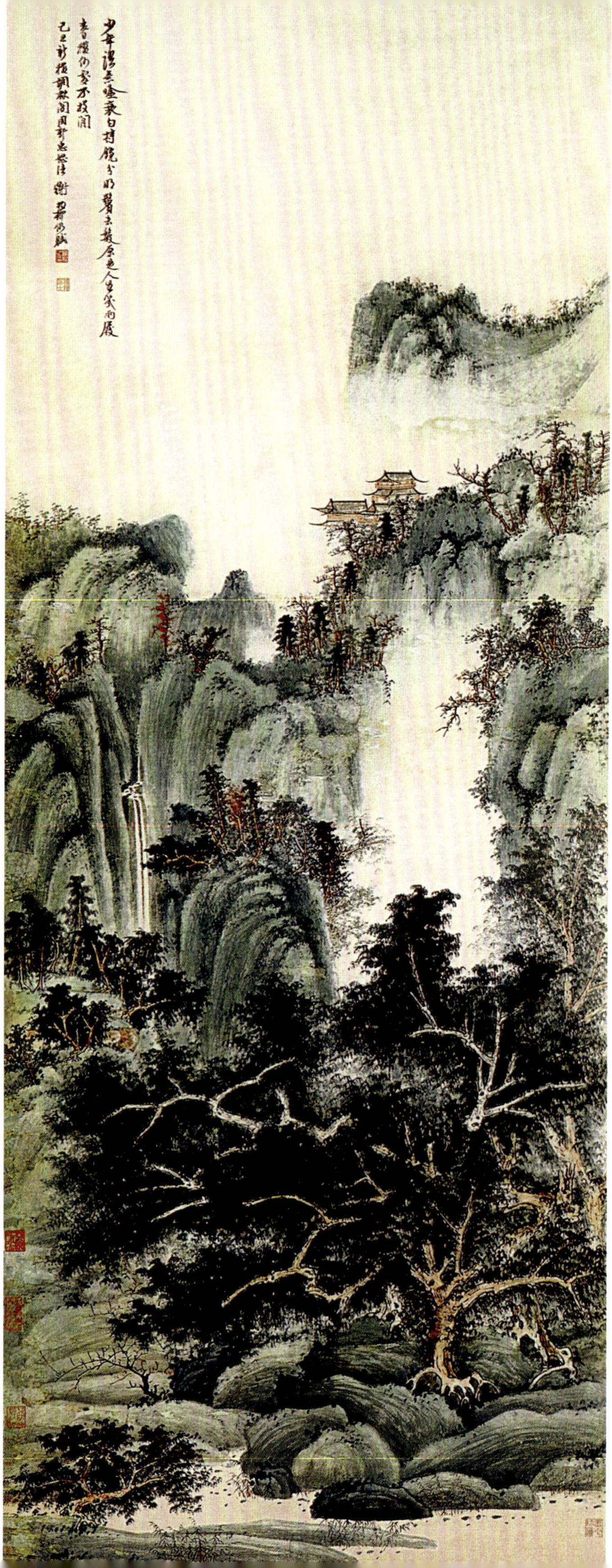

六八　一九四九年谢稚柳绘《碧嶂乔柯图》

六九　　1954 年谢稚柳绘《十幅图》之二

污泥而皤然不滓的品情。

　　谢稚柳画荷早年出自陈老莲，他自题的《荷花拳石图》曰："予
颇好陈章侯画，此图不免饶其情意"，完全是陈老莲的金钩铁线描的
情调。后脱离陈老莲，追踪北宋，在宋徽宗的"宣和体"中三沐三
浴。1947 年作《秋塘图》，自题曰："仿徽宗皇帝笔"，在金钩铁线描
中加以晕染，荷茎上小鸟则完全是赵佶笔意了。1960 年所绘《莲塘
清晓图》，正处于他变法前夕，对宋徽宗的情调虽然眷恋于笔端，但

七〇   1954年谢稚柳绘《十幅图》之十

距陈老莲则相去甚远。其工写结合，对荷叶尽情晕染，绘出了满池的清香，更衬出了荷花高洁俊雅的品性。而1970年以后创作的荷花，真是"已褪怀中旧笔痕，杂彩落墨写缤纷"了。他沉醉于落墨法中，墨彩交融，纵情挥洒，荷花风姿绰约。这既是一种艺术的升华，同时在随意挥洒中，画家的内在天性也跃然纸上。

在画史上能以画荷著称的，有八大山人、张大千两家，再一家就是谢稚柳了。八大山人是水墨清华，张大千是金碧辉煌，而谢稚

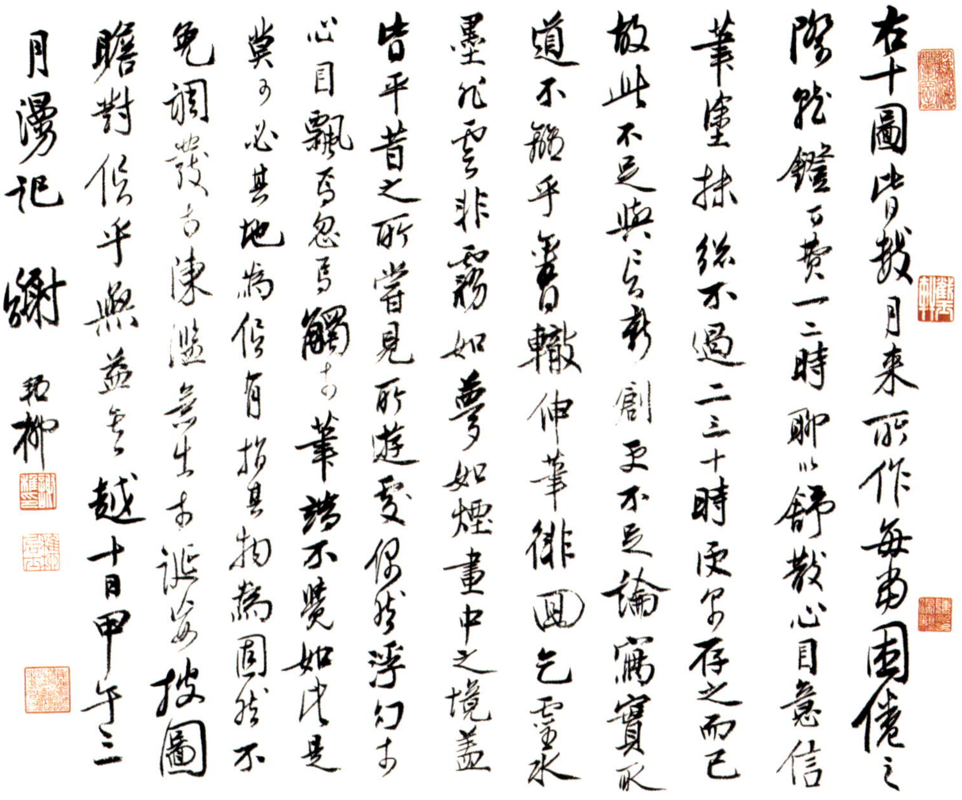

右十圖此月較月來所作每兩圖僅之
陰晴鐙石費一二時聊以舒敝心目意信
筆塗抹絲不過二三十時便已存之而已
故此不足與言畫劇更不足論寫實亦
道不觧乎青轍仲華徘回乞靈水
墨花雲非霧如夢如煙畫中之境蓋
告平昔之所嘗見所遊爰假於浮幻之
心目飄忽忽觸之筆謂不覺如此是
興之心其地為信有指具物為圓於不
免調笑吾陳濫無生有誕姿披圖
瞻對僞乎興蓋無越十月甲午三

月溜扼謝稚柳

七一　谢稚柳书《十幅图》题跋

柳画荷则以凝静涵蕴见长。其艺术成就不在此二家之下，可谓是各
领风骚。如果说，八大山人的荷花是丑女无盐之美，张大千的荷花
是雍容华贵杨玉环之美，那么谢稚柳的荷花则是李清照的清丽典雅
之美了。美丽虽同，风韵则有别。

　　谢稚柳晚年变法，搞了"落墨法"。他的"落墨法"是从考证南

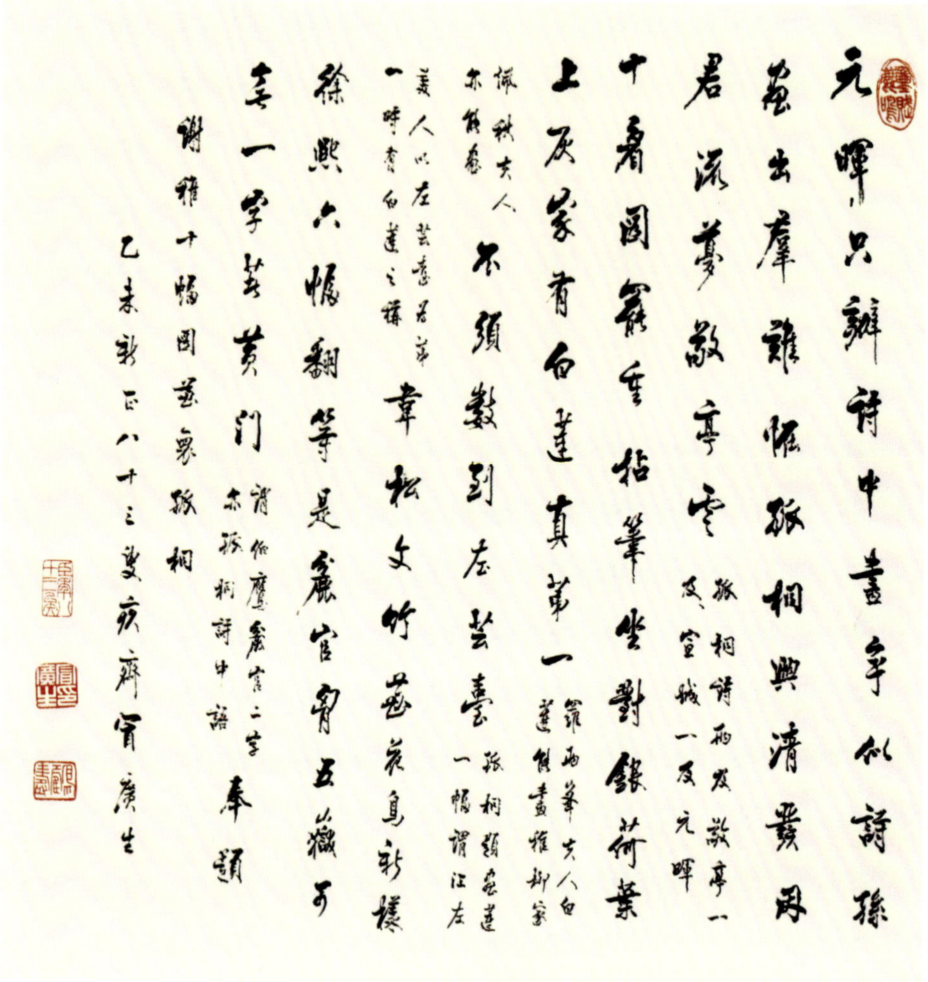

元暉只辨詩中畫爭似詩孫

藝出摩詰慚慚張桐興清要囙

君流夢散亭雲　張桐詩兩發款亭一及宣城一及元暉

中看圖籬雪拈筆坐對錄荷葉

上忝家看白蓮真第一　寫兩華夫人白蓮能畫雍柳窠

不須數到左芸臺　張桐題意蓮一幅謂江左

一章松文竹蒼茂晨鳥新樓　美人以左芸臺名茸赤能憑

徐興六幅翻等是麗官宵五藏于　一時齊白蓮之謙

莫一字芸門　謂伯鷹籤言二字赤能桐詩中語奉題

謝稚十幅圖董象獻桐

乙未新正八十三叟冒廣生

唐徐熙的《雪竹图》而来。他对这幅图的笔性墨法进行了分析，并参照史籍记载的徐熙的画风，认为《雪竹图》完全符合徐熙的"落墨法"的规律。在花鸟画上，谢稚柳创造了新"宣和体"，使花鸟画回归宋人。由于时代环境的影响，中国花鸟画走上革新之路，写意之作已成风尚，新"宣和体"也就不再有生存的空间了。

　　他的落墨究竟同翠微堂中主人的徐熙有何相同和不同之处，我们不必去衡量。他所创造的落墨画派，铺陈奇丽，一片雨湿的江南，烟障的清溪，浓荫夏木的山谷，暮色迷茫的山村，雾合烟围的荷塘，

七四　1957年谢稚柳绘《粤北胜景图卷》

经霜如血的红叶，艳绝春容的芙蓉花，烟寒清幽的梅与竹，大自然的一切生命，在他那波澜荡漾又典雅温文的水墨和缤纷的色彩中显得清新明媚。谢稚柳的落墨法为他的绘画艺术开辟了一个新天地，使其走向新的高峰。

　　谢稚柳作落墨花卉，最常见的有拒霜、荷花、牡丹、松树及红叶，这也是他钟情于"老莲体"和"宣和体"常画的题材。在表现形式上，前期艺术虽然有婉丽清幽之美，但他的气度、他的胸襟、他的学养以及直接与大自然对话的文人精神，应该说是从他的落墨法

七五　1962年谢稚柳绘《红莲湾》
七六　1962年谢稚柳绘《拒霜沙鹭》

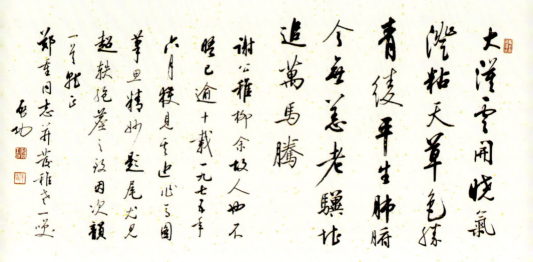

七七　启功题谢稚柳绘《塞上马群图》

中表现出来的。这种转换不是单纯的艺术表现方法的转换，而是一种与艺术相适应的艺术形式的选择。

谢稚柳的早年，从老莲体向宋人笔意的转换，这一转换过程本身并不困难，因为老莲也是从宋人中来，有着一脉相通的渊源存在。而从工笔细写转向落墨，则有着改弦更张的意味，是心路历程的轨迹，是生命历程的写照，是对自身的再认识，表现了他对人生的体验已经超越了原来艺术样式的负荷。这时候，落墨法正是与其体验之重叠，有些水到渠成之自然。个人体验是直觉的、感悟的，也是内在的，即"如人饮水，冷暖自知"。谢稚柳的悟性与自知的弱点在何处，从《海棠鸲鹆图》一画的题跋中，我们可以找到信息。这一题跋云："此十年前所作，桑榆笔墨，渐变所尚，风腕颤指，势有不能，非独情迁也。己未春日重见此图因题，时年七十矣。"1969年，谢稚柳仍在"隔离审查"中，患目疾，眼睛复视，经医生检查，诊断为脑血管硬化，面部半边神经有些瘫痪，以后就是"风腕颤指"。因此，推测此画的创作时间最迟要在1966年春夏之间。时间并不是最主要的，重要的是表明了他从工笔细写的宋人风范转向落墨法的

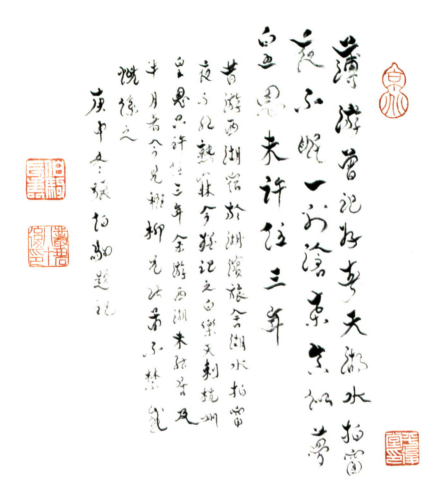

七八　张伯驹题谢稚柳绘《西湖小景》

心境。对外部环境的强烈冲击，他的内心体验是极为复杂的，加之他已经注意到落墨法的研究，他的画转向落墨法，书法转向张旭，取得了珠联璧合之妙境，体验是共同的。"怀中梦后纤毫失，病腕犹思骱鼻斤"。其对工笔细写有着无尽的留恋，但客观上又有所却步，然又壮心不已，不停地探索，开拓新路。他的落墨花卉也就应运而生了。

书法方面，他的功力不在绘画之下，可以等量齐观。他的书法

七九　1980 年谢稚柳以徐熙落墨法绘《夏山霁雨图》
八〇　即兴挥毫

八一　谢稚柳、唐云（右二）和外国画家合影

八二　谢稚柳和友人合影。右起依次为谢稚柳、程十发、万簌
　　　鸣、刘海粟、朱屺瞻、唐云

八三　谢稚柳和程十发（右一）、刘旦宅（左一）合影

八四　谢稚柳、陈佩秋和吴作人（左一）、萧淑芳（左三）等友
人合影

和绘画同时进入陈老莲的艺术领域，那一手的老莲体书法，可以乱
真，只是个性有所不同。老莲是超逸中带紧蓄，谢稚柳则在清新中
带闲适，与他的画互为云蔚。二十七八岁之后，他的画虽然离开老
莲，但老莲的书魂仍萦回于他的笔下，直到四十岁前后，才向宋四
家（除东坡外）做了一次巡礼，吸收宋人标致的风神，他的书体变
得俊秀清奇了。唐代大书家张旭的《古诗四帖》久传于世，对其孰
真孰伪的考辨，一向都是学术界和鉴定界争论不休的话题。对这样
一个历史悬案，谢稚柳以此书自身的情性与书法史的经纬进行讨
论，并一丝不苟勾勒描填了这一书卷的每一个字，明确地提出了张
旭草书用笔回于晋唐的"笔端逆折，锋正势圆"论点，肯定了这一

字卷在艺术上的不朽价值。对颜真卿、怀素、杨凝式到黄山谷等受张旭影响的书家的书体流变，他不无感慨地说："当时以张旭为神皋奥府，至此已神移情迁，他的流风，从此歇绝了"。六十岁时，谢氏的书法也神移情迁，笔底致力于《古诗四帖》，远去青年时含蓄典雅的老莲体和中年俊秀的书风，深得张旭的气度风神，去其狂癫，一变而为放逸清雄的格调，然仍不失其固有的潇洒出尘、醇厚清奇。

十　人生何似

百篇诗

　　过眼年光又一时，紫芝无力变霜丝。春风有意回青柳，浓雪多情绽粉枝。

　　山万仞，路双歧，人生何似百篇诗。镜中已分皤须发，不觉秋来白到眉。

　　这是谢稚柳1975年写的《鹧鸪天》词。词前有小序云："顷就医，谓余须发日皤，且及眉间。归而持镜，始自见之，不觉赋此词。"他当时的处境不佳，这首因事感怀的词，没有伤感，没有牢骚，可是那"人生何似百篇诗"的佳句，却是他人生的写照。他有过烦恼，有过困境，有过坎坷，但这一切都无法抵挡他那读万卷书，行万里路，写万张画，赋万首诗，交万千友，吃万种宴的乐趣。此数种"万"，语有夸大，但他的的确确是这种样子。在他的壮暮堂中悬挂着恩师钱振煌手书的对联：

　　绚烂归平淡

　　豪放本精微

　　这是他最喜欢的句子（图八五）。他的人生是这样，艺术也是这样的。

（一）书画眷属　相得益彰

　　中国绘画史上的眷属画家不少，但夫妻俩能旗鼓相当者很少。大多是女画家依附男画家，或者妻子的画多为丈夫润色或干脆代笔，均为闺中游戏之作。而谢稚柳和陈佩秋却是旗鼓相当，各领风骚。陈画谢题，谢画陈补，互为渗透，尽现风流（图八六）。

　　1960年，陈佩秋写《蕙兰花蝶图卷》，自己题款"佩秋作"。谢稚柳看了，欣喜无极，遂于画的左侧题曰："健碧缤缤叶，斑红浅浅芳。幽香岂自秘，风肯秘幽香"。陈佩秋也极欣赏杨万里的这首诗。

八五　在恩师钱振煌的遗墨前，感慨知多少

八六　谢稚柳和陈佩秋合影

自此以后，她的画便自属"健碧"。

　　1987年，陈佩秋作《四君子图》。谢稚柳题跋："中国自有绘事，初用重色，而后演进为墨笔，所谓墨分五彩也。此健碧写《四君子图》，全用墨笔，全出于写生，而饶有宋人韵致也。乙亥秋雨，壮暮翁稚柳八十有六题。"

　　《陈健碧翠滴浓荫图妙迹》题于乙亥（1995年），是谢稚柳为陈佩秋的画所作的最后一次题跋。此图是陈佩秋的精心之作，水光山色、丛林密树相交，一人在林中行走，两人坐于石坪之上，把酒临江，一侍女前立。

在此画中，陈佩秋特别强调了山石的质感及山势连绵的动感，并在图上题前人诗句："醒来不觉衣裳湿，翠滴浓荫相望收"。谢稚柳题为"妙迹"，非眷属情感所系，而是一位鉴赏家冷静所做的客观评论。

在艺术上，谢稚柳和陈佩秋是平等的，题画时也是对等的。谢为陈题画，同样陈也为谢题画。他们之间的感情传递与交流，是在艺术创作之间进行的。

1952年，是陈佩秋从古代绘画中吸取营养最用心思的时期，仿了许多宋元山水、花鸟。她的《仿钱选八花图卷》，忠实地再现了钱选的高古风格，细致的描写、优美的线条及淡雅的色彩令作品充满静谧气氛。此卷原迹中有赵孟𫖯的题款，陈佩秋用工整的小楷临摹，几可乱真。钱选《八花图卷》为张珩所藏，谢稚柳由北京携回上海，供陈佩秋临摹。陈佩秋临《八花图卷》共两本，一本赠张珩，表示谢忱，款书为谢稚柳所作。谢稚柳在题跋中写道："佩秋为摹写一过，亦复得其八九。"

1960年之后，陈佩秋的画也多是写意之作，而且要结合现实，为政治服务。花鸟画如何为政治服务？她就画农村景色。对这类作品，陈佩秋也绝不草率从事，都是精益求精。她画的《水稻图》，谢稚柳极为赞赏，写了《题健碧画水稻图》诗：

> 卷起湘帘近午天，薰人花气欲登仙。
>
> 市斋浑有江乡意，砚水澜翻万顷田。

"薰人花气欲登仙"句，在这里指陈佩秋在"十年浩劫"的日子里，不但以画仙人球为乐，而且还种仙人球。那时在居室的阳台上，用玻璃柜子养仙人球。写生不但将仙人球的花画得楚楚动人，就连瓦盆中共生的绿苔也描绘得极为逼真。谢稚柳也以此为乐，并写"健碧近好为仙人球写生，戏写一绝。小白团红杂紫妍，碧丸黄玉好晴天。窗前已种花如锦，素壁更悬画里仙"。

陈佩秋的兰花，多为写生之作。她笔下兰花的各种姿态及花瓣的描绘，都是自己的独创。谢稚柳《题健碧画兰》六言诗云：

缤纷翠带凌寒，艳艳浓心渥丹。

露噀风飘香远，何如深谷幽兰。

（二）牛棚诗话

1966年夏天，"文化大革命"开始，整个中国进入劫难的时期。"扫四旧"的恶风浊浪席卷中国大地，上海尤为猖獗。8月1日，谢稚柳第一次被抄家。这时还只是抄"四旧"，没有审问。谢稚柳家中所藏的古代书画及张大千的作品，是第一号的"四旧"，被查抄一空。8月10日，谢稚柳第二次被抄家，这次就升级了，进行了审问，而且还翻箱倒柜，连阳台上紫砂花盆都被翻得底朝天，甚至被打碎。

起初，谢稚柳被关在隔离室内，没有行动自由。隔离室曰"牛棚"，管隔离室的人曰"看牛人"。在隔离室里，谢稚柳挨斗，写交代，做检查。斗别人的时候，谢稚柳也要去陪斗。"喷气式"站立，弯腰低头，两臂向后翘起，苦不堪言。

也有不写检查、不挨批斗、不念语录的时候，睡觉的时间也有，不能什么都不想，以往看到过的那些画，又一卷卷、一轴轴从谢稚柳眼前掠过。

与古代书画心契神交，吟诗数首，默记在胸，谢稚柳戏称为"牛棚诗"。其中有"墨痕盘发古藤萦，行迹回翔大翼轻。直立毫锋倾逆势，始知新格负奇名"。"唐时狂素盛书名，蕉叶挥残得意新。苦向人前求笔法，更无毫发有遗情"（《张旭草书古诗四帖二首》）。"月旦深严可少舒，精微鉴别莫相如。营丘毛笔平生重，却下河阳逐客书"（《题米芾画史》）。"明润礜头簇落苔，水蒲风偃断尘埃。董源老去江南景，已是禅师独自来"（《巨然山居图》）。"放笔纵横意欲灰，犹将图画寄沉哀。谁知投老流离客，风气徒教一代开"（《李唐采薇图卷》）。

1968年，谢稚柳仍在隔离中，但不是关在"牛棚"里，而是扫博物馆的楼梯。虽然不能回家，但可以行动。他一边扫楼梯，一边吟诗，《唐人宫乐图》、《文同偃竹图》等诗，都是在扫楼梯时写的，他戏称为"楼梯诗"。

本来较胖的谢稚柳，大腹便便，每天弯腰扫楼梯，肚子也小了下去。他偷偷地告诉同室的"牛友"说："这是扫楼梯的收获。""十年动乱"结束后，谢稚柳胖了起来，又是大腹便便。忆及"牛棚"生活，写了一首打油诗："卧腹浑如北苑山，障眸雾似锁雄关。日摇风腕婆娑笔，凹砚无时聚墨干"。

1969 年，谢稚柳仍在隔离中。此时，谢稚柳患目疾，看所有的东西都是两个影子，滴氯霉素眼药水，因有沉淀物，滴了两日眼疾加重。经医生检查，患脑血栓。医生说："他的眼睛治不好了。"谢稚柳一看到两个东西，头就昏，但仍被"造反派"叫去训话，写交代材料。又隔离三个月，再经医生检查，确诊为脑血管硬化，面部神经有些瘫痪。经医生建议，才准许谢稚柳到医院去治疗。治疗两月，眼疾略有好转。

（三）《鱼饮诗稿》和《甲丁诗词》

在"牛棚"里，谢稚柳以诗自娱。回到家中，如同囚居，除了书画就是诗了。

70 年代，谢稚柳和笔者一周数遇，谈书，谈画，也谈诗，笔者注意收集他的诗作。这些诗有的是为自己的画题诗，有的是为别人的画题诗，有的是发表在报纸上的诗。另外，还有一些未发表，也没有题在画上，是在他的记忆中。笔者就"逼"着他抄下来，或由他念笔者记下来。这样经过数年的时间，收集到六七十首，其中有记敦煌来去、巴山蜀水、内蒙古纪行及题画诗。笔者用土办法印出并装订成册，名之曰《鱼饮诗稿》。此名由他的"鱼饮溪堂"而来。又以同样的土办法为他"出版"了第二本诗集，即《甲丁诗词》。这本诗集是他从甲寅（1974 年）到丁巳（1977 年）囚居在家的新作。其中有悼念陈毅的诗，有悼念周恩来的诗，有庆祝粉碎"四人帮"的诗，也有题画述怀的诗。谢稚柳诗兴盎然，时有新作，后结集成《壮暮堂诗抄》出版。

在《壮暮堂诗抄》出版之际，谢稚柳写了自序："予少读古人诗，窃好之，然又不能意学，偶事吟咏，实不能为诗也。卒不能忘，以是每于茶后、醒时、绘事余、行旅中，有意无意之间，若有所能，口自吟讽，不耐细究，故率出短什，实无足言诗也。然则所以存此一卷者，白驹过隙，聊以记浮生之一程而已。乙亥孟秋，谢稚柳时年八十有六"。

谢稚柳的人生，如书，如画，如诗，是一曲响遏行云的壮歌（图八七至九二）。

他从寄园走过，从玄武湖畔走过，跋涉艰难蜀道，漫步绝域流沙，驻足茫茫海上，无处不留下他的诗书画卷。他的诗篇，是他心灵的颤音，是他情感的倾泻，是他生命的火花。他的诗深刻丰富，深

八七　谢稚柳诗稿

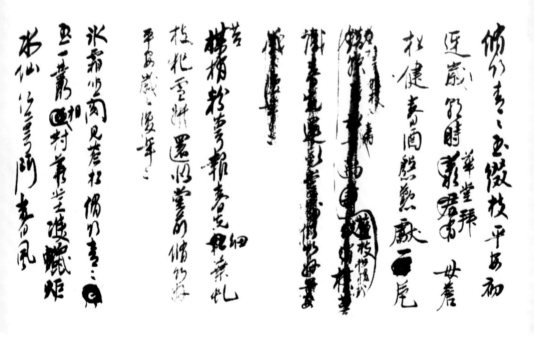

八八　奋笔疾书

刻得比淋漓尽致层次更高，丰富到叫人取之不尽，用之不竭。他的诗像李贺那样善于融铸词采，驰骋想像，新奇瑰丽；像李商隐那样精通音律，富于文采。然而，诗情又不像李贺、李商隐那样阴郁低沉，而是雄强乐观，一派昂扬之气。谢诗中运用浓艳词藻而又与素色交织，构成色彩斑斓、奇诡新颖、浑融蕴藉的意境。在绮丽浓艳的内核里，有着激烈的高远之想。透过瑰丽的外衣，不难感到诗人炽热如火的肝肠，叫人分不清是诗是画，是画是诗。所以，读谢稚柳的书画，就是读他的诗；读他的诗，也就是读他的书画。

　　诗书画熔为一炉，加上深厚的文学功力，这就是谢稚柳艺术的最大特色，为中国艺术之典型代表。

　　诚然，中国的许多艺术家都将诗书画熔为一炉，但又各不相同。

八九　他以大自然中走来 · 在西泠印社林中漫步

这分界线就在于各人的出身、际遇、性格、气质、学养的不同。

谢稚柳幼承庭训，接触的师友皆当代奇才，互为影响。他性格坚强，气质高雅，学贯古今。他对于生活，对于大自然，无限热爱，即使在坎坷中，也看得见坦途，在苦难中也不失却希望；即使凄婉，也不哀伤；即使沉郁，也是一种慷慨的悲怆。既没有忧郁，也没有骚动不安，更没有颓废派的那种绝望和狂乱。相反，他超脱而不厌世，宁静而不消沉，温婉敦厚之中，透露着刚毅、豪放和傲岸。他谈笑风生，雍容大度，情深意笃，雄浑真纯，令人感到书如其人，画如其人，诗如其人。

写于1975年的《绘事十首》，融中国绘画史和自身的艺术生涯为一体，叙事抒情，紧密结合，情景交融，又用精美的草书表现出来，达到了内容与形式高度完美的统一。可以说，是他诗的代表作，是他人生的写照，内心世界的剖白。兹录于下：

春红夏绿遣情多，欲剪烟花奈若何。
忽漫赏心奇僻调，少时弄笔出章侯。

蜀山秦岭为攀留，燕范遗踪尚可搜。
痴绝雾城年少客，寻常晓月误帘钩。

刻意邀寻董巨盟，江山目染得奇兵。
好收折履堪重蜡，赶上江南及乱莺。

梅竹聚禽河洛精，拒霜红粉度南英。
细参绝艳银钩笔，不识元明莫论清。

不如寻梦隋唐迹，何况高希六代风。
久阅神臯千壁暗，流沙西渡得灵通。

高墨猿禽下墨枝，梁生牧衲一时奇。
少耽格律波澜细，老去粗豪是本师。

九〇　谢稚柳和昆曲表演艺术家梁谷音（左一）、
　　　郑重（本书作者，右一）合影
九一　谢稚柳晚年重回网师园（右一为其子定琦）
九二　雕塑家王大进在给谢稚柳塑像

别开生面意如云，落墨江南张一军。

绝叹新裁好骨格，鲍诗无鬼唱秋文。

落墨缤纷有信书，粲然遗说见清图。

试回谨密归豪放，未委当时意得无。

渤海苍涛塞北天，皖山云路粤江船。

画图百派几星火，拨尽炉灰为眼前。

深深柳密正莺啼，艳艳花浓照眼迷。

信美人间春一片，枥边思跃绝尘蹄。

《绘事十首》一出，即广为流传，唱和者甚众。

（四）友谊共白头

1986年12月18日，"谢稚柳、陈佩秋画展"在香港展出期间，谢稚柳接受香港记者采访，问到张大千赠笔的事情，谢稚柳说："老兄大千是很讲感情的人，自1949年他离开大陆移居海外后，内地又经历了'文革'动乱，但他始终没有忘记我这个老弟，想尽办法表达他对我的惦念"。

在张大千旅居海外未去台湾之前，上海市长陈毅在和谢稚柳一次闲谈中就问："现代中国画家中，谁的艺术成就能取得公认？"谢稚柳很坦率。他说："要数张大千。他不但是位全能画家，而且有着自己的个性，特别是去敦煌临摹之后，画风大变。"陈毅说："你们是老朋友了，他和我又同是四川人，你能不能写信叫他回来？"这时张大千还在印度，没有定居下来。谢稚柳说："大千是极散漫、不受拘束的人，生活上也喜欢享受，他无法适应我们现在的生活，也不可能回来。"陈毅说："你很了解他喽。"谢稚柳毫不隐讳地说："是的，正因为我很了解他，所以我不能写信叫他回来。"

自张大千去台湾后,三十多年来,虽是天各一方,但大千的音书未断。张大千到印度,巡礼了阿旃陀佛窟,还给谢稚柳寄来一册阿旃陀佛窟壁画图集。此后移居巴西,最后定居台湾。一海之隔,难以相见,天荒地老日,友情无尽时,两人还是魂回梦绕,心中郁结着无穷的思念。

1974 年,谢稚柳从上海博物馆领回一件珍贵的纪念品,张大千赠给他的毛笔一套(图九三至九五)。笔杆上刻有"艺坛主盟　此牛耳毫于南美得之,制成寄上稚柳吾弟试用　大千居士爰　甲辰七月客江府"。

甲辰是1964年。张大千将此笔制成,托人由香港寄到上海时,"文化大革命"已开始,这套笔就放在上海博物馆,一直没有给谢稚柳。谢稚柳得到此笔后,写了《张大千寄赠牛耳毫笔》诗:

　　十年风腕雾双眸,
　　万里思牵到雀头。
　　豪气何堪摇五岳,
　　墨痕无奈舞长矛。
　　蛮笺放浪霞成绮,
　　故服飘飖海狎鸥。
　　休问巴山池上雨,
　　白头去日苦方遒。

九三　张大千所赠南美洲牛耳毫笔

九四　1979年张大千致谢稚柳尺牍一通

　　这首诗道出了谢稚柳的万般思绪。谢稚柳在诗中自称"雀头"，含义深幽。此典出自《礼记·士冠礼》注："其色赤而微黑，如爵头然，或谓之纁。"爵通雀，《周礼·春官》注："雀，黑多赤少之色。"疏："雀头黑多赤少，雀即纁也。"清朝制度：举人、生员公服，冠用雀顶。谢稚柳用此典，按传统解法，犹言自己仍为士人，与"故服飘飘海狎鸥"相对应。经历十年浩劫，彼此分红五类和黑五类，谢稚柳被划入黑五类之列，不只是黑多赤少，而完全是黑了。此义最为微妙。此诗传至台湾张大千处，他说："这诗是稚柳自明心迹，不知他如何生存？"

　　张大千用笔，向来都是订制。抗日战争爆发以前，张大千喜用上海杨振华的笔。据大风堂的晚辈李顺华说：杨振华制笔，尖圆锐齐，面面俱到。他最推崇张大千的书法，制笔亦常征询张大千的意见。张大千每有订制，必是大、中、小五百枝。因为画工笔花卉、设色仕女，都非用新笔不可。制笔通常用羊毫、紫毫、狼毫、鸡毫、兔毫。杨振华曾用过马毫，张大千则特制过牛毫。这牛毫须在牛耳内采集，而且只有英国某地所产的黄牛，耳内才有这种毫毛。英国最

名贵水彩画笔，即是用这种牛毫所制。但讳言为牛，称之为貂毫，每枝售价在三四镑间。这牛毫来之不易，据说要两千五百头牛，才能采集到一磅。张大千托了人情，花了重价，好不容易才弄到一磅，带到东京，委托全日本制笔最有名的玉川堂及喜屋两家笔店，洗挑精选，只制成五十枝画笔，工资却花了美金七百有余。制成试用，牛耳毫果然有它的长处，吸水饱满而仍有筋骨，内行称之为"以腰劲"，最宜于作画，书则为意最佳。可惜制法还欠精到，毛扎得不够紧，有时有难以着力之憾。这五十枝笔来之不易，当然赐以佳名，张大千起的名字叫"艺坛主盟"。他说："既然用的是牛耳毛，用此笔如同执牛耳。"这是"主盟"二字的现成典故。张大千自道："语意双关，又道出了毫端的来源。我对这笔的名字很得意，取得很好。"事实上令张大千得意的是，他获得了一样很别致而能令受者陶醉，对他留下深刻印象，感谢不忘的礼物。很浅显的道理，题上"艺坛主盟"四字，他就不能留为自己用了，否则岂不要被人大骂狂妄不通，甚至声讨，至少也要提出质问："谁许你'主盟'来的?"获赠"艺坛主盟"牛毫笔者，当然都是张大千所看重的人，有毕加索，有台湾的

九五　握着大风堂选毫，寻找与张大千敦煌探艺的回忆

黄达云。给谢稚柳送来两枝，是非同寻常的馈赠，意中是承认受者要有资格用这种笔，加上笔杆所镌刻的字，无异肯定了谢稚柳在中国艺坛上主盟的地位。

1980年，张大千托人给谢稚柳带来一幅山水。1981年，谢稚柳去香港中文大学讲学，张大千听说他到了香港，又托人带来为他画的《落花游鱼图》。同年，张大千以泼彩山水横幅相赠，并题写："六十九年庚申六月，写呈稚柳、佩秋伉俪教正，八十二叟爰。"

谢稚柳多年没有见到张大千的画迹，这两幅作品都是张大千久居海外后所创的新格。张大千自称这一画派为"泼墨泼彩"。张大千在画上表现出来的奔放矫健的格调，苍茫生动的气韵，明朗鲜丽的色彩，已经脱出了一切艺术的依靠。这令人惊绝的艺术创造，谢稚柳认为是"开中国画从来未有的形体与风格"。

1981年，上海朵云轩送来一幅大千未画完的山水，请谢稚柳补成。谢稚柳花了几天时间，精心补成，并题识曰：

此蜀人张大千写。辛酉秋暮，庄君持示此卷巨制，惜其未竟，嘱力补成之。予与大千不相见三十四年矣，别时少壮，今皆白首，执笔临笺，如对故人也。壮暮翁稚柳七十有二，大千八十有三矣，并记岁月。

谢稚柳怀念张大千的深情，都在此长卷巨制里。

1982年，张大千在台湾看到谢稚柳的一幅青绿山水。他在这幅画上题辞曰：

与稚柳别来三十三年矣，梦寐思，无由相见，今见其画，已去其风华，入于拙朴。吁，吾与君老矣，把笔慨然。七一年九月八十四叟爰。

1983年，谢稚柳画的《落墨荷花》流落到香港，收藏者得此卷后，即携至台湾，送给张大千观赏。张大千为此卷题写引首："水殿风来香暗满 拈坡翁句 题吾稚柳近作 壬戌花朝八十四叟爰。"

此图谢稚柳作于1978年。他在卷尾题识曰："已褪怀中旧笔痕，自沉冥思返清真。无多工让江南格，难彩缤纷落墨新。徐熙落墨久绝于世，推其画理，以放易工，演为此体，使徐熙复生，将不予易

九六　谢稚柳在张大千的摩耶精舍与徐雯波（左一）、秦孝仪等
　　　合影（中间为张大千蜡像）

也。鱼饮谢稚柳。"

1983 年，张大千这颗国画巨星陨落了！

风云为之变色，海内外为之震动，谢稚柳悲痛万分。人生悠悠，旅途漫漫，往事茫茫，离怀种种（图九六）。往昔，他与大千纵使茫茫一水间，总还同在世界上；纵使长年不相见，总还长相盼。而今，天上人间，竟成永诀，痛何如哉！

谢稚柳写了一首诗，对老友倾吐了悼念之情。诗曰：

　　应悔平生汗漫游，老亲乡土泪难收。

　　何时脉脉双溪水，并向金牛坝上流。

（大千摩耶精舍在台北外双溪，故居在成都金牛坝）。

（五）壮暮堂

谢稚柳晚年，自榜其画室为"壮暮堂"（图九七）。在当今画家中，斋名、闲章之多，莫过于谢稚柳。他常以取斋名、撰印文为乐趣。他早年用印为方介堪、陈巨来、简琴斋所刻，晚年用印多为吴子建、韩天衡、刘一闻诸印家所镌。抗日战争寓居重庆时，小庭院种竹连续几年都不活，他因之命名自己的画室为"苦篁斋"。闲章有"还如何逊在扬州"、"抱月飘烟一尺腰"。

50 年代，因他得王诜《烟江叠嶂图》卷，喜而取题画诗中首两字"江上"为斋名，曰"江上诗堂"。另又以《烟江叠嶂图》之"烟江"命名为"烟江书阁"。"鱼饮溪堂"与"苦篁斋"相替使用。六十五岁后，他的画室号"壮暮堂"，取自曹操"烈士暮年，壮心不已"诗句。后迁居巨鹿路，有"小园蕉竹自生凉"诗句赞之，又名其斋为"巨鹿园"。二十八九岁时，他喜用的闲章是"年来持镜颇有须"。画松则常用闲章"内气乃有老松格"，画梅则常用"不觉觅句逋仙"。谢稚柳曾钟情于"江南画派"，对落墨又有特殊偏爱，故有闲章"独赏江南工"。六十五岁之后，有闲章"应无不舞时"，还有"老年花似雾中看"，因随着年岁增长，他眼力感到有所不济。七十四岁时，有"老冉冉分过四"闲章。

九七　谢稚柳画室壮暮堂一角

（六）绚烂后的平淡

　　谢稚柳的长子定琨、次子定玮定居美国之后，谢稚柳、陈佩秋常去探亲，但每次往返签证给他带来许多麻烦。为了能来去自由，他们在美国申请了绿卡，可以在美国住得时间相对长一些，享受天伦之乐（图九八至一○五）。

　　他那张绿卡不是为了久住，而是为了暂停歇脚，而他念念不忘的仍是上海。他有一首诗，题为《寓洛杉矶十一日，甲戌四月始还海上巨鹿园》诗云："云气沉沉隐日光，小园焦竹自生凉。重归车水

九八　演讲兴浓，声若洪钟

九九　谢稚柳喜食东坡肉

马龙地，正是江南梅子黄。"久游归来，有着何等愉快的心情。

1996年7月，谢稚柳又将去美国休息，行前到医院做了身体检查。此时，他已感到胃部不适，医生建议他做进一步检查。因时间仓促，未能再做检查，就到美国去了。

初到美国洛杉矶，精神甚佳，记忆力也良好，只是下身怕冷，上身有些怕热。这种现象已有几年，所以也就没有放在心上。8月9日，吴燕如给他排了一下紫微，很惊奇地说："谢先生，你前几年就应该开刀，为什么没开呢？"谢稚柳就问："你算一算我能不能活到九十岁？"吴燕如含糊地说："可以活到九十几岁吧。"谢稚柳对这种事只是一笑而过，并没有放在心上。8月14日，他忽然感到不舒服，血压降低，遂送嘉惠尔医院进行初步检查，发现严重贫血，化验大便也带血，再转送加州大学附属医院检查。由于他不懂英文，医生向定珉、定玮作的病情交代，他听不懂，只知道自己的胃出了问题，并不知道患的是何病。医生给他做了胃镜，发现严重胃溃疡，并在彩色屏幕上指给他看哪几个地方有问题，需要进行手术治疗。谢稚柳随即住进医院。8月21日开刀，结果发现胃部十六个淋巴，已有十二个淋巴生有癌细胞。手术很顺利，也很成功，8月31日便出院回家了。但9月3日又突然发高烧，再次送进医院，发现胰腺已

一〇〇 谢稚柳在八十八岁生日宴会上

经损坏。高烧中，谢稚柳出现幻觉，他对儿媳沐兰说："徐悲鸿来了，他在那里开画展，墙上挂的都是他的画，我们看画展去"。在医院住了几个星期，身体恢复得不错，就回家静养。出院回家休养，谢稚柳胃口恢复如初。不久，又能下馆子请朋友吃饭，再次遇到吴燕如时，他说："我要表扬你提醒我检查身体，也要批评你，你来过之后我就进院开刀"。此时，他已能提笔作画，并画了几幅图送给为他治病的医生和朋友。

11月间，旧金山亚洲艺术博物馆举办"中华瑰宝展"，共展出元、明、清书画六十七件，展品均为台北故宫博物院藏品。谢稚柳率领全家前往观看。谢稚柳只重点看了唐孙过庭《书谱》，北宋黄庭坚《寒山子庞居士诗卷》，南宋马远《华灯侍宴图》、《山水人物》，马麟《秉烛夜游图》，元赵孟頫行书《前赤壁赋》、《后赤壁赋》及《重江叠嶂图》等，其他未能逐幅细看，遂请台北故宫博物院赠一份展品清单。这些展品，有的早在1949年之前他已看过，1992年应太平洋文化基金会之邀访台时，在故宫博物院又再度见到，这次在旧金山已经是三见了，犹如旧友重逢，备感亲切。

一〇一　1997年谢稚柳在病房里

　　这年的12月底，谢稚柳由洛杉矶返回上海，准备过春节。回到上海，他的身体恢复得很好，自信这次胃出的毛病已经治愈，以后就可以平安无事了。平时他以美食自豪，能吃大块"东坡肉"，此时又恢复吃肉的习惯了。

　　但癌细胞是人体内的定时炸弹，谁也无法断定它什么时候发作。医生为了保险，动员他到医院去"化疗"。其实，他本意是不再到医院，想在家中用中药调理，但是在医生的一再劝说下还是住进了瑞金医院外宾病房，开始服用化疗药物。

　　对于病，谢稚柳似乎是早有预感的。在生病的前一年，他做任何一件事情都带着急切的心情。他将旧诗加以整理补充，准备重新出版时说："我这是整理后事"。《鉴余杂稿》要再版，他准备把《水墨画》及其他未收入的论文一并收入时，说："我这是整理后事"。一些老朋友请他写字或画画，其中有些是积久未报，他也忙着赶题画，又说："这是还债，恐怕是无法还清了"。那时，他做这些事情虽然很乐观，但在旁边的人总感到一种伤感。他又想出一本书法集，但书法作品都散落在朋友手中，一时无法聚集，便有些心神不宁。后来，许多朋友协助出版社抓紧时间收集，书法集可以成书了，他的心事才放下，但又不断地追问："什么时候可以出来？"他急于想看到书，可还是未能看到书法集出版。

　　1997年6月1日，谢稚柳与世长辞了。在开追悼会时，用打样稿装订成册的《谢稚柳法书集》连同合编的《李贺诗集　李商隐诗集》

一〇二　启功书《壮暮翁哀辞》

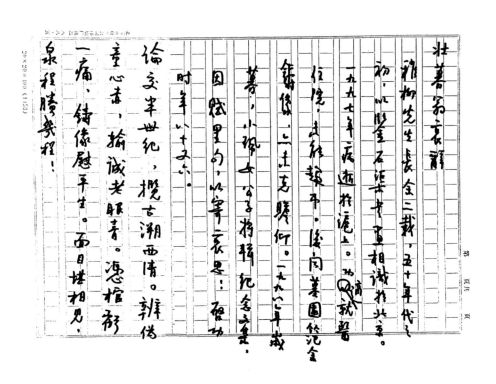

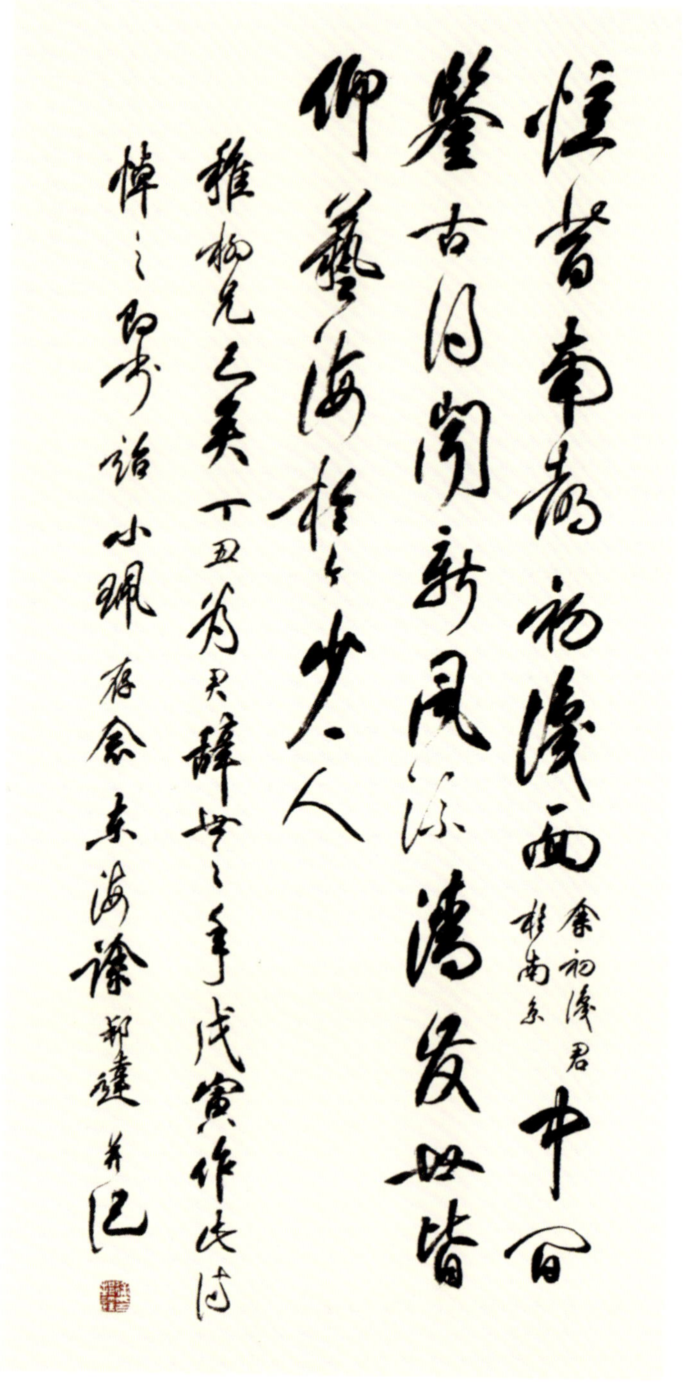

惜者南为初陵西

鉴古旧闻新风流鸿爰均皆

仰艺海推少人

余初陵君
辑南东

中旬

稚柳兄之美一五为矢辞世之年戌寅作爰闻

悼之即吟诗小珮庵余东海徐邦达并记

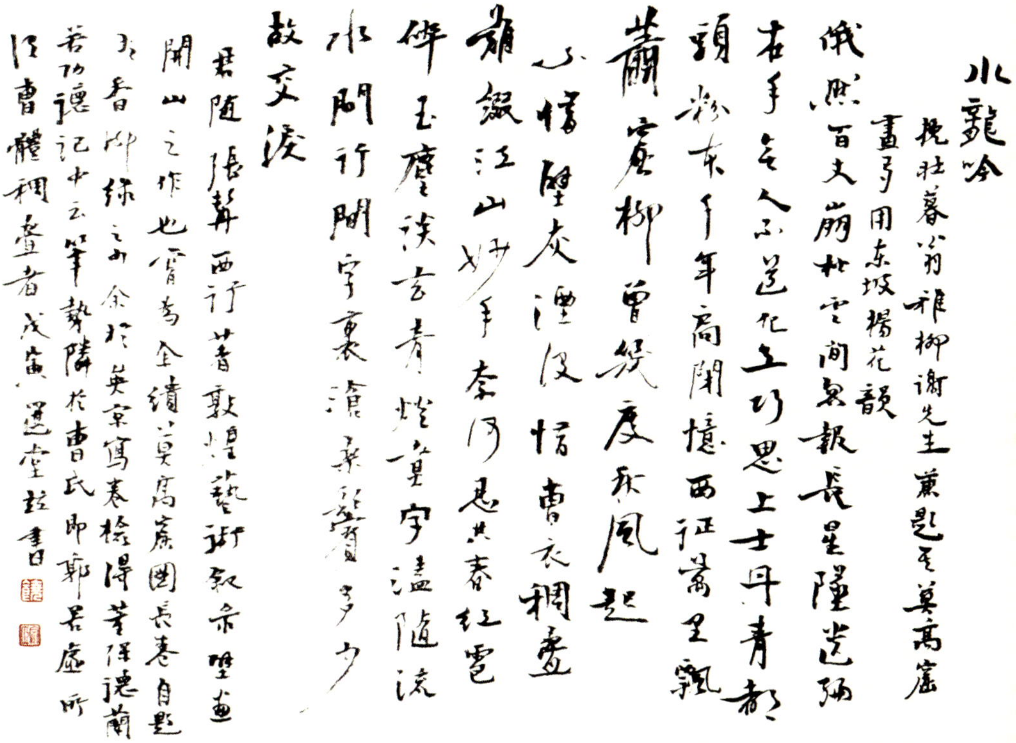

一〇四　1998年饶宗颐书《水龙吟》

随他入土为安。

　　谢稚柳的骨灰入葬在上海万国公墓的名人墓园，虽然面积不大，却是最好的地脉，背有依托，前有出路，安静而又风雅。他那用花岗岩雕刻的头像，神情仍然是温婉可亲。雕像两侧的花岗岩镌刻着悬挂在壮暮堂的恩师手书对联：

　　　　绚烂归平淡

　　　　豪放本精微

一〇五　绚烂归平淡，豪放本精微

附　　录

（一）生平简表

1910 年　　5 月 8 日生于江苏武进天王堂弄。

1916 年　　入塾读书。

1918 年　　开始学画。

1925 年　　从晚清进士钱振煌在寄园读书。

1929 年　　离开寄园，由常州赴南京。

1934 年　　始作《陈老莲传》一文，后发表于《京沪周刊》。

1937 年　　作品《山茶》入选南京举办的第二届全国美术展览。

1942 年　　在成都首次举办个人画展。

　　　　　同年，赴敦煌考察，进行大量研究并做记录。

1943 年　　任中央大学艺术系教授。

1944 年　　在昆明举办个人画展。

1945 年　　在西安举办个人画展。

1946 年　　由重庆到上海，在成都北路中国画苑举办画展，并出版《谢稚柳画集》。

1948 年　　《谢稚柳画集》第二集出版。

1949 年　　《敦煌石室记》书成。

　　　　　同年，上海市文物保管委员会成立，为编纂，主管接管和收购文物的鉴定工作。

1955 年　　《敦煌艺术叙录》出版。

1956 年　　任上海中国画院筹备委员会委员。

1957 年　　《水墨画》一书由上海人民美术出版社出版。

　　　　　《唐五代宋元名迹》由古典文学出版社出版。

1961 年　　参加全国文联组织赴内蒙古观光团，历时一月，计程数千里。

1962 年　　参加文化部文物局组织的中国古代书画鉴定组，足迹遍及四省市，历时半年，鉴定书画万余件。

1964 年　至成都、重庆等博物馆鉴定书画。

1966 年　《论书画鉴别》一文写成，在《大公报》连载。

1973 年　《水墨画》由香港中华书局重印发行。所作诗词由友人搜集
　　　　为《鱼饮诗稿》，用土办法印出，分赠朋友。

1977 年　所作诗词集《甲丁诗词》用土法印出，分赠朋友。

1979 年　《鉴余杂稿》一书由上海人民美术出版社出版。
　　　　《朱耷》一书由上海人民美术出版社出版。
　　　　同年，出席中国文艺工作者第四次全国代表大会。

1980 年　参加西泠书画院首次书画创作活动。
　　　　同年，上海朵云轩、香港集古斋联合在香港举办"谢稚柳、
　　　　陈佩秋画展"，并出版发行画集。
　　　　同年，中国画研究院成立，被选为院委。

1981 年　赴日本参加"上海与大阪友好城市五周年联合书展"。
　　　　同年，赴香港中文大学讲学。
　　　　同年，《谢稚柳画集》由上海人民美术出版社出版。
　　　　同年，上海美术家协会、上海博物馆在上海展览馆联合举
　　　　办"谢稚柳、陈佩秋画展"。
　　　　同年，应邀赴江苏展出。

1982 年　赴东京参加中国书法家协会与日本二十人联合书展，并任
　　　　中方代表团团长。

1983 年　张大千逝世，在上海书画界悼念张大千会上发表讲话，并
　　　　在上海《文汇报》上发表《巴山池上雨，相见已无期》为
　　　　题的纪念文章。
　　　　中国古代书画巡回鉴定组在京成立，任组长。

1984 年　全国书画巡回鉴定工作在京开始进行。
　　　　同年，山东省美术馆举办"谢稚柳、陈佩秋书画展览"。
　　　　同年，《董源、巨然合集》由上海人民美术出版社出版。
　　　　同年，以《鱼饮诗稿》、《甲丁诗词》为基础的《壮暮堂诗
　　　　词集》在香港出版。

1985 年　赴日本参加"上海博物馆藏明清书画展览"开幕式。

同年，赴美国参加纽约大都会博物馆举办的学术讨论会。

同年，参加安徽合肥举办的"谢稚柳、陈佩秋书画展览"，并游览黄山。

1986年　《燕文贵、范宽合集》、《梁楷全集》由上海人民美术出版社出版。

同年，《董源、巨然合集》由上海人民美术出版社再版。

同年，赴香港参加中文大学主办的与台湾联合画展，并参加学术讨论。

同年，与陈佩秋赴香港，参加由博雅艺术品公司举办的"谢稚柳、陈佩秋画展"，并出版发行画集。

1987年　赴香港参加中文大学举办的"敦煌文物展览"开幕式，并参加学术讨论会。

1988年　1月，在天津参加全国文物工作会议。

3月，郑重著《从寄园到壮暮堂——谢稚柳艺术生涯》一书由上海书画出版社出版。

4月，上海博物馆举办"谢稚柳先生八十寿辰书画展览"。

同年，《谢稚柳八十纪念画集》由上海人民美术出版社出版。

同年，沈阳、天津、广州相继举办"谢稚柳书画展览"。

1989年　赴日本参加"上海、大阪结为友好城市十五周年"庆祝活动。

1990年　全国古代书画巡回鉴定工作组经过八年时间，鉴定八万余件书画，于是年暂告段落。

同年，任上海书法家协会主席。

1991年　赴澳门参加由上海对台办、澳门新华分社、澳葡台总商会联合举办的"谢稚柳、陈佩秋书画展"开幕式。

同年，赴京参加全国文物巡回鉴定小组总结。

同时，随上海博物馆《文物之友》考察团考察新疆库车、吐鲁番等地石窟、壁画和古城遗址。

同年，郑重编著《谢稚柳系年录》一书由上海书店出版。

同年，赴新加坡举办个人画展，并出版《谢稚柳画集》。

同年，谢稚柳艺术馆在常州市博物馆内落成。

1992 年　赴美国堪萨斯纳尔逊博物馆参加"董其昌世纪画展学术讨论会"。

同年，应台湾太平洋文化基金会邀请赴台湾参观访问。

1993 年　《荣宝斋画谱之八十五·谢稚柳绘写意山水部分》由荣宝斋出版。

1994 年　7 月，赴日本大阪参加"谢稚柳、村上三岛合作画展"。

8 月，赴台湾参加台湾太平洋文化基金会举办的"谢稚柳、程十发、陈佩秋、刘旦宅画展"开幕式。

1995 年　为上海博物馆捐款三十万美元（谢稚柳、村上三岛 1994 年在大阪合作举办画展时所售画款）。

由上海徐悲鸿艺术研究会出资为谢稚柳塑造的铜像，12 月在常州谢稚柳艺术馆落成揭幕。

同年，《壮暮堂诗抄》由上海书画出版社出版。

同年，原郁著《谢稚柳传》由中国文联出版公司出版。

1996 年　2 月，当代名家中国画全集《谢稚柳》卷由苏州古吴轩出版社出版。

6 月，《敦煌艺术叙录》由上海古籍出版社再版。

7 月，《鉴余杂稿》由上海人民美术出版社修订再版。

1997 年　6 月 1 日晚 10 点，谢稚柳逝世于上海广慈医院，享年八十八岁。

6 月，《谢稚柳法书集》出版。

（二）著述系年

谢稚柳《敦煌艺术叙录》，上海出版公司，1955 年。

谢稚柳《水墨画》，上海人民美术出版社，1957 年。

谢稚柳编《唐宋元明清画选》，上海人民美术出版社，1960 年。

谢稚柳《中国书画鉴别》，南通图书公司（香港），1974 年。

谢稚柳《鉴余杂稿》，上海人民美术出版社，1979 年。

谢稚柳《壮暮堂诗词集》，赵汉钟（香港），1984 年。

谢稚柳编《董源、巨然合集》，上海人民美术出版社，1984 年。

谢稚柳编《燕文贵、范宽合集》，上海人民美术出版社，1986 年。

谢稚柳编《梁楷全集》，上海人民美术出版社，1986 年。

谢稚柳编《郭熙、王诜合集》，上海人民美术出版社，1987 年。

谢稚柳编《宋徽宗赵佶全集》，上海人民美术出版社，1989 年。

谢稚柳《谢稚柳法书集》，上海书画出版社，1997 年。

上海博物馆主编《谢稚柳》（包括谢稚柳书画、诗词、论文），上海人民出版社，2002 年。

封面设计　张希广

责任印制　张道奇

责任编辑　王　戈

图书在版编目(CIP)数据

谢稚柳／郑重著 . – 北京：文物出版社，2004.12

ISBN 7−5010−1676−3／K · 871

Ⅰ.谢… Ⅱ.郑… Ⅲ.谢稚柳−生平事迹−画册

Ⅳ.K825.72/64

中国版本图书馆 CIP 数据核字(2004)第 102386 号

中 国 文 博 名 家 画 传

谢　稚　柳

郑　重　著

*

文 物 出 版 社 出 版 发 行

北京五四大街 29 号

http://www.wenwu.com

E−mail:web@wenwu.com

北京文博利奥印刷有限公司制版

文 物 出 版 社 印 刷 厂 印 刷

新 华 书 店 经 销

965 × 1270　1/32　印张：6.5

2004 年 12 月第一版　2004 年 12 月第一次印刷

ISBN 7−5010−1676−3／K · 871　定价：60 元

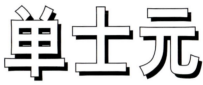

中国文博名家画传

单士元

单嘉筠　著

文物出版社

责任印制：陈　杰

封面设计：张希广

责任编辑：陈　峰

图书在版编目（CIP）数据

单士元／单嘉筠著．－北京：文物出版社，2008.10
（中国文博名家画传）

ISBN 978-7-5010-2511-4

Ⅰ.单… Ⅱ.单…Ⅲ.单士元（1907～1998）－传记－
画册 Ⅳ.K825.81-64

中国版本图书馆CIP数据核字（2008）第120197号

中 国 文 博 名 家 画 传

单 士 元

单嘉筠　著

＊

文 物 出 版 社 出 版 发 行

北京市东直门内北小街 2 号楼

邮政编码：100007

http://www.wenwu.com

E-mail：web@wenwu.com

北京燕泰美术制版印刷有限责任公司印制

新 华 书 店 经 销

965 × 1270　　1/32　　印张：7

2008 年 10 月第 1 版　2008 年 10 月第 1 次印刷

ISBN 978-7-5010-2511-4　定价：80 元

目
录

前　　言

1998年5月25日，故宫博物院里的一位91岁高龄的老人因病而终。老人的人生之旅在历史长河中可谓一瞬。说到这位老人的一生，可以说没有什么惊奇壮观的经历。然而就是这位老人，生前却与故宫红墙黄瓦出入相伴长达73年之久。故宫像他心中永远的恋人，可为其奉献一生，而无怨无悔。

1985年10月10日是故宫博物院六十年建院纪念日。这是自1925年10月10日建院后，于解放后首次举行的隆重纪念。60年院庆，对每一位故宫职员来讲是喜悦盛事，对这位唯一的长者来讲，则是双喜临门。因为他的工龄与院龄相同，欣慰之中即写下《甲子抒情》："乙丑入紫禁，今又乙丑年，弹指六十载，仿佛一瞬间。桑榆已晚景，伏枥心不甘。奋蹄奔千里，直至到黄泉。"附言："1924年11月5日清逊帝被逐出宫，成立清室善后委员会，余为善委会工作者之一。余时初进紫禁城实为1924年12月底，应为甲子之末，由于博物院成立于1925年，遂以乙丑纪之。"为此，与会祝贺的中央有关负责人特向这位老人颁发唯一的一张工作六十年的荣誉证书。

1995年10月10日，老人又迎来建院七十年纪念日。在庆贺他在故宫博物院辛勤奉献七十年纪念会上，领导向老人赠送楠木烫金字"鸿才硕彦"匾一方。70年院庆过去了，老人已是88岁高龄了。深秋一日，一位英国籍的博物馆学者来到故宫参观访问，与老者座谈。回国后在英某刊物上发表访华参观故宫的感受。文中表示出两个不可思议：一是对故宫古建群体的宏伟壮丽，以及所藏文物珍宝之精美、数量之多表示不可思议；二是对会见的故宫老人七十年工作经历，以及对其博学贯通的学识和深厚的文化底蕴表示不可思议。

1997年7月1日，我国香港在经历了百年沧桑之后，回到祖国的怀抱，这天我国政府开始对香港行使主权，这是中华民族永载史册的盛事。7月1日中英香港政权交接仪式在港隆重举行。7月5日北京文博界在中山公园社稷坛举行"庆回归香港热土收藏仪式"。这个活动的主要内容就是把已焙干处理好的少量香港沃土隆重地撒播在五色土上。意欲以此告诸世人，香港之土已融于祖国大地。中华民族已经富足昌盛，终于得以收复失地，在这非同一般的失土回归的仪式上，这位老人与著名学者侯仁之、张开济被邀请共同代表祖国人民，荣幸地将香港土撒在社稷坛上。这位老人便是本书的主角——单士元。

一 故宫供职以前

（一）世居京城之家

　　清光绪三十三年农历丁未年，公元1907年11月22日，在北京皇城内什刹海畔南官坊口胡同内一座宅院内，一户单姓的家里添了人丁。一个男孩降生在这家老屋。父母取名士元，行二。公元1911年，中华民国成立。社会的变革对于4岁的小士元不会在思维上有影响。辛亥革命打倒皇帝的意义，似乎还未被领略到。长辈们告诉他说没有了皇帝，亦似懂非懂，只是觉得天天得见的清朝大龙旗不见了。自幼天资聪颖、敏而好学，更喜读书写字的他，时常将家里藏书瞎翻一气，并向长辈们问这字是什么，那画中有什么。长辈们就耐心地讲给他听。

　　单家先世系江南著名水乡浙江绍兴，早年宦游京师，为求做官而出走来到京师。祖父名单文湧，娶姚氏为妻，在京城东交民巷经营中药店堂"致和堂"。其地毗邻清王朝太医院。据说，当年祖父用不少钱财捐上把总的官职，其官位虽不高，实属便于生意所致。清朝时人参不仅是王朝贡品的入宫货，还不能私买私卖。须为有地位望族之家或大户富有钱财者，才能经营采办。同时，人参药材为皇宫贡品，其祖父也可以与清宫药库房、太医院时有来往。

　　东交民巷早有东江米巷之名，在清朝是王朝衙署府第所在地，太医院亦在此，在清晚期各国驻华使馆机构也多设于此。公元1900年8月，八国联军入侵北京，烧杀抢劫，清太医院与致和堂参铺以及其他衙署府宅被烧为灰烬，单家仅存的一点家业也荡然无存，为了生计，全家逃往左安门外通往天津要道的马家堡安家，生活暂时安定。

　　单士元父辈兄弟四人，大伯单宝善，顺为宝亨、宝田、宝谦。马家堡马姓居多，大伯宝善娶当地马姓女子为妻。二伯父、四叔之妻娘家均在崇文门外花市一带。单士元生父行三，与大伯一样在马家堡当地娶妻。后生有四子一女，长子士魁，次子士元，之后是士元的三弟、四弟及五妹，单士元还有一个五弟叫士彬，是大伯宝善之子。在叔伯辈均成家不久，祖父母因病先后亡故。

清太医院被八国联军烧毁后，清王朝于公元1901年又创太医院于地安门路东北侧，故单家迁到鼓楼地安门一带，开始各自做一些小本生意维持生活。祖父故后留下从医之业，后来不知何人介绍，大伯父与生父在紫禁城内御库药房制丸药。并擅长制夏季祛暑药万应锭。形状两头尖，裹以金衣，闻其味具有冰片古墨的香味，染暑服之可治受暑之疾。还制有冬季防煤毒的平安散末剂，但不能服用。当年一般百姓需生炉火，在火口周围撒上一圈，火热烤出香味散发室中，房窗设有风斗，有助防煤气中毒。因单家世代为医，故能为清宫药库制作各种中成药。二伯父则在新建太医院衙署内，为低级的劳作之工，即看管房屋或勤杂一类活计。

在父辈四人中，大伯父读过私塾，对经史子集等皆略有了解，善写八分书（即汉隶一类）。约在1933年后由亲友介绍离京到福建漳州，在外国人办的书院教国文。抗战前返京，但在北平沦陷时因生活困苦久病不治而亡。四叔一生为铁匠。当年在北城德胜门外经营五金黑白铁的作坊，在日本占领北平期间的一个夏天，突得一种当时叫"痧子"的病而去世。后来才知道这是似霍乱或中毒性痢疾的致命疾病，也是因沦陷生活贫困所致。这样父辈兄弟只有二伯父与生父分别在清太医院与皇宫药库房当差。兄弟二人两家住在一起，买下位于鼓楼后街的酒醋局胡同前坑7号宅院。这是一座三进院有十余间房子的宅门，说是原满人做食品的小作坊，大门前5米左右处，有一大坑，周围环绕小矮墙，还有数棵老槐树粗大茂盛。因此也叫"槐树圈儿"。两家人一直住到1942年日伪时期。

（二）穿越百年的往事

1. 童趣

关于单士元儿时生活和以后青少年读书的情况，可以说在时间的隧道里已穿越近百年了。单士元儿时，母亲带他与大哥士魁逛蟠桃宫庙会,这旧京生活的印痕却在他晚年还能清晰记忆并娓娓道来。位于崇文门东侧的蟠桃宫,是旧京著名的道观之一,据记载始建于明代。自明清至民国初年于农历三月初三日开庙,举办至少3天的庙会。蟠桃宫的庙会主旨不在开庙而在庙会期间之景观,目的是吸引众多的朝圣者。有文人形容为宋代名画《清明上河图》景物的再现。同时还有诗文记载:"三月初三春正长,蟠桃宫里看烧香。沿河一带风微起,十丈红尘匝地扬。"早年京城内外城之间有护城河。由西引进来的水经西便门入城,再由前门、崇文门到东便门北行后,汇入通惠河。平时水量小,故在蟠桃宫庙会前,为了点缀庙会风光故开闸放水,当时称二闸,蓄水之后使得自崇文门到东便门,游人可以行船摆渡。于是庙会期间摊位林立市声嘈杂,游人纷集车马如云。还有就是吸引孩童的玩具摊了。可以说携带小孩的家长逛到这里多挡不住摊贩对顽童的吸引而掏钱。如以腹大口小的玻璃瓶,灌满带颜色的水,虽然不加瓶盖,但倒持亦不会流出,而只有气泡上下翻滚,以博孩子兴趣,还有磕泥饽饽的摊贩,用黏土烧制花草鱼虫人物的图案模具,让孩子自己将已和好的泥土填满模具上的凹进部分,待泥半干用力磕出,逼真造型就显现出来,多数小孩均乐于此。单士元回忆说:"那时大哥士魁才长我两岁,揪着母亲的衣角在地上走,我呢,却由母亲抱着。我又抱着许多玩具。最使我印象深的是乘摆渡,足有二三里之遥。不但观两岸柳绿桃红风光,更有趣的是沿河进香朝圣花会中的耍狮子节目。耍狮艺人不但艺高动作娴熟,而且还是识水性的高手,竟能临河献艺做探水之势,真惊险有趣。"

对现在的人们来说,早晨用牙膏漱口想必是我们生活中最简单而平常的事了。如果说用胡盐刷牙齿,恐怕对多数人特别是青年人来说,是难以搞懂的一句话。在百年前,可以说那时大多数京城百姓都用胡盐刷牙。即便是牙粉,也是上世纪三四十年代的产品,与我们现在超市各种各样的牙膏来比,真是天壤之别。这一点是单士元儿时亲身经历的。胡盐就是过去加工不是很精细的大颗粒食盐,必须再经细加工才能使用。首先将大粒盐在铁锅中加热,煸炒成黄色，加上少许花椒，再将从炉火铲出来已烧尽的煤球，待凉以后将外层搓掉。然后把煸好的大粒盐、少量花椒及煤核儿共 3 种一起在小拐磨上碾成细粉末，这样用它来刷牙。年幼时母亲用细棉布抹上一些，然后把细棉布放在牙齿周围上下左右轻轻挪动，之后用清水漱几次即可。后来长大了，自己就可以刷牙漱口了。用胡盐刷牙那个年代之所以在平民百姓中能长期使用，其原因之一恐怕是熟煤球灰无毒，与盐和花椒一起能有一些消炎作用。

还有，那时孩子们用闷葫芦罐存钱，也能体现当年的单士元在儿童时期的生活情趣。闷葫芦罐也叫扑满，是一种用泥烧成的，似一般碗大小的陶泥罐。圆圆的只在顶端上横开一条小缝。这条缝只能把当年用的铜钱投入，而很难取出来，只进不出由此达到存钱的目的，因它的外形实在土气，又形似葫芦脑袋故得名。如果想要取出钱来，唯一的好方法就是打碎它。那时大多小孩子往往在春节前较为兴奋，打碎取出钱来，然后再买一个将得来的压岁钱收入罐内，来年春节再花。单士元的儿童时代也就是这样度过的。

2. 私塾

1911 年的辛亥革命打倒了皇帝，推翻了清王朝。民国政府在对儿童教育方面，与王朝末期的蒙学之法，在内容上也有本质上的区别。原来旧式的幼童学习，是以三字经、百家姓、千字文、千家诗等开始。先生拖辫摇头地灌输，孩童不解其意而又死记硬背将其接受。这种所谓的教育开始受到冲击，取而代之的是对孩童增加自然地理等理科内容。让学童有较为全面发展的教育空间。但民国初年在这种新与旧、立与破的冲击碰撞中，私塾仍是孩子们学习知识的主要途径。在 1919 年五四运动以后，私塾堂才逐渐退出历史舞台。

单士元的幼年学习即在这种背景下接受了新旧两种教育方式，可以说他早年接受教育的情况，是当时京城社会中的一个缩影。少年时的私塾和工读生活，对他弱冠之时考入北京大学，以及后来供职于故宫，都打下了极好的国学知识、传统文化的基础。

单士元的私塾学习在不足四岁时便开始了。他从小喜爱看书写字，父亲就把他送到离家不远的地安门东吉祥胡同和地安门外帽局胡同的私塾堂。但学习的时间都不长，其原因是随父母迁居他处所致。

约在1912年地安门东侧的清太医院中有位陈佐领官，在太医院内办了一个小学。陈佐领官名陈守忠，时已是古稀之年。他聘请涿州人高紫垣为教员，学校为半官半私的性质。在早些年单士元的二伯父在太医院看守房屋，做一些杂役之工，在这种情况下，单士元的二伯父将四岁多的小士元及士元兄长士魁，三弟、四弟士清、士荣，还有堂五弟士彬送往此处读书。清太医原建在东交民巷，1900年八国联军入侵北京时被烧毁。同时清廷又屈于帝国主义势力，被迫与入侵者订立不平等的丧权辱国的《辛丑条约》，其中一款为将东交民巷一带划为各国驻中国外交使馆区。因此，太医院则另建于地安门外东北侧。在辛亥革命后，虽建立民国，因逊帝溥仪仍居原皇宫苑中，太监、宫女、护军，乃至处理皇宫宗族事务衙门的宗人府和太医院衙门均未裁减。事实上形成了王朝小朝廷的生活。太医院每年还进行祭祀伏羲、神农、黄帝的祭三皇仪式，还有举行历代名医的祭祀大典，由太医院判身穿蟒服黻袍主持。但是当时尽管逊帝小朝廷依在，毕竟封建王朝已被推翻，衙门虽在已大不如当年。所以陈佐领官在太医院办一小学，仅十数儿童。那时多数孩子是不上学的，幼年的士元利用其二伯父在太医院供杂役之便，曾随大人得见太医院祭祀三皇和历代名医大典之仪。

1987年的金秋一日，已年迈的单士元由人陪着，从钟鼓楼后街住家遛弯儿到地安门十字路口北向，后又漫步东拐入一已显得破残、刷漆脱落的一大黑色门，对随往家人说，这是清末太医院旧址。返回后单士元检出他儿时在太医院读书的旧照（图一），并附数语于后："此照为读私塾时所摄。时此校在地安门外东大街，面对皇城建筑即清太医院。摄影处为太医院大堂，学生仅十数人，那时多数小孩是不上学的。我兄弟数人则就读其中。后立长须老人即陈守忠，中坐者为教员高紫垣。"后在1924年11月逊帝溥仪出宫，太医院建筑遂归地方管理。王朝政权太医院衙门终于寿终正寝。

单士元儿时最后的私塾堂，是在鼓楼前东侧方砖厂辛寺胡同。

一　单士元4岁在清末太医院读私塾时的旧照（前排左一为单士元）

这个私塾堂对他的影响最大，印象也颇深。办校之人是一个老中医大夫。那时单士元也十二三岁了，在学童中年龄稍长了一些，又有数年前私塾学习的底子，在班里功课最好。因此每当先生给求医者看病时，他便成了小先生，代老师上课，俨然成为四五个小学友的统领。就在此时他进行了补抄四库全书的工作。当时叫抄写零字。这件事对当年仅有十三四岁的他来讲，是做了一件直至晚年都引以为荣的大事。补抄地点在方家胡同国子监内。原来，在清光绪八年（公元1882年）在重建文澜阁后，由杭州大藏书家丁申丁丙两兄弟努力抢救、四处捡拾被太平天国军队毁残散失的四库全书，又珍藏在文澜阁，之后开始进行补抄。但因所缺仍甚多，所以历经多次补抄工作。于1918年出任中华民国大总统的徐世昌在任期内，在1920年实施重印四库全书的决定。当时任命朱启钤为监印总裁。朱氏曾在1912年至1916年北洋政府时期，任内务总长等职。具体由著名学者张宗祥等组织人力进行补抄。

当年对于青少年的单士元来说，是否能胜任补抄四库全书这珍贵古籍的差事，还真是个未知数，他不想学医固守祖业，眼下无其他谋生的事情可做，只好硬着头皮去试一试。这个差事是单士元堂姐的公爹给找的。这位堂姐当年嫁给前门一家茶叶商号汪德泰老板之子。汪老板尤喜京剧，也是当时著名的票友。于是文人学士、风雅名流乃至三教九流、市井卖浆之人交往于中，故人际关系很广。时单士元告之其堂姐想谋个差事，堂姐便请她公爹给自己这个堂弟找个事做。不知汪老板如何知有补抄四库全书一事，并急需聘用人员。就托人打点，事先经负责补抄官员，验观单士元的书写体水平，竟然符合要求，便被录用了。酬劳为一天一个银元，可是这位汪老板，真是知其一而不知其二。只知道有谋差事做的人，却不知其名。正巧他有子名鑫福，便以单鑫福报名录用。据单士元晚年回忆此事一笑说，现在杭州文澜阁图书馆补抄四库全书，有称单鑫福者，就是单士元所补抄的，他也将错就错了。

转眼到民国十年以后了。民国教育部已须发新的规范统一课本，

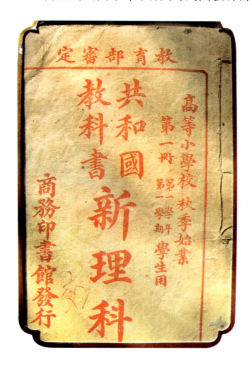

二　教育部审定的共和国教科书（新理科）

有修身和自然地理方面的内容（图二）。如"第一课田野：地面之上，有水有陆。陆地高卑，随处不同。高而突起者曰山陵，卑而平坦者曰田野。第七课是自然知识为秋之风景。秋日气候渐寒，风景独佳，其点缀以成秋色者，则有杂草凄切以发秋声者，则有鸣虫。杂草之果实至秋成熟。种子散发以后渐渐枯死。其种子于明春发生新芽，再成杂草"。但在当时虽然允许有私塾学堂，但必须教授民国教育部所编并颁发的新课本内容。同时政府中主管教育有关的官员，称之为督学或查学，经常派负责者到私塾堂，实际调查是否教授民国新编的教科书。所以当时在私塾上课的学生，都必须有民国颁发的新课本。加上私塾先生的课本，于是每个孩子都持有两套课本。然而由于私塾先生习惯旧式教育的方法，轻松省事，对于新课本，从思想上就有抵触情绪，往往我行我素地教授私塾本子内容，让学生把新课本藏在桌下。督学的官员一到，马上便将桌底新书掏出来，放在桌上，以示搪塞。

3. 半工半读

儿时的单士元其生父单宝田因有祖传医业，长于中药丸散膏丹的制做。故经人介绍曾于清光绪末宣统初年，在清宫药库侍值手艺人，不久生父因身体有疾，难以胜任便离开了清宫药库。后又在一次外出时，不慎被奔跑过来的马车撞伤，眼睛险些失明，故此丧失劳动能力，这样家里生活逐渐拮据，仅靠他的养父，也是二伯父单宝亭一人挣钱养家糊口。二伯父无儿女，单士元在四岁时过继给宝亭做养子。此时对于单士元来说，文化知识水平都大有长进，同时其本愿还是再继续读书获得更多的知识，然而生活的艰难又实际地摆在他与长兄士魁面前。在这种情况下，他与兄长认识到，必须做一些外工来减轻父母的持家负担了。关于这一点，单士元曾写到："父母命余与兄长守祖业从医为生。然而士魁兄长专心研习医道。而余虽亦读《本草纲目》诸医书，但不喜其业，家藏《左传》等残书却有时窃读。此为余个人学习文史之由来也。"

单士元生父在侍值清宫药库期间，曾有一刘姓太医也侍值于此，时间一长两人相处得不错，刘太医退休后，自己在前门大栅栏开了一个名"同继堂"的药铺。单士元生父知其二子士元不喜从医守祖业，因故便拜托刘太医给单士元找一个差事，不久刘太医让士元在前门廊房头条附近的一个包金作坊做小学徒。在解放前的京城有两种家庭手工作坊，颇有些引人注目，一为锤金作，另为包金作。锤金作最早源于南方苏、杭两地。其制作工艺较包金繁杂、技术要求相对也高一些。约在清康熙年间才将这种工艺技术传到京城。而包金作相对来说，有工艺技术简便、易学易熟练的特点。它的工艺流程就是将银首饰或银质工艺品嵌上一层灿烂的金箔。操作人手持一只白玉压板、压板呈圆角长方形，中央略宽，可以随方就圆将覆上银件的金箔迅速压紧，即可完成。

十四岁的单士元来到这个包金作坊当小学徒，那时学徒的小徒工只许带一个铺盖卷，白天藏在不显眼的地方，晚上打开铺盖卷，在桌椅或工具案上安歇。同时初来第一个月不给工钱，作坊主只给饭吃，一般就是糜子面的窝头。这个窝头就是小学徒中午干活的干粮了。单士元由于年龄小，个子也瘦矮，初来乍到只能干一些零散活计，如扫地、收拾工具等。另外主要就是在中午由他给其他伙计到附近小油盐铺买汤料，似现在方便面中的佐料。佐料是已配好的湿浓汁，回来用开水一浇即可。半个铜子，五个制钱就能买四碗，那时叫他用大盉子碗去买。这碗形大，口边也大，碗底部却缩成带沿的小底，瘦小的士元一手拿一个得买上几回。伙计们就着糜子面窝头喝。可是一个多月过去了，根本就没有教手艺，更没上案面，一气之下士元便离开了。

此后托人介绍，单士元在东四万历桥附近的一个前店后厂的药铺学碾药丸的手艺。碾药工具似一个船形铁盒，上面大底稍小，中间有一个把手和圆滚，把药放在圆滚下面，手推动手把即把药碾碎，然后再制成各种药丸。使他记忆最深的是，老师傅做药丸的手艺堪称绝活。师傅把碾碎的药放在一个平筛里，然后像摇元宵一样摇成药丸，越摇越实。这个中药店厂又没干多久，原因是店主老板太狠。一次，老板让单士元给他上街打酒，回来晚了一点儿，疑小士元借打酒之机，到外面贪玩去了。狠狠打了单士元一个耳光。他当天不服打，愤愤辞工不干了。后来他在家帮助养父母做一些家务。如养母会纺羊毛线，那时到加工点取纺线车与线团，只登记不收钱，待纺好后再算工钱，这样取线送线再结算均由单士元一人忙前跑后地承担，拿回钱交给养父母，那时生活虽然艰苦一些，但单士元此时对学习知识非常渴望，自觉抓得很紧，除翻检家藏文史类古旧书学习外，养父还常不断地从旧古书摊给他买些文史类书册让他自学。

春节是我国民俗中重要传统节日。其中之一就是不分贫富，几乎家家在节前都要贴春联。春联又称对子。就是用红纸写成贴在门框上的联语。据说，我国民间贴春联源于古代的桃符。春联字数不限，但多奇数，如五言、七言、十一言等。但上下联必须对偶工整平仄协韵，若出自名家之手，那就更为珍贵了。不但可以欣赏，还有收藏价值。既然春节时家家都要贴联语，于是在春节将至时，为适应大众百姓的这种需要，街头巷尾的"对子摊"便应运而生，专门书写春联待售。旧时京城的对子摊大多都集中在隆福寺、琉璃厂、花市等繁华街市内。书写人的目的，就是为了方便买主，在购买年货之际，顺便地买几副对子。

敢在大街闹市繁华地段上摆摊书写春联的是下列几种人。一是酷爱书法的人，这种人出来摆摊写对子，实属为了借纸学书以文会友，或借摆摊练习书法，碰上书法功底上乘的人，还能"偷"上几笔。二是年迈老者。人书俱老而在书法上颇有些成就，摆个摊子不为赚钱，临池挥毫以图消遣聊献书艺。再有，则是那种初生牛犊不怕虎的青少年学生。他们的毛笔字写得还算说得过去，在家又没有多少事可做。新春佳节即到，在街头摆个摊，卖上十天半个月的，那过节的零花钱就挣出来了。当年单士元与兄长士魁就曾在地安门内鼓楼前，租个门脸房摆个摊子。还用大红纸写上"书春"二字，这张红纸拴在桌子外侧的两腿上。由于单士元长兄士魁有私塾功底后又常写药方，于是兄长写，他只给打纸研墨。可是有时单士元兴致来了，自觉得又有抄过四库全书的资本，也拿起笔一连写上数张。可是到头来，总不如兄长士魁书写的受买主欢迎。

在清末的维新运动中，新政多端，但均归泡影，只有建立京师大学堂一事获得实现。京师大学堂在辛亥革命后，改名北京大学。后于1916年，任北京大学校长的蔡元培先生，提倡平民子弟应有读书受教育的机会。蔡元培字鹤卿，浙江绍兴人，是著名的教育家。于是在当年的北京大学在学生会组织下，积极响应蔡校长的倡议，特别在1919年五四运动以后，以北大学生会名义创办"平民夜校"，有初、高两班级，不但收费低，而且有北大在校学生给上课。著名的国学大师、各系学科专长的教授也来讲授，吸引了许多求知青年。1923年初，单士元就报名来到北大的平民夜校读书，由于他从小对文史知识有浓厚的兴趣，不但成绩优秀，而且引起北大授课教授的注意，破格被允许在北大史学系旁听。1924年夏秋，单士元考入史学系，成为史学系一名正式的学生。

二 故宫建院与供职

（一）故宫建院中的小字辈

1911 年辛亥革命虽然废除了封建帝制，打倒了皇帝，清末帝溥仪于 1912 年退位成为逊帝。然而溥仪及原皇室成员，仍居清宫后部的宫苑之地。从 1912 年到 1924 年这十余年里，逊帝溥仪与清遗老及怀念清王朝者，互相勾结并利用居住皇宫的便利，时刻进行复辟帝制的阴谋活动。在 1917 年 7 月，清旧臣张勋率领辫子军入京，拥戴溥仪做皇帝。这是最明显的复辟活动，然而仅有 12 天便告失败。溥仪被迫宣告第二次退位。但是溥仪与清遗臣这些举动，引起朝野人士中支持民国政体的官员以及广大民众的强烈不满。在 1924 年 11 月 5 日，当年控制北京政局的冯玉祥将军发动政变，将溥仪驱逐出居住的宫苑。

北京政变成功之后，冯玉祥将军被推为国民军总司令，并成立中华民国临时执政府，由国民军支持的黄郛，担任临时执政府代总理，行总统职务。临时执政府摄政内阁会议议决，应修正末帝溥仪退位时的清室优待条件。并着国务院组织清室善后委员会，协同清理公产私产以昭示大众。所有接收公产责成该委员会妥善保管，俟全部结束即将宫禁开放，备充国立图书馆、博物馆等项之用，藉彰文化而垂久远。在 11 月 20 日清室善后委员会宣告成立。善委会的委员长是李煜瀛先生。李先生字石曾，是一位思想开明正直的学者。善委会同时聘请北京大学著名教授与社会名流人士如蔡元培、陈垣、沈兼士、俞同奎等为委员。另外在政府国务院下的各部均派官员协助清理，称为助理员，又聘请德高的政要知名人士庄蕴宽等为监察员，善委会在具体工作实施中，还特别需要有一批操守廉洁，并富有生气的青年人参与执行点查中的具体事务。

当时在北大史学系读书的单士元，由于对国学历史学科有浓厚的兴趣。教授也希望他能在史学方面继续深造，并指出应从探研明清史入手。此时建议他，如果符合条件，可报名参加善委会的清点工作。这样可在学习之时，得见书本知识中的实物。诸教授对单士元这青年学子进行语重心长的教导与建议，可以说的确是从他自身出发，中肯指出学习的方向。因为紫禁城原为明清两王朝的皇宫，珍藏世代传留下来的古物重器文化遗存众多，若能批准，得见珍藏似如鱼得水。自 1924 年 11 月 20 日善委会成立后，他便报名，直至月余后的 12 月 29 日方得到批准。

上述善委会的成员均为政府中各部的官员和北大等大专院校的教授学者。这些都是善委会聘用的中上层机构成员，善写书记员是善委会招用做具体事务的人员，是需要履行许多严格的手续并得到批准方可进入该会工作的。单士元当年是无学历的在校生，报名参加对原宫所藏文物执挂号贴签的书记员，因此要有人保与铺保、当时叫对"水印"，类似今日的外调。所谓人保，就是保证此人品行道德要好，能遵守规章制度。尤其在清查物品时，绝不能有任何贪念甚至偷盗行为，否则保人要承担责任。有人保之外还不能批，更需铺保，对于单士元来说，他是由北大学校推荐的。人保可以通过。然而，铺保就需要自己来解决了。生活已陷入困境的生父与养父二人，这下子可难坏了，生父身残，丧失劳力在家，又由于溥仪出宫，属于内务府的机关随之解散，养父也没有了养家的营生，只得做一些小本生意维持两家人的吃喝。好在养父在太医院做杂活时结交了一些市井贩浆的小生意人。其中有一位在地安门附近开有"启顺发"小银号，掌柜叫张启发，与单士元的养父有一面之交，故答应帮这个忙。

清末民初，随着市场商品交换的发展，以兑换银元牟利的钱摊相继出现。这种摊儿就其性质而言，与从事兑换业务的钱庄相同，但大多开始由于没有字号与铺面房等，所拥有的货币资金也有限，俗称"打地铺儿"的。张掌柜就是这样起家的，不过在当年能找这样的小地摊钱号也实属不易。一般说来，有钱的人都不愿意做铺保。因为要担负很大风险与责任。一旦被担保人出任何事，保人很可能倾家荡产了。就因为单士元父辈与张掌柜很熟，所以才肯做保。就这样单士元履行完必要的手续后，正式进入善委会，成为一名书记员。这天是 1924 年 12 月 29 日，第一次点查因保单迟到故没能参加。

当年善委会还议决出点查清宫物件规则。这个规则从登记到物件挪动，再到从事人员的运作规范等都有明确严格的规定。比如"点查时分组，每组为执行及监视二部；其职务之分配临时定之，每组人员排定后，于进内执务前，均须在办公处签名，并须佩戴徽章，点查物品时以不离物品原摆设之地为原则。如必不得已需挪动地位者，点查毕即须归还原处。无论如何不得移交至所在室之门外。室内工作时监视人员须分立于执行事务人员之间，不得自由来往于事务地之外，室内工作时不得单独游憩。不得先进或后退。组员有违背规则时，监视人员要报告于委员长及监视员处理之。各组进屋勤务，无论已毕未毕，出屋时每次必须加以封锁，由本组会同军警签字，或作某种符号于上，点查未完之箱柜亦照此办理"，在当年点查之日，紫禁城门有冯玉祥部队及北京警察厅士兵守卫。工作人员均须佩戴善委会证章，经检验方能进入宫内。清室善后委员会制定如此严格的规章制度，是当年清室点查工作进行的最有力的保证。

然而由于北洋军阀的互战，政局不稳，执政府似走马灯一般更替。月余的日子里可能新的执政府代替旧政权。不仅如此，在保皇势力与民国政权支持者中，对善委会有着本质上不同的看法与态度。因而在善委会的点查工作进展中，时时遇到巨大的阻力。当年面对善委会的不仅仅是社会的不稳定，还有在善委会成立之初，为防止清室方面造谣中伤，对他们要有公开的透明度，便决定请 5 名逊皇室成员参加点查。但是他们采取的是不合作的态度，表示拒绝参与，更有甚者恶意诽谤并无理取闹。如有一次冯玉祥驻京总部所不慎失火，街上戒严，于是清遗老们便造谣发话说，冯趁机盗故宫宝物，放在自己司令部内而进行戒严。对待这些，善委会领导都采取十分慎重的态度，有理有力地戳穿造谣者的阴谋。善委会宣告成立的第 5 天，奉系军阀张作霖与皖系军阀段祺瑞联合，目的是排挤冯玉祥。冯玉祥由于无力对抗张、段两派联合的军力，被迫同意推举段祺瑞出任"临时执政"。于是张作霖率兵进京，段祺瑞临时执政府成立，冯玉祥被迫通电全国宣布辞职。

段祺瑞的上台，张作霖的进京，使原来对冯玉祥驱逐溥仪出宫一直心怀不满的清室遗老与王公旧臣，开始活动起来。他们频繁来往于段府与张邸之中，散布流言飞语攻击清室善后委员会。就在此时，善委会收到由临时执政府秘书厅转国务院内务部的一纸公函，要求"内务部制止善委会点查清宫物品，政府正在筹议办法，该委员会未便遽行点查"。清室善委会见形势越发不利，决议致函于政府，点查清宫物件系会内应有手续，又本会点查规则系会同军警各机关，及各项专门学术人员分组办理，万难中止。这次张、段的联合以排挤冯玉祥，是段寻找机会东山再起这一野心极大的暴露。然而，在举国上下民国政府中，还有一股正义与适应社会发展潮流的力量，那就是广大的民众和在政府中任职的高官政要里，有许多人支持拥护善委会工作。他们多次发表声明抨击段政府，认为执政府这样决定既违背民意，也不合手续。并表示主张应按善委会规定的日期清点，段祺瑞在这种局面下，不得不亲笔批下"可，如拟办"。

善委会取得初步胜利，于是按计划逐日进行清宫点查。同时在点查中严格遵守公产私产的原则。尽管如此，在溥仪行李出神武门军警等监察人员检查时，发现行李中有属于国有传世的历代字画精品器物等，当场被扣留下来。后逊清人员又借口因溥仪冬衣不足，以取御寒衣物为名，连哄带诈赖地提出上百件皮货首饰，其中又私藏宫中所藏瓷器及其他珍品，发现后仍都被扣方可放行。当年尽管如此严格，但是，"漏网之鱼"也有。如原皇宫养心殿西暖阁的三希堂，是以清代乾隆皇帝在此收藏晋人王羲之《快雪时晴帖》，王献之《中秋帖》和王珣《伯远帖》等晋唐宋元诸名家的法帖，并刊《三希堂法帖》于世而中外闻名。三帖一直是存于宫中的，然而在溥仪与皇室成员出宫时均私藏于行李中，后有文章写有关之三幅传世文物的下落，也是这样说的，1924年11月5日溥仪出宫时，曾将《快雪时晴帖》夹在行李卷中妄想携出，在神武门被查出扣留。10年后为故宫文物南迁数千箱精品中的一件，现藏于台北故宫博物院。其余二帖有可能是当年住在宫中的，曾是同治皇帝瑜、瑨二妃出宫时携出的，后又倒卖出手。在解放初年周恩来总理亲自指示下，由国家出重金从香港银行中赎回，现珍藏在北京故宫。

其实溥仪未出宫之前的逊帝宫苑生活，长达13年之久，除吃喝玩乐无度挥霍外，偷卖宫中文物，已是平常。更有甚者以官员赏赐名义或以借出名义盗出宫。总之，即置所藏文物于宫外，窃国有为己有。如1925年3月点查毓庆宫，发现题名《诸大人借出书籍字画玩物等粗帐》一册。又于是年7月清查养心殿，发现赏单一束及收到单一束，二者所载物件大体相同。从赏与收二单看出，内计宋元明版书籍约二百余种，唐宋元明清五朝字画一千余件，皆属于宫藏秘籍，缥缃精品，天禄琳琅书目所载，石渠宝笈之编所收。这么多

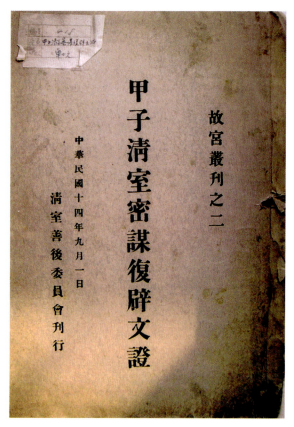

三　清室善后委员
　　会刊行的《甲
　　子清室密谋复
　　辟文证》

国家珍宝移运宫外，流离散失。除此外还在养心殿，发现溥仪与内务府大臣金梁和保皇势力重要人物康有为往来的信函。如金梁为密谋复辟的条陈二事、条陈三事，以及列举贤才文字。康有为早在1917年就曾参与张勋复辟帝制一事。同时又在信函中见到康有为曾请从1919年担任溥仪英文教师，庄士敦代奏溥仪游说复辟经过等奏报。庄士敦是英国人，任教期间一直住在清宫御花园的养性斋，这是逊清室与外国人勾结一起，进行复辟帝制阴谋活动最有力的证据。当时善委会发现后，认为这些函件实属图谋复辟的罪证，事关国家共和政体的安危，于是善委会曾向北洋政府司法机关起诉（图三）。然而，这次未能成为事实的复辟事件，自然又得到民国执政府中前清遗老的庇护，终于不了了之。

清室善后委员会自成立之始，即在应付难局，实施清宫点查工作，真是一波未平一波又起。然而，善委会领导层的学者、知名贤达和做具体事务的低级成员，就在这样艰难之中，以清点国家所拥有的宝藏为己任。他们深知皇宫中历代传世之物均为国家珍藏。我国几千年来文化传统的历史从未中断。自汉唐以来历代王朝便有收藏文物的传统，即在历史上前一个王朝灭亡，继而取代的王朝，则取其收藏为本朝所有。清王朝取代明朝，因此善委会视清宫之所藏为国家之有。同时在当年为让全国民众尽快了解神秘的封建清宫是什么样子，所藏历代文物都有哪些，成员们都以将文物早日公开于国民为自己的职责所在。其实在那时候，对善委会每一个成员而言，初进宫禁都有新鲜与神秘，兴奋与神往的感觉。当年作为一名北大学生的单士元是善委会中的小字辈，他在这里不但得到学识上的传授，更亲眼得见这些前辈们的高洁品质。这使他从参加建院之始受用直至晚年。

单士元在清室善后委员会时期的亲历回忆，使我们了解到在那战乱动荡的民国时期，以清宫旧址筹办故宫博物院的不易，以至在建院七十周年在接受媒体采访之际，他不禁由衷地说："非亲历者，而无这来之不易的特殊感受。"

下面是他亲历的记忆。

1. 在清室善后委员会

辛亥革命后的逊帝小朝廷时代，溥仪在其皇宫居住区域日日吃喝玩乐，其他冷宫别院任其荒芜，有的库房前门封锁，而后墙则已坍塌，狐鼠居之而不知，这是善委会初入宫禁所见之旧况。同时溥仪出宫后，一些清室遗老为溥仪出宫而奔走呼号，实为之鸣不平，视摄政内阁为叛逆之徒。一时报界也对溥仪出宫不解而表示不满情绪。那时单士元其家为老京城世居之家，虽是汉族，但与满清旗人为邻，当时单士元家住鼓楼地安门北向，与此地附近居住的清内务府等衙署旗人居宅为近邻。由于溥仪出宫之因，原清室内务府、宗人府、太医院等，原供逊清皇室服杂役人家随着溥仪出宫而遭失业，生活已无来源。所以他们就迁怒于善委会的工作人员。起初，单士元每日出入家门或到善委会途中未曾防备，将善委会发下的证章系在胸前，行路者见身佩善委会证章，大都侧目视之而无行动。后时时遭怀念故主者，特别是老年街坊的白眼相加。不但如此，那时单士元参加点查时间为1925年初的寒冬，天黑得较早，每天步行往返家与神武门之间。当回来稍晚一些时，不是遭冷不防的拳打脚踢，就是被地上暗设的障碍物绊倒。

2. 清宫点查琐记

在善委会时期，清宫北门神武门不像现在这样宽敞，还有一道门名北上门。在北上门的东、西侧有东、西连房。房前各有一道墙向东、西延伸至与景山东、西墙平行，用牌楼连起来，那时从神武门是看不见景山门的。北上门，顾名思义是北去的门，是故宫对景山而言的。在东、西连房后还有一条路，可以通往神武门。单士元参加点查是1925年初，正值隆冬季节，有时到零下十余度的低温，一进神武门宫门洞，西北风打得单士元身子不由自主地往宫门洞的两壁上撞，几乎无法行走。那时他只有18岁，还是青年人，于是单士元心里默语"老子青牛"，因为小牛犊善逆风，就这样来鼓励自己战胜严寒。

进入故宫之后，每至一院落得见的是蓬蒿满地，高与人齐。像单士元这样的青年学子用锹镐先将宫苑外面的杂草乱荆棘砍掉铲平，

四　交泰殿前点查时的摄影（左一为单士元、左五为吴瀛）

为点查中的政府官员和学者开路。而又值隆冬北风凛冽之时，几乎出气成霜，甚至流鼻液至唇即结为浮冰。入宫室点查更是寒气袭人，冷宫温度极低，当年善委会规定点查人员每天工作半日，或上午九时或下午一时两班。单士元这样的点查书记员，在冷宫两足站地三、四小时之久，一班下来痛若刀刺，两手在粘贴挂签时冻僵的手指难以弯曲，又穿上特制的无口袋的工作服外罩，袖口处还需用白带系紧，使双手无处可藏。点查中虽各部助理员、政府官员身着宽袖大袍之服，但亦受登高站立的军警的监视。点查时他用几乎冻得难以弯曲的双手，提点查用的小木盒，内有签号、糨糊、笔纸为点查者使用。比如某一个殿堂有玉寿桃一个，是点查中第三件物品。点查者告单士元名称，于是单士元便马上用笔写上号数与名称，或贴或挂在玉寿桃这个文物上。各殿的顺序用《千字文》中的字为排列，如天地玄黄是代表四个宫殿，因第一个点查的是乾清宫，所以乾清宫为天字号的点查中的宫殿。至于其他各宫室则按此序类推。单士元当年参与点查地点是坤宁宫、弘德殿、昭仁殿、端凝殿、药茶库房和交泰殿（图四），在交泰殿可见到殿前有数口大缸，是原太监用来做苏造酱的大缸。那时溥仪出宫不久,太监们做的苏造酱正是味美甘甜,备逊皇宫食用。故善委会成员掀其缸盖则满缸香甜顿时扑鼻。据说,其原料是用馒头与水等发酵之后,调入配好的苏造料而成。酱味咸中有甜,很适口。原在清宫西侧有一马姓太监经营的中药铺,就是供应皇宫太监制做苏造酱的地点。

当年清室善后委员会办公处设于紫禁城内乾清门西的隆宗门,原为三间苏拉房。苏拉是满语,为清宫中干杂役之人。西侧的木棚房是中午吃饭的地方。中午备一顿饭。一般是米饭馒头炒鸡蛋、青菜汤,较为简单。单士元参加点查工作不足一月,第一次赶上发津贴只有七个银元。这是由善委会筹办建院过渡时期颁发的,似现在的劳务费性质的工资,而不是固定的工资,还只限于像单士元这样青年执低级事务的人员才有。单士元用这区区七元,首先买一双厚实黑礼服面的高帮棉靴和一件棉褂,以抵御冷宫之寒。

当年单士元还曾得见皇宫茶库所存各省所产贡品名茶,堆积如山。其中不乏云南、安徽等省名茶。装在特制有龙纹海水江崖或双龙戏珠等图案的锡筒或银筒内。当年善委会对这些名茶中年代已久尚能饮用的贡茶,在市面商号作了处理。尤其筒装各种茶叶,时购者不在其茶而认其贵重的白银质茶筒。在贮存的安徽六安、福建乌龙及云南普洱茶中,他还得见有称云南普洱茶膏者,亮如小黑墨锭,用木匣装,一匣若干锭,附有绸制木印龙纹图案说明 (图五):普洱茶膏能治百病,如肚胀受寒用姜汤发散出汗即愈,口破喉嗓受热疼痛。用五分含过夜即愈,受暑擦破皮血者搽研敷之即愈。据单士元回忆时有人试用确实具此功效。点查中还见清宫存有储烟酒库。以酒而言有西洋高级白兰地,当时因只有极少量不足半瓶而未登记。一老年工作者极惜之,遂一饮而尽,须臾,不服酒性而发作醉卧于地,后悔不已。同时由于溥仪及其后妃出宫仓促,在他们的宫室床桌上残留饼干点心。在发生那位老者因饮酒碎倒事后,善委会便严厉限制此种行为,故这样剩余食品再也无人敢尝用了。

清宫的太医院在皇宫外,但在宫内除有侍值太医还有中药库房。当年单士元曾点查过药库,得见贮藏中药甚多。记得在弘德殿中有

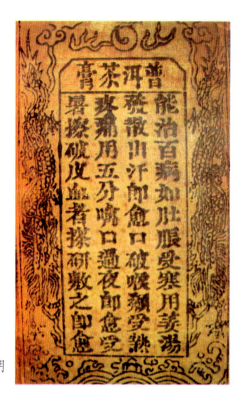

五　关于普洱茶膏的说明

青花白地大瓷缸三四个之多，里面装满珍贵的藏红花。寿药房的中药橱林立，有猴头、马宝、人参、鹿茸贮其中。有的则多生虫霉烂。在药库房更存有已制做好的丸散膏丹，其中有万应锭为祛暑之剂。手持闻之有冰片古墨之清香。若溽暑服之甚有效。还有一种平安散为防煤气中毒之药，冬季炉火盘上在火口周围敷洒一圈，火热烤出香味微布于屋中可除煤燃烧中的毒气。单士元回忆说，其父供职清宫药库时，即以此手艺为清宫制丸散膏丹，其中就有上述两种，这是祖上世传的手艺。

　　1925年2月单士元在善委会，曾随北大马裕藻教授前往清宫西侧的，原清宫存放宫室官房租契处取回房租积单、票据，以及皇宫所经营的典当铺和放高利贷商号的票据凭证，共计有两大麻袋。因当日善委会无经费来源，以成立基金委员会来调查原清室所有庄园田地和出租官房的具体数目情况。后来，这些财产由于政局动荡均为直鲁联军夺去。逊帝溥仪出宫，在民国给他优厚的待遇条款中，有"大清皇帝辞位之后，暂居宫禁，日后移居颐和园"。这暂居宫禁却长达13年之久。在清室善后委员会成立后，善委会命马裕藻教授携单士元赴颐和园，办理溥仪迁移颐和园事宜，又是无果而终。

作为善委会的点查书记员，每天必须至少参加半日点查。有时人员不足时，上下午两个班次全被排上。在单士元一次全日两班时，是难得的好天气。中午休息时间，他独自一人来到办公地不远的乾清门前散步，恰遇善委会一摄影委员亦在，他见单士元是青年晚辈即愿意为他拍照一张（图六）。在单士元晚年捡出此照，曾于照片后感慨记数语以示回忆："余进入紫禁城清室善后委员会时，即为今日习称末代皇帝溥仪出宫廿余日。在北京大学教授提携下，参与清点故宫文物事。时余为无知青年，随侍点查文物各组仅能善写号签等微细事。更对文物知识阙如也。一日，余在乾清门前散步，摄影委

六　单士元在乾清门前散步（18岁）

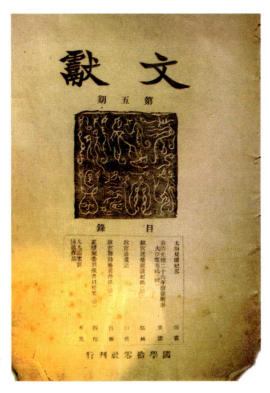

七 《文献》封面

员前辈观余青年学生，则告为余拍照，乾清门檐下棉帘捲垂状，乃
为清末皇宫旧状，今则无矣。当日照相季节天气尚寒，余服长袍马
褂足着棉靴宛如老学究。此照近70年前事也，其时余年仅18岁矣。"

3. 清室善后委员会最早的刊物——《文献》

单士元于1924年12月29日被批准进入善委会，做挂号码、贴
标签之事，名为点查书记号工作。这是善委会低级的供事者，那时
在北京大学史学系及文学院中，不少教授、助教及学生均参与善委
会。转年1925年初，由北大师生组成一个编辑出版小组，利用经初
步整理的历史档案，出版以介绍历史知识为主的小型刊物名《文献》
（图七）。因当时单士元为北大史学系一年级在校学习生，史学知识
尚不足，故委任他校对之役，此刊出至第五期，不知因何故而停刊
了。但是，作为最早利用明清历史档案出版的刊物，至今已历八十
余年了。

4. 鲁迅与故宫

　　溥仪出宫摄政内阁筹办成立清室善后委员会。善委会是一个向国民公开的组织。有委员长一人，再由委员长推选委员数名。但是，当年因人手仍较为紧张，故善委会决定，提出约有三十名的社会名流贤达之士，请他们协助善委会工作（图八）。当时以"清查干事"为名，鲁迅为其一。后经善委会改以顾问称之。但是，实际上鲁迅先生却是以助理员身份参与善委会工作的。助理员是善委会当时邀请的，政府各部中委派的人员，协助参与点查事务。在1925年1月17日政府内务部将教育部两次共派四人名单通知善委会，其中就有周树人。从此日起鲁迅先生成为善委会的助理员了。当年善委会制的《本会职员名册》助理员一项明确记载：教育部，周树人，八大湾十一号。可知鲁迅先生时住在八大湾胡同。单士元曾回忆说，鲁迅先生任助理员时，还是来过故宫的，但次数很少。转年1926年9月故宫博物院再造职员名册，助理员下仍有"周树人，豫才，浙江，宫门口西三条二十一号"。这个地址则是现在北京鲁迅博物馆内鲁迅

八 清室善后委员会职员名册

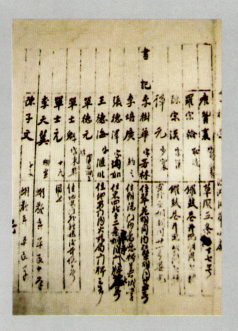
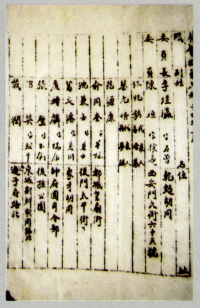

故居的地址。是年8月鲁迅先生南下赴广州，也未再能来故宫博物院了。

（二）供职院中文献部

自溥仪于1924年11月5日被逐出宫后数月内，社会上的大专院校，以及京城各大媒体报馆，就曾向善委会提出渴望参观的要求。而善委会由于没有依据而婉言回绝。但是从善委会领导到普通供职者，都十分理解民众参观原皇宫的心情。为了早日向国民公开皇宫原状和珍藏宝物，遂做出公开参观与点查工作同步进行，以暂开放部分宫禁的决定。其实自善委会成立不久，以易培基委员为主要负责人，就早在筹备开放宫禁方面，做了大量工作。在反复磋商后决定于1925年10月10日对社会宣布故宫博物院成立。这一天也是推翻清王朝的辛亥革命的纪念日。所以故宫博物院定此日成立并开放，其意义的深远可想而知了。在9月底起草并通过了故宫博物院临时董事会章程和临时理事会章程，临时董事会是决定全院大事的决策与监察机构，临时理事会则为执行全院事务的班子。此举为建立故宫博物院奠定了基础。第一届董事有严修、卢永祥、蔡元培、熊希龄、张璧、庄蕴宽、鹿钟麟、黄郛等人。理事会中有李煜瀛、易培基、陈垣、张继、沈兼士、马衡等人。李煜瀛为理事长。董、理两会成员均由民国政要、社会名流和著名学者组成。

1925年10月10日故宫博物院正式宣告成立，当天故宫神武门外搭起了花牌楼，门洞红墙上镶嵌原善委会委员长、故宫博物院理事长李煜瀛手书的"故宫博物院"匾额。顺贞门内竖起了大幅《全宫略图》，典礼请柬发出数千份，邀请北京各界名流和京城周边政界名人。当市民看到此消息而主动参观者更多，竟然是万头攒动、拥挤到人不能转动、脚无空隙之状。开院典礼在乾清门前举行，由董事会董事庄蕴宽主持。理事长李煜瀛以原善委会委员长的名义，报告了故宫博物院筹备经过。他说："自溥仪出宫，本会即从事点查故宫物品工作，并编有报告逐期刊布。现点查将次告竣，为履行本会条例，并遵照摄政内阁命令，组织故宫博物院……"

当年在北大史学系读书，及后被批准在善委会，任点查文物低级书记员的单士元，由于学习优秀、参与清查文物中表现良好，被赓继在院，参加筹建故宫院中的工作。对于建院典礼的回忆他曾说过："我与同仁为院中工作人员，最为忙碌，但却像青年人过节一样兴奋。记得故宫博物院成立当日，我辈等人都流下激动与兴奋的泪水，院中董事会与理事会领导层中，多为已半百年龄的名流学者，他们当中的许多人，像我辈青年一样在维持疏导来参观者。北大教授们还主动向参观者作些文物展品介绍。我的北大导师陈垣教授，携我在御花园为游人服务。我用湿润的双眼望去。陈师在耐心地讲着什么。"故宫博物院的匾是故宫院中理事长李煜瀛所书。关于这件事，单士元在晚年曾有回忆："余记得初入善委会时被告之，规定6个月的清点整理工作后，即筹办博物馆院，后历10个月的1925年10月10日由善委会决定，成立故宫博物院，辛亥革命未竟之业终于完成。而余已被批准留院继续供职。忆当年正式确定日期的前几日，被推选为院中理事长的李煜瀛先生，在当年故宫文书科内，粘连丈余黄毛边纸铺于地上，嘱余捧砚侍侧。李先生用大抓笔半跪着书写'故宫博物院'五个气势磅礴的大字，李先生善榜书，功力极深，当时余有幸捧砚在侧，真是惊叹不已。在成立故宫博物院典礼前日，庄重镶嵌在原皇宫北门神武门的红墙上。不过今日的院匾，则是解放后由名家所写矣。李煜瀛先生所写的匾额，以及余在先生旁捧砚侍侧的情景，已成为我在院中供职七十余年的记忆也。"

故宫博物院的成立轰动了社会各界。几百年帝王居住的宫苑禁地开放了，那些体现我国古代建筑艺术的宫殿楼宇，以及曾为帝王一人所拥有的历代稀世瑰宝文物藏品，从此展现在芸芸众生的面前。从昔日皇宫到故宫博物院的成立，不仅是从皇权当道到公权彰显的标志，也是中国博物馆事业走向正轨的开端。当时北大著名考古学教授，曾任故宫博物院院长的马衡先生写到故宫博物院成立的重要性："吾国博物院事业，方在萌芽时代，民国以前，无所谓博物馆，自民国二年政府将奉天、热河两行宫古物移运北京，陈列于武英、文

九　在北大史学系读书时的单士元（22岁）

华二殿，设古物陈列所，始具博物馆之雏形。此处，大规模之博物馆尚无闻焉。有之，自故宫博物院始。"

故宫博物院成立后，一方面继续点查宫中物品，一方面筹建两馆一处，开展业务整理与研究。两馆即图书与古物两馆，一处为总务处。图书馆下又分设图书与文献两部。文献部以保管整理档案史料为主要职责。办公地点在故宫东华门内北侧的南三所。文献部由图书馆副馆长、北大教授沈兼士主持。沈兼士身先士卒带领全体文献部同仁，收集宫内各处散存的档案使明清档案的集中和统一管理有了一个良好的开端。当年单士元在北大史学系学习与探研的课题，就是明清史及其历史档案（图九），因此被分配在文献部。单士元早在平民中学听课时，便得识求教到沈师，更有幸聆听沈师主讲的文字学课。此时又在文献部受沈师的领导，与部中同仁整理历史文献档案。青年单士元不仅从书本上获得知识，更与故宫所藏历史文献实物比较，有相得益彰的效果。因此在专业上进步很快，博得沈师等师辈较多的教诲和褒奖。当年由于逊帝溥仪刚出宫不久，供职人员初入宫殿，视宫殿名称却不能知其渊源。一日，兼士教授对单士元说，文献部址在南三所，你可否考证南三所名之渊源？时单士元承师之命遂以考证。不久以《南三所考》一文承沈师教正。文章结论："据上述所引史料档案三所之建筑时期可以确定。又知乾隆十一年兴建后即有皇子居住，至二十六年皇子移出。三十年后加修缮，再命皇子居住则大致皆明。更有一点足资补前节所未详者，即档案首句'查撷芳殿改建三所房间'一语。据此则清乾隆所建三所，确为明代撷芳殿旧址。嘉庆赐以'撷芳'之名，有由来矣。"可以说这是单士元在故宫供职时的处女作。

再说到故宫博物院的成立，其范围是原清皇宫北，逊帝溥仪居住的内廷宫苑部分。清宫之南称外朝区域，在民国初时已归北洋政府内务部管辖，以三大殿为界。因此居东南侧的文华殿文渊阁则划在外朝区域，旧日文华殿后过小石桥即为文渊阁建筑。此殿是清王朝收藏经、史、子、集四库全书的殿堂。在未成立故宫博物院前，善委会主持点查时，单士元曾经历过这样一件事。1924年11月溥仪被

一〇　隆宗门外房屋（当年为逊帝溥仪出宫事商讨之所）

迫出宫（图一〇），1925年旧民国政府拟将旧日清代著名文渊阁建筑里收藏的四库全书搬出。其时已成立清室善后委员会主持事务。善委会为了保护此书，乃请当日保护故宫的冯玉祥将军的卫兵在夜间，于文渊阁前水池处，连夜用糙砖砌一矮墙，以示划归内廷范围，则善委会可主之。此小矮墙在解放初期六十年代，以院史遗迹保存。

　　文献部在沈兼士教授领导下，在宫中档案的整理与统一管理方面，有了一个良好的开端。1926年初，文献部拟从民国政府国务院接收清代军机处档案。清代军机处设立于清雍正八年（公元1730年），终止于宣统三年（公元1911年）。原来清代顺治二年（公元1645年）由沈阳进关定都北京后，传至其孙胤禛（雍正）时，由于新疆准噶尔部噶尔丹勾结沙俄进行叛乱。康熙朝曾进军平叛，未完结束，胤禛派宁远大将军岳钟祺等统帅大军平叛，在京城派其弟怡亲王允祥等办理后勤事宜。与此同时还有西南部分少数民族抗清事件时有发生。所以，在雍正七年六月，为了当日随时商议军情，特在他居住的养心殿南墙外设一值房。为允祥等候值的地方。雍正十年称为办理军机处，这是军机处建立之始。从雍正八年至宣统三年历180年从未间断，每天经办大量名目繁多的文件奏档等。时逐日封存一包，每半月合成一大包存档，时称月折包。因而它们是积累下来保存完好的一批，从数量上十分可观，从内容上又最为机密的清代档案文献。这批真实又珍贵的历史档案，原贮存在军机处下设的收藏档案的库房"方略馆"中。辛亥革命后袁世凯窃取革命果实，他知道旧军机处档案是关系到国家军权、外交诸多方面大事件真实的记录。他为继续清王朝衣钵，于民国三年（1914年）指使北洋政府国务院接管，把档案移出宫外，存在国务院办公楼里。后十余年来，不但从未整理利用，而且鼠咬虫毁。1926年至1927年间，由故宫院中理事，曾任故宫图书馆长的史学大师陈垣提议并起草文书，将军机处档案等一并移交故宫院中，当年就是由单士元与同仁张德泽二三人具体承办。终于使军机处档再次进宫，藏于故宫所属的大高玄殿中。当年那次接收军机处档案，是陈师决定命单士元等与北洋政府有关政要接洽的。单士元曾讲过他亲手承办清军机处档的经历。

那时北洋政府总理为许世英，是陈垣的旧识。陈商之于许总理后已得到同意，但须有一公函呈国务院。此函为陈垣先生起草，当时单士元虽未亲阅陈先生的手书，但当单士元等人将陈垣起草公函，交给负责此项档案图书的朱师辙先生时，朱即朗诵一通，又即拍案赞许，连声叫绝。恭立在侧的单士元等人看到这一切，已知非有学识者，不能写出那样绝妙骈文体文字。朱师辙字少滨，曾参加清史稿的撰著。这批军机处档案被接收后，存贮在大高玄殿内雷坛殿的东、西配殿。文献部随即调集人力进行整理编目。所编计自雍正至宣统止，历经十余月始得就绪。所有档册折包共四十九架，档册七千余册。折包三千余包约八十余万件。现在这全部军机处档案，已成为中国第一历史档案馆重要的馆藏。

故宫博物院的成立，是我国历史上的一件大事。此时院中领导与供职者，均渴望在一个安静稳定的社会环境下，进行诸多文化传统的学术研究。然而，宫墙之外大千世界中，旧中国军阀的交战频频。政权变更如梭，数月或月余就可能弱下强上。再有就是保皇势力的倒行逆施，制造种种不利于博物院事业发展的阻力，以示对溥仪出宫的不满。他们互相勾结付之于行动上。因而这一股逆潮流而动的人，对志在点查、以建立博物院大业为己任的院中领导十分仇视。围绕故宫博物院是否能保住的问题上，院中领导与这股逆流势力，进行着顽强的有理有据的斗争。

博物院成立5个月后，北京政局再次逆转恶化。冯玉祥将军与奉系军阀张作霖之间的矛盾加深，此时以张宗昌为总司令的直鲁联军又联手张作霖同冯玉祥国民军之间爆发了战争。在1926年3月12日奉军舰在日本军舰的掩护下，驶进天津大沽口，炮轰驻守的国民军被冯军击退。就在3月16日日本竟纠集英美法意等八国，向执政的段祺瑞政府提出撤出大沽口防卫设施等无理要求。于是在两天后的18日，北京各大学校罢课，学生与市民在天安门前召开"北京反对八国通牒大会"。会后游行走到段祺瑞执政府所在地，段政府竟开枪镇压，这就是当时震惊中外的"三·一八"惨案。事后段祺瑞却歪曲真相，制造流言。正在主持故宫院务的李煜瀛、易培基被视为惑众的首要人物，与李大钊等人，均被下令通缉并严拿法办。李、易二人再无法公开活动，被迫离开院中。此时院中工作则处于无人负责之状况。为了解决故宫院中领导人问题，院临时董事会与理事会召开联席会议，推举董事卢永祥、庄蕴宽两先生为维持员以应付困难局面。因当时卢不在京，实际维持院务的只有庄蕴宽一位先生，庄蕴宽曾任民国政府中的审计院长，正直廉明，德高望重。他一向关心支持故宫博物院大业，原本并无意承担此重任，只是因冯玉祥的国民军被迫退出北京，派驻故宫的鹿钟麟部队亦同时撤退，致使故宫处于既无人负责又无警卫保障的困境下。庄先生以大局为重，才毅然负起维持故宫事务的责任。故宫的保卫任务庄先生则暂命内务部的警察承担。

北洋军阀的交战不断，北京政局又出现吴佩孚势力下的杜锡圭内阁，杜的上台又使前清遗老以为有机可乘，急急以"清室内务府"的名义上书国务院，提出迎溥仪回宫的无理要求。后因多方干预与谴责，终以流产作罢。但是杜的内阁却秘密磋商拟接管故宫。他们于1926年7月4日做出决定，结束故宫院中维持员的工作，成立"故宫保管委员会"接收故宫。7月21日故宫保管委员会在中南海居仁堂宣告成立。组成人员有议员、政要，特别还有逊清遗老亲贵等。并推举赵尔巽、孙宝琦为正、副委员长。赵尔巽曾在宣统三年（1911年）任东三省总督兼盛京将军，在民国初年为清史馆馆长。他扬言说过："我是清朝官，我编清朝史，我吃清朝饭，我做清朝事。"孙宝琦是清末山东巡抚大吏。在当时溥仪回宫之举尚未平息下，由这两个清室旧臣接管故宫博物院院务，不能不引起院中同仁的警惕与不安。两天后由故宫博物院理事陈垣先生代表院方召集有关人员开会集议对策。会后郑重提出三项声明：一是故宫绝不能还给溥仪，不变卖故宫，不毁灭故宫。二是由院组织移交委员会，由保管会组织接收委员会，逐项点交与接收，以清手续。三是发起监督同志会，办理交接监督事宜。但是保管委员会孙宝琦、赵尔巽二人却坚持一切从简办理，即先接管不必办点交。当时陈垣先生郑重重申：必须点完一处移交一处，再由新会加封加锁即由新会负责。未点以前所有各处旧封条一律不动，仍由旧会负责。若"保管会"不同意点交，就应该登报声明，自愿承担一切责任，以后故宫文物图书馆珍宝物器陈列，如有损失都与旧人无关！赵、孙二人认为点交旷日持久费时费事。陈教授更是针锋相对绝不退让地反驳，点交是最为重要的关节，只有如此办法才可清手续、明责任。

赵、孙二人碰了钉子十分恼火，不久二人愤愤辞职，但仍不肯善罢甘休。认为接收不成是陈垣所为，遂由宪兵队将陈垣逮捕。不仅如此，也给维持故宫院务的庄蕴宽施加压力，想逼迫庄尽快办理交接事宜。然而庄蕴宽态度与陈垣一样，即坚持点交手续方能移交新会，这样旧会与新会的交接就以此状而延拖下来。到了9月底，此事由于政局的变化而发生了转机，即控制北京杜锡圭内阁被解体，这样所谓的"故宫保管委员会"也随政权的解体而不存在。当然陈垣先生得以释放。

故宫博物院成立之后，院中的古物馆、图书馆及下设的文献部，是院内开展业务工作与研究的部门。然而，工作与研究都是在这动荡不安的政局中艰难进行的。当年单士元这些青年学子在教授学者带领下，均在各自工作研究方面努力探索。时单士元在文献部里于宫中尚未整理的杂档中，惊奇地发现"谋刺载沣地点，及汪兆铭供词"的杂档一份。不久由故宫档案刊物上发表。因为在谋刺事件发生后社会上传闻供词有万言之多。当年单士元还写有附记"1910年岁在庚戌，时为清王朝宣统二年。追随孙中山先生从事革命运动的汪兆铭（精卫），其时正是青年，为了加速推翻清王朝前来北京。密埋炸弹拟谋刺清王朝摄政王、宣统帝之父载沣。事泄被捕入狱。次年辛亥革命事起，革命军起义，汪兆铭获释，当其被获堂讯之时，外间传供词有万言之多。而查内府之档仅寥寥数百言耳"。解放后应文史资料征集办公室的要求，重新整理校勘此稿时，又加如下文字："汪氏供词以历史时代评之，汪是一个旧民主主义的追随者。当时革命口号虽具有反清代统治者之内容。尚未达到反封建反帝之觉悟。汪氏之识见自亦有其局限性。而其晚年投靠日本帝国主义，并和日本培植的伪满洲国合作，成为中华民族的罪人。在抗日战争胜利后，固已盖棺定论，已不足道矣。"

一一　许宝蘅给单士元的关于主编《掌故丛编》的信函

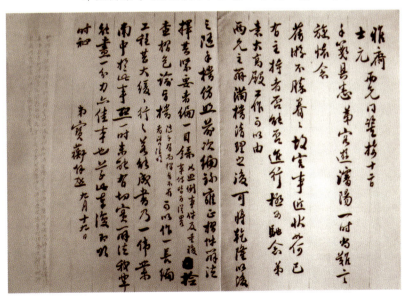

1927年故宫博物院改组业务机构，于1928年文献部改为掌故部，仍属图书馆下设的分部。单士元仍在掌故部里整理旧档文献，负责者为名流学者许宝蘅。许先生曾任过清末军机章京，民国后任国务院秘书长等职。故宫博物院成立后于此时任图书馆副馆长，兼管掌故部工作。单士元就在许宝蘅指导下编辑出版《掌故丛编》，后改名为《文献丛编》。这是系统专业发表以档案文献为主最早的刊物。后于七辑出版在即许先生因故离去。由陈垣、沈兼士二师指导编辑至第二十六集。据单士元早年回忆，仍存有许先生当年指导他编辑《掌故丛编》时寄给他如何选用及解疑求教的信函（图一一）。不仅如此，单士元进入善委会是以北大史学系学生身份，由教授推荐批准的，人保则为北大教授。故宫博物院成立后，又进行一次供职人员的人保调整。时许宝蘅承当单士元的人保。后国民政府成立，保人的方式随之终止了。对于掌故部，于1929年2月，成为独立文献馆，不再隶属图书馆。时院内已是三馆鼎立的业务研究机构了。

一般说来，档案是指国家机关收藏起来，已办过事件的有关旧文书。具体到明清历史档案的出现，是从北京故宫原清朝内阁档案开始的。内阁是明清两代封建王朝管理国家大事的机构，并有承上启下宰辅机构的作用。因而内阁大库保存了浩如烟海的文书档案。在王朝时代，只有少数供职内阁的官员，方能窥库藏情况，其他人则无从知其梗概。王朝灭亡后可以说，它是研究明清历史最真实、最直接的史料。辛亥革命后，清王朝已不存在，继而代之的是北洋军阀交战，政权更替的统治。因而历史档案难以得到应有的重视与保护，乃至沦为当年造纸厂的还魂纸原料。

清光绪二十四年（公元1898年）位于原清王朝外朝区域的清代内阁大库，由于年久失修渗漏雨雪严重，内务府决定修缮。1900年在议工期间因八国联军入侵而迫以停工。1909年已是清宣统元年，大库一角已塌陷，其他处也很危险。为了施工，必须将库存历史档案和历朝皇帝实录史书一并移出，将年代近一些的就移至内阁对面的文华殿，年代远些的旧档则拟按照旧例销毁。当时据内阁大学士兼学部大臣张之洞，还有学部参事罗振玉等人的建议，将所有档案都交给学部图书馆，先存在文华殿里。不久就迁到清王朝所称太学的国子监中。留在原来库房中的那部分照旧堆积在库中。1914年北洋政府打算建立历史博物馆，就在国子监成立了筹备处，内阁档案是拟作为基本藏品的。不久，博物馆筹备处又迁到故宫午门楼中。档案也随着移到午门的外朝房内，还有一部分堆在门洞中。这批出库的档案虽已归属博物馆筹备处，却仍在原档案大库右侧、紫禁城墙下堆放，并未归还于原库内。

1921年前后，北洋政府财政奇窘。政府各部各自筹款维持。历史博物馆隶属教育部。为了筹发职工工资，而将这批应为博物馆的基本藏品留下一小部分，其余大部共约分装八千麻袋（也有言九千麻袋者），统统以四千圆大洋卖给西牌楼的同懋增纸店。从此这批珍贵历史档案真正沦为商品了。卖档之事不久被清遗老罗振玉、金梁等得知，便大声疾呼于市，而轰动京城。同时罗振玉用一万三千大洋把这批档案买到自己的手中，还建藏书库以贮之。时著名国学大师王国维应罗振玉邀请，为罗撰写《库书楼记》，述写大库档案流散的经过。王国维文中主要写出，在清光绪宣统年间，我国新发现的史料大致有四种。一是河南小屯发掘的，在殷商时代先人们于动物骨上刻的甲骨文；二是汉晋时期在竹木上书写的简牍文献；其三则是六朝至唐代纸制卷轴史料；而内阁大库中的元明及清朝文书可谓居四。说到殷墟甲骨在其发现时，已视为古老珍贵文物，虽百姓仍每年在地下发掘，但均易钱售出而并未毁灭。对于简牍卷轴，原藏在我国西北之地，外人不远万里经历寒暑冒着艰险窃取走，保存还是很好。独内阁内贮的文书档案，除宋元刊写书籍入京师图书馆外，其余几遭毁坏而未能有全者。内阁典籍厅大库中书籍居十之有三，而案卷占七。案卷则有各朝的原谕、敕谕、内外臣工的黄本、题本奏本、外藩属国的表章以及历科殿试大卷。三百年间档册大都在此，自明永乐至清雍正，历两朝十五帝。在清雍正乾隆以后政务移于军机处，而内阁尚有其成事，凡政府所奉之硃谕，臣工所缴的敕书批折，大都留于内阁大库，与宋时宫中之龙图、天章诸阁、省中之制、敕、库班、簿房功能相同，一样重要。然而三百年来除专职大臣之外，其他学士大臣难得见到此等珍贵史料。

宣统元年，大库屋坏拟修缮。乃将案卷暂移至文华殿两边下的殿屋内，由于地方狭小而放置不下。故在殿堂檐下露置不少，时大学士军机大臣张之洞管学部事，奏请以阁中所藏四朝书籍设学部京师图书馆外，其案卷则阁议概以旧档无用者，奏请焚毁，已得到谕旨。正此时罗振玉参事以学部属官员赴内阁参与进行焚毁之事。罗见库垣文籍堆积如山，均奏准焚毁之物，罗振玉时偶抽一束观之，则是管制府幹贞督漕时奏折，又取其他几束，更是清乾隆时文成公阿桂征金川时所奏之本。罗按当时每年终缴进之本排比，均可尽详完整不漏。于是，罗振玉便请张之洞不要焚毁，而以其物归学部。辛壬以后，学部又移于午门楼上的历史博物馆，又历十年，（约于1921年左右），北洋政府财政奇窘，令政府各部自行筹款维持。历史博物馆隶属教育部，为了筹发教育部职工工资，以所藏四分之三者，以九千麻袋，以斤计有十五万，卖给故纸商，得银四千圆，时辛酉冬日之中。壬戌二月，罗振玉有事来京师，见市面有降清明臣洪文襄揭帖以及高丽国王贡物表，断认为大库之物，因而以此踪迹导之，得知某纸铺均为库藏之物，并将毁之以做还魂纸的原料，并已装数车赴西山造纸之地了。亟以三倍银元购回计一万三千银元，遂以易之。于是此九千袋十五万斤文书则归于罗参事。

但罗振玉却把他大声疾呼要求保存的"国粹"，于1924年以高价卖给另一清朝遗老李盛铎了。李和罗一样，在1928年又将以罗手中购来的内阁大库档案，转手倒卖给当时北京历史语言研究所。总之，李罗二人卖来卖去都是高价而出，同时留下珍贵旧档视为"货底子"，再待价而沽，正因为此，档案不仅沦为商品，则又分散多处，据当时有关知情人披露，时还有为数不少被日本人买走了。可以说自从内阁大库档案显名于世以来，一直是当作商品而买卖的。另外，当年堆积在午门城楼上的原历史博物馆尚未售尽之部分，早于1922年旧北京大学征得北洋政府教育部的同意，移至北大研究所国学门代为保管与整理，并成立"清代内阁大库档案整理会"。从此，原清宫阁大库档案才真正意义上已不再作为商品，而还原它本来的历史使命，则开始成为研究历史的真实档案文献了。

故宫博物院成立于 1925 年 10 月，是原清宫的宫苑部分，原清宫前朝三大殿以南为北洋政府管辖。内阁大库地处前朝区域，故宫院内职工是不能随意进入的。故内阁大库尚未移出的档案仍尘封于残破待修的内阁大库中无人问津。当时故宫院中领导几次与北洋政府交涉整理库中存档，但屡遇曲折难以如愿。直到五年后的 1930 年，北洋政府内务部才同意由故宫文献馆整理尚存的内阁大库中存档。时在文献馆供职的单士元，参加了这次馆中的工作，他回忆到："1930 年余在文献馆，参加了对内阁大库残存档案的整理工作。负责整理工作是文献馆长沈兼士和曾任图书馆长的陈垣。沈、陈二先生均为余北大史学系学习的教授。同时又是余故宫院中供职的领导，记得当年兼士师为了加速藏事，恐中途有变，命文献馆同仁中三分之二者赴内阁大库，清理旧存档案，余记得是在冬季寒风凛冽之季节，库中又无炉火，光线黑暗。余观旧档杂乱堆积如人高，且地上

一二　整理清宫内阁大库残存档案情景（右二为单士元）

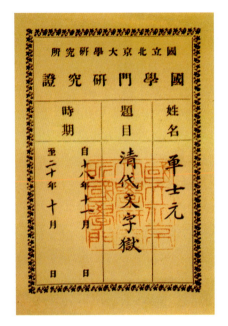

一三　报考国学门论文证书

则尘土足有几寸厚。但同仁颇多兴奋。兼士教授更以身作则为余辈师表，开库门际乃身先士卒，指挥视察柜架所藏。然后指示余等同仁清除成包或捆扎成堆档案上的积土（图一二），再分清旧档种类，并按照朝代年月排比，至今余还记得沈、陈二师指示的，原有纸包皮者，或用线挂有签条者，及档案原件上附有的一切文字记号者，则一律不轻易撤去，而保留在原旧档上。为的是便于以后细致整理时，有原来记录可为依据。陈师则概括一句话叫'秤不离砣'。"

　　经过几年的努力清理，最后定夺出六种类别的档案，由同仁方君执笔编写《清内阁库贮旧档（内阁留存部分）辑刊》。六类档案名称为：第一编，典籍厅典藏之红本目录。第二编，典籍厅典藏之图籍目录。第三编，满本堂典藏之实录目录。第四编，满本堂典藏之起居注目录。第五编，满本堂典藏之六科史书目录。第六编，满本堂典藏之杂项目录。沈兼士师为辑刊作序。

　　1929年夏秋，单士元四年史学系学习结束了。此时师长们鼓励他继续深造，报考北大研究所国学门。其实，当年对于单士元本人而言，随着年龄的增长，与在故宫供职中对自我的深知，仅有四年的国学文史知识，是远不能够胜任的。早在善委会任点查文物的小书记员时，沈兼士教授告诫他，在故宫处处有历史，件件是文物。在故宫要对其一砖一瓦，一殿一宫都用历史的眼光来考察它、认识它。的确，后在文献馆时，往往持一件旧档而不知其内容。因此在教授支持下，单士元决定报考研究生，学习更多的知识丰富自己。对此单士元晚年也说过，故宫院中当年有古物馆、图书馆、文献馆。古物馆集中各宫殿秘藏的各类文物，图书馆集中宫内秘籍珍本，有宋元刻本及宫中所刻印的殿本等珍版，还有清康熙年讲述格致之学的原刻本。文献馆则集中了明清历史档案文献和有关文物。他虽可尽窥宫廷之秘，博览群书可谓得天独厚，但是四年的史学知识仅为求学之始。在当年报考研究生不但要通过常规考试，还要交有一定标准学术价值的论文，通过后方可入学。于是在教授推荐下，于1929年近年底之际，以《清代文字狱》为报考论文，最后不负诸师所望，得到了导师统一审评后，发给了研究生证（图一三、一四），在国学门以明清史及其历史档案和考古金石之学为研习方向，主要专业导师有时任国学门主任的沈兼士，史学教授陈垣、朱希祖，以及后北上到北大任教的清史专家孟森。文字学家沈尹默、文学语言学家刘

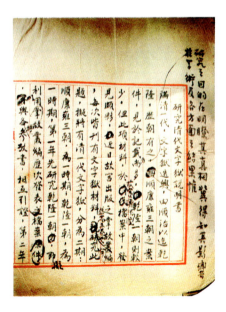

一四　朱希祖批改单士元编写
　　　的研究清代文字狱说明书

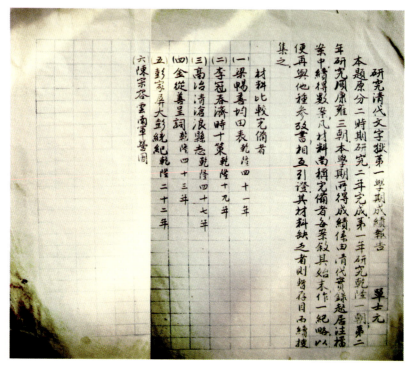

一五　单士元亲笔写的成绩报告

半农是单士元语韵学教授。当时单士元还选修了由我国第一批官派留学回来的女教授陈衡哲开设的西洋史及西洋建筑史课。满族世家寿春先生教授满文。蒙族学者奉宽先生教授蒙文。当年从西藏来京的藏地著名经师教授藏文。就这样，单士元有课时在研究所听课读书，无课时回院文献馆，既在北大研究所国学门为研究生，又在文献馆供职。此时他有双重身份，兼顾学习与工作（图一五）。

有关北京大学研究所国学门是如何筹办的，我国著名的教授家，曾任北大校长兼研究所所长的蔡元培，早在《北京大学研究所国学门概略》序中写："……民国元年教育部颁布大学会，改通儒院为大学院，又规定大学得设研究所。近十年来，国立北京大学屡有设立各系研究所的计划，为经费所限不能实行。民国十年，由评议会决定类聚各科，设四种研究所，一国学门；二外国文学门；三自然科学门；四社会科学门，因国学门较为重要，特先设立……"

三 文献馆与营造学社

（一）故纸堆中寻史迹

1928年6月，长期动乱的南北政局又起了变化，北京故宫也随这变化而改变。此时院中由东北军阀张作霖在1927年9月成立的"故宫管理委员会"强行接管控制。然而只有数月北伐军已兵临北京城。张作霖退出北京出关，次日被炸死。北伐胜利南北统一，在南京成立国民政府，改北京为北平特别市。同月14日南京中央政治会议议决，派易培基前往北平接管故宫博物院。易培基是在两年前段祺瑞临时执政时，因"三·一八"惨案被诬陷通缉，而被迫离开他曾付出巨大心血的故宫博物院。但当国民政府此时派他前来接管并担任故宫博物院的院长时，却因疾病和其他公职尚未离任，暂不能北上到院。于是又委派在北平的学者政要马衡、沈兼士、俞同奎、萧瑜、吴瀛五人为代表主持故宫的院务，同年10月5日颁布了《故宫博物院组织法》和《理事会条例》，规定博物院直属于国民政府。还成立有蒋介石、汪精卫、张学良等政党军界要人在内的三十余人的理事会，选举李煜瀛为理事长。李先生也是与易培基在一起，在当年被段祺瑞通缉而离开故宫博物院的领导人。社会时政要人在故宫院中担任理事，他们发挥各自的社会影响力，是故宫院中当年有稳定环境的有力保证。同时院中自易培基院长始，以后为院长负责制。国民政府的这一举指，受到了故宫院中全体职工的欢迎与支持。

易培基来院就职是在1930年，他保留了原院中三馆的业务研究机构（图一六）。即古物馆长由易培基院长兼任。图书馆馆长为庄蕴宽，副馆长为袁同礼。文献馆则由张继和沈兼士任正副馆长，同时决定文献馆延聘专家成立专门委员会指导馆内工作。有关文献馆这时期的工作，在其沿革中有所介绍："文献馆成立专门委员会延聘专家为委员，指导整理各项档案。乾清宫、皇史宬、内阁实录库等处

一六　易培基任故宫博物
　　　院院长期间的刊物
　　　《故宫周刊》

一七　故宫文献馆全体同仁
　　　合影（前二排居中穿
　　　白衫者为单士元、前
　　　排左二穿白衫者为单
　　　士魁、前排居中穿黑
　　　衣者为张继、前排居
　　　中穿灰衣戴眼镜者为
　　　沈兼士）

所存实录，圣训、起居注及昇平署剧本，曲本戏衣切末等，即于此时着手整理。宫中乐器亦集中一处鉴定音律。同时清刑部档案同司法行政部拨交本院、即移存大高玄殿整理。接收清史馆文书图籍中的史料档案由文献馆保管。1931年于前内阁地址设文献馆临时办公处，开始整理内阁之红本及实录两库。不但如此，院中同时还开辟宁寿宫一带宫殿为陈列室，将宫中有关清代文献和物品分别陈列展览，并且逐步向社会各学界人士提供与利用。受到学界的欢迎与重视。"时不少社会知名学者纷纷前来参观或查阅自需之档案文献。因之馆中供职者又增加一项任务，接待来访各界学者的工作。单士元则是馆内比较显著的一位。

单士元自1925年建院初期被分配在当年的图书馆下设的文献部，后改称掌故部。1929年文献部成为文献馆时已工作5年了。曾编过《文献》小型刊物。整理过内阁大库档，军机处档，同时又在北大研究所国学门读研究生，研习明清史和历史档案（图一七）。他的指导教授所需之档案文献史料，大多请单士元代为查找。故他多与诸教授有识。有时来文献馆阅查档案之际，单士元则助之备好。1932年中国社会调查所所长陶孟和，经济学教授汤象龙请单士元在其刊物《中国近代经济研究集刊》撰写《故宫文献馆档案之分析》，首次介绍历史档案有关情况和学术研究价值。陶、汤二教授的信函如下：敬启者，敝刊拟于第二卷第二期刊行"明清档案专号"。烦请国内档案专家担任著作。前承先生慨允撰述《故宫文献馆档案之分析》一文，同人不胜荣幸。兹定三月底为敝刊集稿之期，并将专号体例奉上，即希垂察为荷。此上单士元先生。陶孟和汤象龙谨启（图一八）。当年自故宫文献馆公开展出有关档案，并欢迎有关学者查阅利用档案。近八年中，单士元为著名学者刘半农、顾廷龙、王芸生、妙舟法师等皆查找过文献。

转过年来1933年夏秋就要到了，人们常常把秋天比拟为收获的季节。此时单士元在北大研究所国学门做研究生，即将以补写《清史稿》中未修写的《总理各国通商事务衙门大臣年表》为毕业论文。

对于清史稿，早在1927年由清遗老赵尔巽等人修成。关于清史

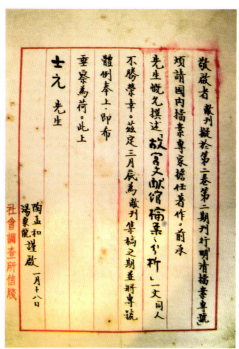

一八　社会调查所的约稿函

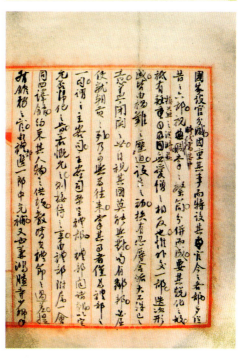

一九　孟森为《总理各国通
　　　商事务衙门大臣年表》
　　　撰写的序言

撰写，北洋军阀政府曾设立清史馆，进行清史编撰工作。清史稿依旧例仍分为纪、志、表、传。其中表初定为皇子世表，诸臣封爵表，藩部世表，大学士年表等，唯缺修总理各国通商事务衙门大臣年表。在清史稿问世后，当年学界遂对清史稿进行研究，其中有名吴向之的清末学士在开馆之初定清史稿《表》中内容时，曾有此建议而未被采纳。修成后吴又加以呼吁尽快补修。此时单士元研究生的指导教授，两位著名的清史专家朱希祖、孟森二人提出，让单士元以毕业论文形式来完成《总理各国通商事务衙门大臣年表》的撰写（图一九）。两位导师认为"总理各国通商事务衙门"是我国外交部之前身，过去西方列强进入我国，首先都以通商为借口，故在清晚期设有此机构，也是清史上重要史迹。于是朱、孟二教授指导单士元完成该年表的撰写，并告知所参考的有关史料文献。如军机处档，西方各国给清王朝的照会外交文书，以及清晚期朝廷编辑的《筹办夷务始末》的原抄件。还有清末重要人物如李鸿章、翁同和等人的日记文稿。上述史料对于单士元来说，并不陌生，因为他在文献馆大多得见并整理，终在毕业前如期完成。

　　单士元当年还附有自序，介绍撰写的背景，大意是说，清朝创设总理各国通商事务衙门，为我国外交机关之始。咸丰十年（公元1860年）恭新王奕䜣等接办抚局。即在当年英法联军入侵我国之际，王朝遣使议和。当时官文书称抚务，又称抚局，是年9月签订《北京条约》。12月奕䜣等上筹议善后事宜文书之首条，请设总理各国事务衙门于京师，后经交九卿会议，复议可行则始立。清灭亡后民国设清史馆以依旧史例纂修清史，以分纪、志、表、传。表初定八，交聘年表为一。后增公主表和外戚表共计十。然而仍无总理各国事务衙门大臣年表。单士元在自序中认为，就史稿本身言，既有交聘表，不可无总理衙门大臣年表。又史稿中，部院大臣表有外务部大臣。外务部则为总理衙门之改组。因此，今无总理衙门年表则外务部失其沿革。当年单士元完成后曾分印数十册求教师友，次年8月孟森教授在一单行本上亲写序言："……单生士元留心档案辑成此表，详明核实。可以补旧史之阙，可以助研讨外交史者知人论世之力。"另一

二〇 国学门毕业论文审查合格证书

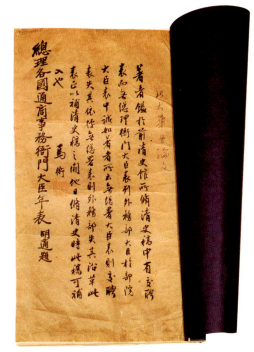

二一 《总理各国通商事
务衙门大臣年表》
单行本(上有马衡
评语及胡适的题签)

北大教授马衡先生见到单士元撰修此表，亦欣喜有评语如下："著者鉴于前清史馆所修《清史稿》中有交聘而无总理衙门大臣年表。列外务部大臣于部院大臣表中。诚如著者所云，无总署大臣表，则交聘表失其依据，无总署表，则外务部失其沿革。此表正以补《清史稿》之阙。他日修清史时，此表可补入也。"北大研究所国学门主任胡适等教授给予论文评定为成绩优良，同时肯定了此表在研究清史学术上的贡献。在论文证上签名者为：北大校长兼研究所长蒋梦麟，国学门主任胡适，教授陈寿颐、孟森。当年，在单士元持一单行本敬呈胡适主任时，胡适先生见后欣喜亲笔题写名称及签名后，送给单士元（图二○、二一）。

　　从1933年到1937年抗战前，的确是单士元人生收获的金色时光。首先从年龄上说如日中天三十而立，仪表堂堂风流倜傥，是一位年富力强成熟的学人形象。自研究所毕业后，单士元对故宫文献馆的本职工作更是情有独钟、兢兢业业，用自己的学识来攻克在明

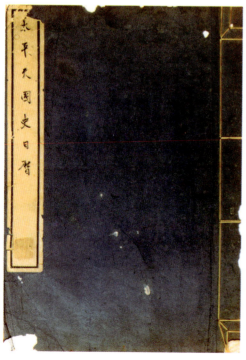

二二　《太平天国史日历》

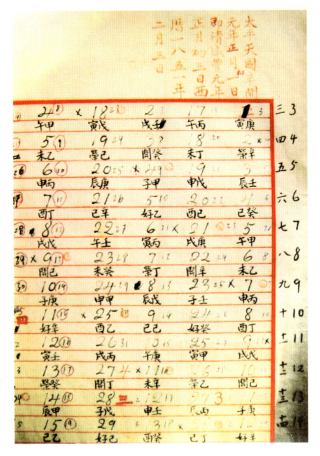

二三　《太平天国
　　　史日历》
　　　内页

清档案史研究中的学术难题。如1933年配合馆中同仁编印的军机处
档案中，存有太平天国文书。但是这批文书实际遗存非常零散，而
且还无年月顺序。当年单士元只根据这些有限的太平天国史料则将
太平天国日历排编出来（图二二）。太平天国农民抗清运动是在清咸
丰元年（公元1851年）至同治三年（公元1864年），共计14年（图
二三），太平天国被清王朝镇压失败，一些原制定的法令和文书，以
及清王朝审讯的有关供状一同被缴获。这些太平天国文书材料，清
王朝大多收在军机处档案的折包中。清王朝灭亡后，这些军机处档
案包在民国初年，被北洋政府接管而出宫移存在国务院，尘封十几
年。后来故宫博物院又将其"二进宫"，因此更为凌乱。在编印太平

天国文书时，太平天国历与清王朝所有奏折文献，在事件发生时间上往往难以明了。必须对太平历首先给予排比编出，方能迎刃而解。当年单士元在文献馆看在眼里，记在心中，决心将仅有部分太平天国文书中所注录的太平历加以推算排编，终于将十四年太平天国日历，较为完整地呈现在同仁面前，使太平天国文书的整理与编印能够继续完成。现存有单士元编《太平天国史日历》，当年他写序文说："1933年我在故宫文献馆编印太平天国文书（图二四），根据清代档案中所藏洪大全供状，其中有'咸丰二年二月十六日，是我们的历书三月初一日的日子'。由此我知道太平天国与阴历对照的差别……"那时单士元就根据此条史料，推算出公元1852年即咸丰二年（阴历壬子）业已实行新历了。后来他又在军机处档中得见的太平天国天王诏旨中有"今蒙爷哥下凡代朕作主创开天国。天京天朝

二四 《太平天国文书》

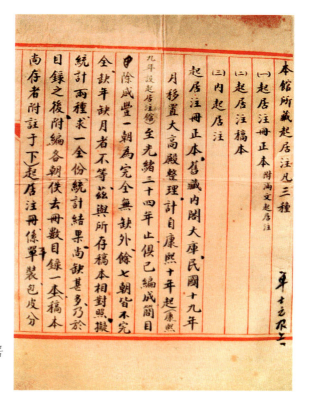

二五 《清代起居
注考》

天堂天历永远流传，自辛开元年一直传去千年万载永无穷尽"之类
原档的太平天国文书后，他即认为辛开元年正月初一日，是阴历咸
丰元年正月初三日，西历公元 1851 年 2 月 3 日。以这三种记法为标
准，可将太平天国历推算出来。当年太平天国十余年中所颁布的一
切典章制度和历史事件的发生，由于在仅有零散太平历的史料上难
以得到确认，使得对太平天国历史的研究有很大阻力。因此说单士
元对太平历的编算考证，是对太平天国史重大事件的确认，为太平
天国研究做出了贡献。现单士元所编的太平天国历书仍存。

现在我国档案事业在学术界成为一门独立的学科，作为历史档
案专业，寻其源是始自故宫博物院的文献馆。当年馆内40余名供职
者，可以说是我国历史档案事业的开拓者，后在解放初期根据中央
决定，将文献馆从故宫院中划出，正式被中国档案局所接收。单士

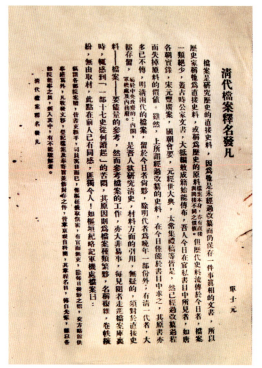

二六　《清代档案释名发凡》

元自 1925 年故宫博物院成立就供职在文献馆，已历四十余年。所以晚年他在自传中说，他的第一专业是明清史及其档案工作。

单士元在文献馆有很多学术成果。其中《清代起居注考》是在历史档案学界颇有影响的一篇考证文作（图二五）。单士元考证清代帝王起居注始于多尔衮日记。原来，清代自公元 1644 年福临（顺治）由东北入关，统一全国，一切政治规模大都沿袭明旧。在福临当朝时由其叔多尔衮摄政，又专权政俨然帝王。当日亦有史臣载笔记事，每日记录多尔衮政事，后署记注人之衔名。当日归顺清朝的明旧臣均视多尔衮为皇帝身份而置此册，则为清代起居注之早期形式。又在 1934 年时单士元在清内阁大库残存零乱的旧档里，只得见一册多尔衮日记，后曾作为珍贵的旧档案册刊行出来。

起居注的记录为一代王朝在全国统治中较为原始的材料，而在成书编册后却不再轻易启视。然而朝代远者却大多散失无存。有清一代起居注，在清朝灭亡后虽有阙佚，但大部分完整，可见其史料价值的珍贵。另外从清康熙时起规定有严格的记注官制度，单士元文中写道，当日规定的记注官侍值与记注体例内容为，记注官侍值分朝会、御经筵、临雍（就是皇帝到辟雍视学）、耕藉（其意在春耕时皇帝表示参加农业劳动，在先农坛推三下，举行这样的仪式，表示重视农业生产）以及拜谒祖陵等，朝会除常朝外，则为三大节，即元旦、万寿、冬至三节以及传胪（为科举殿试唱名、公布名单）等。起居注官皆侍立于御座旁东向，然而，单士元根据对清康熙朝以降各朝起居注档案考证也得出这样的结论，封建王朝的起居注制度，虽起居注官应随时出班记事，但是，如有事关机密或会议事件及召诸臣出班口谕事宜，仍不能参与。由此可知，专制皇帝并非"君举必书"的。对于单士元有关清代起居注的研究，中国第一历史档案馆朱金甫先生说，日本人对清帝起居注有深入的研究，但远不如单士元先生的考证。

如果把单士元于1933年在北大的研究生毕业论文的撰写，比作第一个对明清历史档案研究的成果的话，那么在1936年发表的《档案释名发凡》一文（图二六），可谓是他在历史档案研究方面的第二次成果。至今整理档案所采用的方法仍依据《档案释名发凡》，其主要的贡献是将渊源已久的我国图书目录学方法，运用在浩如烟海且杂乱无章的历史档案中，建立档案目录进行整理。他在故宫供职中曾有这样亲历感触说明建立档案目录学的重要："余供职于文献馆和图书馆。文献馆集中宫廷历史文物和浩如烟海的明清历史档案。在这样环境中尽窥宫廷收藏之秘，故大都有所涉猎。在图书馆的研究方面侧重图书目录学。记得北大史学家陈垣师曾告余，目录学为读书之门径，历史目录学就是历史书籍的介绍，就如懂得目录学就可以大概知道祖遗仓库里有什么书，如果连仓库的存货情况都不了解，还说什么继承呢？明清两代为我国封建社会最后两个王朝，在政府机构和宫廷中的典章制度，是历代封建王朝最完备的。综观明清宫廷所藏的文物和历史档案文献中所反映的历史，若溯其源，可以上及奴隶社会商周时期，对长期封建社会的史迹可资印证之处更多，

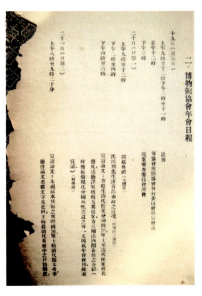

二七　《中国博物馆协会会报》　　二八　《中国博物馆协会第一
　　　　　　　　　　　　　　　　　　　　次年会纪事》

因此所存历史文物和历史档案，不仅是研究明清两代王朝的历史资
料，对于研究明清以前各代历史，亦可通其源而知其沿革。”

　　就单士元个人而言，从 1925 年供职故宫文献馆，至 1936 年已
历 10 年。然而，在整理过程中每若在档库浏览翻检，便有不知从何
读起之感。每当此时，仍想起陈垣师对历史目录学的阐述，于是他
联想我国图书目录学渊源有自，如汉刘歆七略始，历唐宋至明清皆
承其绪，而档案目录学则未之前闻。于是单士元大胆提出建立档案
目录学之设想。恰在是年夏秋，在山东青岛召开的中国博物馆协会
与中华图书馆协会第一次联合年会上，在论文演讲日程上，应邀宣
读他的论文《档案释名发凡》（图二七、二八）。这使单士元成为在
历史档案学界提出建立档案目录学的第一人。在撰写过程中单士元
认识到，档案是研究历史的直接史料，因为它是未经修改而又保存
史事真相的文书。有清一代档案多有存留，原属清中央政府内阁、军
机处、内务府等。这些都是今人研究明清史的直接原始史料。然而
阅读参考亦非易事，有持一卷不知从何读起的苦闷，原因则为档案

种类繁多，名称复杂，卷帙缤纷以至无由取材，如此这般苦闷难以读懂之感，前人在《枢垣纪略》等诸书籍中曾有记载。前人已如此，何况是今人。因此，单士元在文献馆大胆提出应采用科学的方法分门别类编制目录。虽然馆内有整理档案规程草案，但在浩如烟海的档案里，更须有释名工作为先，依名检索获得指南的便利。在实际工作中单士元将释名工作大致分为两类。其一释档册之名，其二释档案中名词术语。如清代军机处档案的释名，单士元认为属于第一类。后附文件档案则归属在第二类中。同时具体到归纳释名方法，单士元又在文中明确提出三点。一为档案原机关；二为档案类别的解释，如档案类，奏疏类；三为清代档案中某一种档案名词的解释，如档册类中的上谕档、黄册、史书、寄信档等，又如奏疏类的题本、奏折等。单士元在文中分别对内阁大库档案、清朝军机处档案和由满文译为汉文或译音居多的清内务府档案来加以破解做释名的方法。他在文中用清内务府档案举例说明其论点。内务府本为皇帝的管家，因此组织庞杂，从总管大臣以至匠役，无一非满洲臣仆，所以在它的档案里体现的满洲语及满洲习惯非常多，如未盖印白本档，已盖印红白档，笔帖式档，苏拉饭银档，护军朱车值班档。在分类之后如将档册内容翻阅，便知道所谓未盖印的白本红本，就是指奏折与题本而言，笔帖式是满洲的书吏官名，苏拉是夫役，朱车又名堆拨，是护军住的房子，故知此档案义，阅之可明了。另外他还认为档案内容名词术语，亦要知其程序和相互关系，不但对于档案本身不同的价值可以作出判断，更对使用档案材料有利。如内阁漕粮黄册中所谓行月，据会典载即运漕官支领行粮月粮的简称。皮脏即营马倒毙出售皮脏缴回之银两，就是这样简短的术语名词在档册里，如不加以考证则不知其内容，更无由知晓其意义了。

中国博物馆协会与中华图书馆协会在青岛召开了第一次联合年会，从现存当年会议纪事上可能了解到，来自平、津、汴、济、沪、杭州、西安、南宁青岛专家学者与会，主席叶公绰致开幕词，青岛市长沈鸿烈主持会议。最后由马衡先生代表两协会致答词，会议中与会代表对单士元论文的发表，在学术上给予充分的肯定。会后各

二九　《恭王府沿革
　　　考略》抽印本
　　　封面

院校邀请他授课。开设专门课程讲授古代档案史料学，介绍图书目录学之历史渊源，与档案目录学之建立。其实当年在单士元这篇文章杀青时，尚未思考出合适的题目，后他求教于陈垣师，陈师笑答，何不用档案释名为题？单士元听之后即茅塞顿开，实感扣题，不但明朗还典雅多矣，遂以《档案释名发凡》冠名。

　　《清恭王府沿革考略》一文，是单士元于 1936 年在历史档案工作研究中的另一力作（图二九）。在文章中单士元对恭王府沿革进行考证，以清乾隆朝的和珅、嘉庆朝庆王永璘、咸丰朝恭亲王奕䜣三系为前后府主，至今已有 70 年（图三〇）。期间，众多古建园林乃至红学的研究者，都对恭王府进行多方位的研究考证，然而均尚未有超越单士元研究论点者。同时单士元也是第一个步入其府进行考证的人。

　　原来，明清两代京城，不但有皇帝居住的宏伟宫殿紫禁城，还有众所周知的王府建筑，是为封建皇帝近支或世袭的王公大臣建造的府园。辛亥革命后，对这些珍贵的古建进行历史沿革等诸多方位研究，是明清史研究的重要组成部分，在当年尚属空白。其中位于什刹海畔以清咸丰朝恭亲王奕䜣的府园命名并流传下来的恭王府，

三〇　恭王府内景

就是其中有代表性的且保存较好的一座，其建筑群地域广阔，工艺精良。辛亥革命后民国建立，奕䜣后人溥伟袭王爵作为王府主人，因生计紧窘和筹划复辟帝制之资，将府园押给北京天主教会。由于利上滚利，这位末路王孙早已无力偿还这笔债务了。直到1936年，由于天主教会创办的辅仁大学为扩充用房之需，代为偿还债务，产权移到辅仁大学。1936年时任辅大校长的陈垣先生，拟考查其府园历史沿革，约请辅大秘书长英千里、文学院长沈兼士以及古建学家梁思成和夫人林徽茵、刘敦祯、刘致平等，单士元作为陈垣弟子亦被邀其中。当时恭王府在王府古建中是具有特色的府园群体，再加上曹雪芹巨著《红楼梦》中的大观园旧址附会身上，更博得众人赞美。然而就恭王府而言，已作为辅仁大学的校址，而无有其历史沿革研究问世。在单士元回忆写出该文时道言："陈垣师等进府园时，先生对余曰，诸君皆盛称此府，尔可写篇考证其历史沿革一文，刊之辅仁学志可也。受命之后，余查阅宫中相关诸档文献，乃写《清恭王府沿革考略》，阐明其府主的变易，为清乾隆朝的和珅、嘉庆

三一　《恭王府沿革考略》中的"恭王世袭略表"

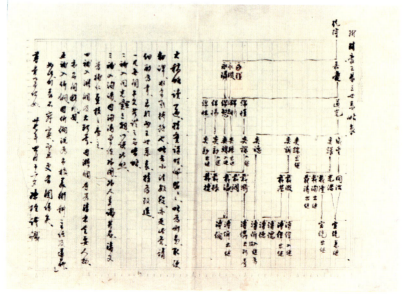

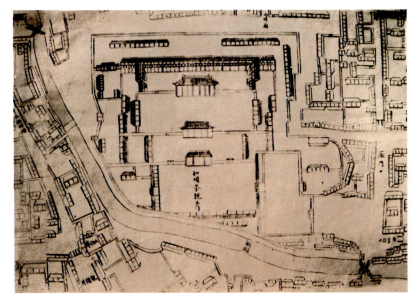

三二　标有和硕恭亲王府的同治、光绪年间临摹的《乾隆京城全图》

朝庆王永璘、咸丰朝恭王奕訢三系。记得余在此文杀青后，持此稿请陈师审阅时，先生将文末所列庆王恭王世系表紊乱之处，改写一表，并告知所改之故，时此愧才疏学浅，已感不安，而先生在所正表末又以商榷语写，尊意以为如何？捧读之下何胜惶恐。"（图三一、三二）

　　解放后，著名红学家周汝昌先生以"红学"的研究视角，从名著《红楼梦》中的大观园方面，对恭王府进行考证，为人所敬。周先生早在其有关《红楼梦》环境研究著作《芳园筑向帝城西》的文章里写了这样的文字："……想起研考恭王府，最早而又极有贡献的文章，当推单士元同志的《清恭王府沿革考略》。"20世纪90年代初，上海同济大学著名园林学者、建筑学教授，单士元的老友陈从周先生来京，与单士元相见，陈教授生活工作都在南方，但对恭王府却情有独钟，对恭王府亦有研究，二老相见时，陈先生曾写一幅对子赠与单士元："鲁殿灵光唯公健在，红楼旧址那日寻。"说的是最早考查恭王府之人，仅单士元一人了。

此后，原故宫历史档案业务，划归国家档案局，由于工作需要单士元继续留在故宫院中供职，但仍担任中国历史档案学会顾问以及历史档案学术研究评定专业委员等职。

（二）古建解码首研人

20世纪30年代初，在北平文化领域的公制私立各专业学术研究团体中，有一机构看上去规模并不算大，然而却非常有影响，不少有关名流学者，当年高居政界人物参与其中，且海外留学归来学子应邀加入。这个组织就是中国营造学社。中国营造学社是第一个中国人组织研究祖国建筑文化遗产的学术团体。组织者兼社长更是赫赫有名的人物朱启钤先生。朱先生是贵州人，生于清同治十一年（公元1872年），卒于新中国成立后的1964年，观其一生从政为官，早年在晚清时曾任京师外城巡警厅厅丞，创办京师警察市政。辛亥革命后北洋政府执政期间，曾代理过一任国务总理和三任内务总长、五任交通总长等职。但是朱启钤却能在下野后，还以毕生精力提倡、弘扬和指导我国传统古建筑工程技术与工艺诸多学科的研究。在他的引导下启动了我国古代营建历史的研究工作。朱氏在学社成立之初的1929年，曾在自宅设立办公处。因后来研究扩大，人员增加，迁至中山公园内。学社成立时设有法式与文献两部研究机构，主任分别由留学归来的古建筑专家梁思成与刘敦桢担任。梁思成生于1901年，故于1972年，是清末戊戌变法组织者梁启超之子。梁先生于青年时留学美国研究世界建筑史，回国后创办东北大学建筑系，后任营造学社法式部主任，是我国近代著名的建筑教育家，古建筑文物保护、研究和建筑史学家。主持文献部研究的刘敦桢先生，生于1897年，故于1968年，青年求学时东渡日本，回国后的1930年被营造学社朱启钤社长邀请聘为文献部主任。后又于解放后的1959年主持编著我国第一部《中国古代建筑史》，填补我国无建筑研究专著的空白。就在此时，单士元亦应聘任文献部编纂，从此单士元与古建筑的研究结下一生之缘。其晚年有言："我的第一专业是对历史档案工作与研究，从事古代建筑工作探研是第二专业。"但是单士元与其他人加入营造学社有所不同，他既不是曾抚佐朱从政为官的老部下，又不是留洋求学归来如梁、刘等的建筑学家。单士元被邀请加入营造学社，步入研究古建之路，是与故宫这原明清皇宫旧址，这古建筑群体分不开的。因此对于单士元在从事古建工作研究，还得从他进故宫说起。

1925年初，单士元还是个北大学子，为清点清宫物品随教授进入故宫，初入故宫一览万间辉煌壮丽的古建筑。从宫殿空间组合，到各殿座的使用功能，各门、各殿、各院落、各楼台阁亭，以及各类建筑体积大小高低，屋顶形式和悬挂的匾额楹联之所题写名词涵义，前辈师长告他都要质之史志。同时前辈们常告诫像单士元这样的青年，可移动文物，不可频繁翻覆，重器珍宝亦忌转易其位，否则会短其寿命，对于殿宇楼台，不可损其结构砖画，要维护其原貌。故宫这壮美的古建筑使年轻的单士元心里产生了巨大的求知欲。此时他在故宫文献馆供职，对故宫这古建群体产生浓厚研究兴趣。于是在文献馆注意收集在档案文献中有关皇城区域规划设计等史料，整理后每有心得写出札记，在有关报刊及档案史料等刊物发表，同时他利用一切闲暇时间调查实地的古建筑遗存。更使他在此时决心步入古建筑领域是在一次课堂上。那时单士元还在北大研究所读研究生，他选修西洋史和西洋建筑史，授课教授在一次课堂的讲课，让单士元身心受到极大震动。那位教授说到她在国外留学时，得知外国人把建筑看成是艺术，希腊罗马把建筑艺术列在各种艺术之首，并有不少建筑学专家来到东方大国中国，归国后认为，中国建筑有独到的艺术风格，可惜的是中国人目前还不懂研究本国的建筑，尚未有专业从事研究人才。教授这一席话，使单士元一生都难以忘却。他曾写道："这一席话对我触动很大，作为一名青年学子在民族自强自尊意识下，决心要在建筑领域里刻苦探究。"这位女教授就是当年中国第一批官费出国留学生中唯一女性陈衡哲，回国后在北大教西洋史。当陈教授得知单士元立志探研古建时，非常热情地鼓励他，并提供他有关西洋建筑的资料教材。同时单士元认为历史档案领域和

三三　中国营造学社出版
　　　物之一《中国营造
　　　学社概况》

古建领域，二者之间有相得益彰的作用，他说："虽然本人非学建筑，但古建筑史亦属历史范畴。"故此在有关史料文献刊物上，更侧重发表一些自己在古建探索中发现的史料或学习心得。单士元在文献馆，曾有一位老师即许宝蘅先生，指导过他编辑史料文献刊物，许生于清光绪元年（公元1875年），曾任过清末军机章京，与朱启钤是同时代人。民国后任过国务院秘书长等职，是朱启钤社长老相识，于是许就将单士元在古建方面正在做一些研究之事告诉朱氏，不久朱启钤便请人转告，邀请单士元加入营造学社，使其由此得识朱、梁、刘以及学社其他师友。

　　对于单士元来说，陈衡哲教授所言留学感受还只是耳闻。而单士元当年的眼见，则使他感受更深。单士元生于1907年，20世纪30年代初正是青年时期。那时我国国力衰败，而西方资本主义国家迅速发展，对外掠夺侵略是他们的本质，掠夺文化遗产也是入侵手段之一。那时外国的建筑学者来到我国，进行拍照和印行图录，而我

国在中国营造学社未成立之前，尚未有研究本国建筑组织存在。青
年求学的单士元亲眼目睹这一切，在受聘学社文献部后，在主任刘
敦桢指导下，对有关古建文献档案的收集整理更加重视。此时他也
了解到，虽然我国建筑方面有源远流长的历史。但是过去研究封建
社会历史的人，往往偏重于政治、经济、军事以及人物方面，而对
于中华民族数千年的建筑发展和工艺技术方面的成就则多忽略。在
一部廿四史中写在地理志里的，只有城市和宫殿名称这类简单记录，
而无工艺之学。即使是汉代传下的《周礼·考工记》里记有匠人的
名字，亦无工艺之记录。因为封建王朝写史者大都以营造为劳力之
业，不为劳心者所重视。建筑在我国素称匠学，由匠人师徒世代相
传，多为无文化识字少之人，因此多口述耳听实际操作传授。另外，
我国数千年来有关建筑的专书流传下来的存有两部。从年代上说较
近的是《清代工程做法则例》，而另一部是宋代官订的建筑设计施工

三四　中国营造学社的陈列室

专书，由北宋年间任匠作之官的李明仲所著的《营造法式》。它是中国古籍中较为完备的一部建筑技术专书，是研究我国古代建筑不可少的参考书。朱启钤于1929年在其寓所成立营造学社，就是基于数年前因事途经南京，在图书馆中看到北宋年间李明仲所著《营造法式》一书。由于朱启钤一生注意实学，任巨宦时主管市政交通等，还对工程技术很有研究，当他看到湮没八百余年的北宋建筑专书，欣喜之至受到启发，一方面积极印行，另一方面便着手成立营造学社（图三三、三四）。

营造学社成立之时，由于当时各大学校尚未有建筑学系，单士元除了在文献馆档案中查找有关营造规划等方面史料外，还在北京地区调查所存古建筑，又遇到建筑力学等学科的困难。于是他便赴天津北洋大学求教桥梁专家茅以升教授。教授不仅向他解疑答难，并赠给许多讲义助单士元自学。1932年朱启钤命单士元编写样式雷家世及雷氏家族的皇家园林做法等所存文献。样式雷就是由明至清数代相传的官工匠世家，尤其在清二百多年中，从地上宫殿到清末修建地下陵寝多为雷氏家族供役。随着清王朝结束，雷氏世代供役宫廷的历史也寿终正寝。但雷氏世家负责保管的上千件图样、档案和上百余件的烫样模型，于20世纪30年代由雷氏后裔卖出，才公开于世。因此建筑研究学者便有机会了解古代建筑设计的程序，以及雷氏世家几代人供役皇家建筑工程的情况了。朱启钤作为营造学社长很知样式雷世家所存之档的珍贵，于是命单士元进行研究，并告他查阅有关书册，如《大清会典事例》、《东华录》及《圆明园工程则例》等。朱氏的手迹至今留存。后来单士元写出《宫廷巧匠样式雷》一文，但为简要读本。

在旧中国，基泰建筑工程公司由于资金雄厚人才济济，在当时颇有影响。驻北平办事处的是著名建筑师杨霆宝，生于1901年，故于1982年。青年时期留美学习建筑。解放后曾任南京建筑研究所所长和国际建筑师协会副主席等职，杨教授于1927年至1948年在基泰公司主持工作。于1934年主持修缮天坛祈年殿等重大工程。时营造学社合作参与其中。因此单士元为修缮天坛工程，查阅天坛的历史文献，辑集了天坛建筑史料发表在学社汇刊上。在营造学社，单士元完成以明代建筑史料编写的《明代建筑大事年表》，在序中有言："民国十八年紫江朱桂辛先生创办中国营造学社于北平。从事研究我国固有之建筑学术。除致力于建筑实物之调查外，于营造史料兼做系统之搜辑。并拟将明代宫苑考订翔实勒成专书。爰博采群籍，广征文献，草稿已备，犹待商订，良以书缺有间，文献不足征也。往者士元尝检阅明代实录，遇有营造史料辄为迻录。质之他藉，多所未载。桂辛先生因嘱将明代各帝实录一举而探讨之。以为完成明宫苑考之准备。后更取明一统志，会典，典汇各书，不仅限于宫苑，若城垣、若堡垒、若寺观、若桥梁兼收并蓄，纲罗既多。国内外学者才知社中有此项工作也。尝以营造历史问题来咨询。是社会对此项事业已感需要。因知工具之书不可不备。年表之作实为急务。故将所辑史料编年排比，区为四辑十一类。曰宫殿、陵寝、园囿、坛庙、衙署、学校、城堡、关隘、卫所、寺观、桥梁及杂类。而明代建筑

三五　《清代建筑年表》原始摘录件

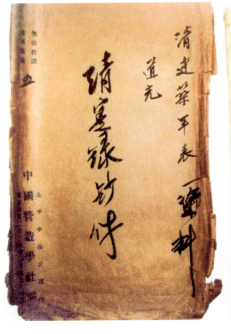

大事年表以成，此为纂辑之经过也。抑犹有进者，建筑年表之作，匪独考匠作而已。其史料关系社会科学者正多。如明代役作有军匠、班匠之制，研究当日政治组织者，当有所取资。至若木料灰石取之各地用银数目及其来源。于地理学、经济学、咸有档当之系属。故本表所采之史料，其价值全视学者研究之问题而转移。营造特其纲领耳。他日更拟上溯前代，下迄有清，以成中国四千年之建筑大事年表，此为本社之志愿，谅亦为学者所乐闻也。中华民国二十六年于北平。"《明代建筑大事年表》曾在中国营造学社的刊物上印行。还有他汇编的《明代营造史料》，于1933年至1936年间于学社汇刊陆续发表。

　　单士元在营造学社还有另外两篇具有学术价值的力作，遗憾的是都未果而终。其一是《清代建筑年表》（图三五），在将《明代建筑大事年表》编印后，清代的预备继续编印。单士元当年在《清代建筑年表》序言中介绍了该年表的概况以及编写初衷与目的。文中说在时间上是断代的，但是关于各种的古建筑物不仅记录清代部分，每一座古建筑的创建年代、改建年代和历代重修年代都记录下来，用清代较大的重修纪年或最后的重修纪年作本表的编排纲领。因此各地的古建筑在清代年表中也可以得到它的历史年代。大概唐、宋以来的建筑没有重修的是很少的。再则就是这本年表材料的采取，除年代以外，同时注意到建筑物形式、器材以及经济和人力的使用，凡有这样记载都不加删削，全面的写入。这本年表所包括的建筑史料分为几类。第一，宫殿建筑物。这类建筑是以北京明清故宫为主体，沈阳清故宫以及各地行宫园囿等一并纳入。第二，地方建筑物。其中包括佛塔、桥、堤堰、堤坝、城池、衙署。第三，建筑器材。这洋洋二十余万字的清代建筑年表重要资料，厄运多多。单士元完成初稿时为1937年初，是年7月7日北京卢沟桥事变，日本入侵，北平沦陷，随即抗日战争爆发。学社无法再进行正常研究工作，部分人员迁往内地四川，又将大部分文献手稿存寄在天津，不料翌年天津发水灾，收藏资料浸在水里。单士元因当年家在北平难以动身，故部分手稿在自己手中。解放初期1953年贮存天津手稿得到有关部门

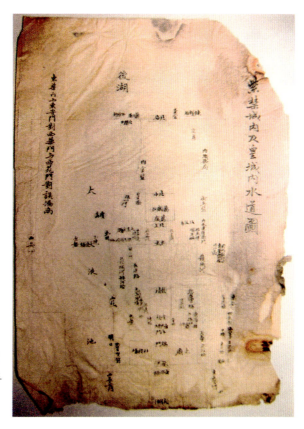

三六 《明北京宫
苑图考》手
绘图稿

的发还，虽然损失不少，但单士元打算把这件未完之事继续完成。虽
然当年单士元也作了大量的补充整理校对工作。但由于政治运动使
手稿彻底不知去向了。

　　其二就是《明代宫苑考》（即《明北京宫苑图考》）（图三六）。当
年学社的朱社长一旧友阚铎先生，很早参与营造学社研究工作。阚
先生曾对北京元代大都考证写出《元大都考》一文。后在朱先生协
助下，阚又拟编写《明代宫苑考》，先从皇宫到西部太液池做起，但
仅有简单资料，难以成文，后朱社长邀请单士元参与其中，与阚先
生合作共同完成。单士元回忆此事曾写："得朱先生之导航，于是余
长日在北京图书馆浏览有关之书，已积稿盈尺。因余先将明代建筑
大事年表编成，故可从中取材即编入宫苑考稿并加以补充，时为

1937年已过半但尚未完成之际，而日本发动侵华战争，制造卢沟桥事变，学社被迫转移四川，余所承担完成之宫苑考稿部分，只得置弃篓中。"结果至单士元故去，也不知此手稿所终。从单士元参加中国营造学社起，他就分外忙碌了。因为除学社工作外，还在故宫文献馆工作。在北大研究所国学门读研究生毕业后院外兼课颇多。收入亦颇丰，生前他曾回忆玩笑地说过，那时师友多，每逢春节时，需雇请当年人力车两辆来用于师友往来。不足一年除生活外尚可买到一所不错中等宅院。那时单士元的工作生活春风得意，在社会上也很风光。

加入营造学社工作不久，单士元便想研究一个新课题，那就是在古代建筑中建筑工艺技术与艺术的问题。当时他于故宫文献馆查看到有关紫禁城，建造设计规划的史料档案中，除对雷氏世家的记载外，还有明清两代著名营造世家的史料，其中马氏世代营造家族颇为著名。传到清末的是马辉堂先生，曾应请于营造学社。那时单士元亦在该社，并拜访求教过马氏。作为古建筑行业里一般说来大有以瓦、木、扎、石、土、油漆、彩画、糊八个工种操作。在交谈求教中马氏说出在施工中八大工种之间的关系，技术要求，乃至行话、工具，师徒间传承技术与相互人际相处，还有工钱所得与分配等，让单士元闻所未闻。那时朱启钤虽考虑与规划在古建工艺技术方面的研究，但尚未顾及更多，那时可以说在营造学社里在对古建工艺技术方面，还尚无人提出作为专一课题而加以研究。也就是基于此，单士元在学社研究中，又给自己增加有关古建工艺技术方面的研究。故宫这座古建筑群体给单士元的这一专题研究，提供了实物的参考。他认为，我国古代建筑学与其他学科不同，它是一门综合性的学科。过去一个匠作之官需对工程诸方面了如指掌，心中所知，指挥得当。如《周礼考工记》、《营造法式》、《梓人传》、《清代工程做法》、《瓦木工行会之手册》等。明清以来世袭匠作多是家传或师徒相传，今人研究建筑历史与理论，不将工艺技术包括在内，则理论似趋于空，故不能反映我国古建筑科学的整体性。同时，他还认为，要总结发扬与研究古代建筑文化艺术及其科学的内容。如一个单体建筑物的造型艺术，和建筑群体的组合艺术，都能给人以美感，其中就有值得我们注意的建筑造型艺术。而我们从视觉上得到的美感，它是由美学理论来指导的，这是其一。其二则必须通过建筑工艺技术而产生视觉上的美感。如明清故宫，单座建筑的造型从屋顶到基础台基，都有值得注意的建筑艺术，又从整个皇宫建筑群的组合看，就更使人赞赏。长达一公里的建筑群的组合，在空间处理上，在建筑物安排高低起伏上，若以绘画比拟，则是一卷千里江山的图画。若以音乐艺术比拟，则又有优美旋律之感。在那个时候，虽然已有些大学开了建筑系室，但主要学现代建筑，对古建筑工艺不甚了解，知之与重视甚少。当时建筑学界里尚是以研究法式、建筑史居多，而研究古建工艺技术的却凤毛麟角。于是在营造学社单士元增加了一个研究课题，就是对古建工艺技术的研究。单士元在这方面走在了前头。在解放初期，单士元担任故宫古建修缮工作的副院长时，马辉堂已故去。但由他培养的有传统工艺技术手艺的匠师马进考、杜伯堂等人被单士元聘请来院，为故宫古建大修工程做技术指导。从解放初期到单士元病故，从他参加营造学社起，一直以故宫为基点，进行文物修缮保护工作。因而单士元逐渐形成自己对古建领域的主张与看法。他认为，研究建筑史不能仅仅侧重历史素材和实物调查，而忽视建筑理论的研究，不能只着重建筑布局和造型艺术的探讨，而不讲工艺之学、工具之学，那样无法全面理解祖国建筑的形成与发展，无法构成完整的中国建筑史。可以说单士元是提出把古建工艺技术的研究，纳入中国建筑史研究范畴的第一人。但是在他晚年，同行晚辈也许不知他曾经有过从事历史档案的第一专业，而敬称单士元为古建专家时，他却戏言以对："我是秃子改和尚，将就地干几十年古建筑工作的。"对于单士元而言，是将古建工艺技术纳入中国建筑史研究重要组成部分的第一人。六十余年后单士元病故之际，他的两位老友，我国著名的古建专家罗哲文和城市规划大师郑孝燮，撰文缅怀单士元写道："我们认为还有一点值得称道，单老对古建筑传统工艺技术的重视，特别是近十几年来，他随处在宣传古建筑传统工艺技术的重要性，不仅他自己多方收集这方面的历史文献资料，而且还多方搜罗人才，筹划着为一些老工匠、老技师们拍摄影视图像，把活的'人间国宝'的珍贵资料保护下来。作为一个主要从事文献研究工作的人来说，看到了这十分重要的一环，更是难得可贵的。"

　　1937年下半年，卢沟桥事变后北平沦陷。学社迁出京，同时为了躲避故宫文献馆中亲日汉奸迫害，单士元已不能正常上班了。在沦陷区，工作与生活进入了两难境地。

四 动荡年代

（一）沦陷八年保故宫

1931年的9月18日夜，日本帝国主义驻我国的关东军，突然向沈阳东北军驻地蓄意挑衅发起进攻，这就是当时震惊中外的"九·一八"事变。1932年日本为了便于统治我国东北地区，利用清末帝溥仪，成立"伪满洲国"。日本军国主义侵略我国的野蛮行径暴露在中

三七　1937年抗战前中山公园澄清坊照片（从左至右依次
　　　为单士元、商鸿逵、孟森、张鸿翔、吴丰培）

国人民面前。"九·一八"事变后，时已逼近河北。1932年平津告急，此时对于故宫博物院来说，一旦日军入侵华北和平津后，故宫院中的文物肯定就会受到极大的威胁。院内的国宝文物等甚至有被劫遭毁的威险。鉴于时局的不断恶化，故宫博物院理事会认为，万全之计就是把院中文物如青铜器、玉器及档案字画中的精品，部分装箱准备出宫南迁到安全地区。消息传出公开后，立刻引起南迁与反南迁两种截然不同的意见与行动。在这个问题上不但发生很大的分歧，而且有激烈冲突。然而经院中理事会讨论决定，并报国民政府同意，将院中所藏文物择精品，通过秘密列车南迁上海储存，同时在南京建设库房，建成后移至故宫博物院南京分院。1937年7月7日卢沟桥事变后，北平沦陷，日寇占领北平。

　　一时间北平各阶层的人们都惶恐不安。国民政府的机关也是一片混乱。在这种形势下故宫院中宣布关门。此时故宫的机构仍是三管一处，即古物、图书、文献三馆和总务处（图三七）。然而院长却换成了马衡。原来，于1930年由国民政府任命的易培基院长在任职后不久，突然间传出来有偷盗文物行为的指控，因而在国民政府最高法院以盗宝罪立案。起初，易院长有上诉的打算，然而，至后来易的申辩以及给政府中的政务官惩戒委员会的答辩，乃至主持公道的知情人士打给蒋介石、汪精卫的密电已全无下文。对这种情况，易培基院长于1933年10月不得已提交辞职报告，旋即得到批准同意。马衡，字叔平，生于1881年，故于1955年，一生致力于金石学的研究，推进我国考古学从金石考证到田野发掘的过渡，被誉为"中国近代考古学"的前驱。此时，马衡院长及古物、图书、文献三馆的馆长等，或随南迁文物去了南京，或离职避故南下，大部分离开了北平，这样，故宫博物院的工作人员和所管文物，已是一分为二。故宫院内以总务处长张廷济为首的部分职工，随着故宫这座搬不动的大文物留守北平院中，当时只有百余人。早在故宫建院始就供职在文献馆的单士元便以留守人员身份仍在院中。

　　自北平沦陷后国民政府已是自顾不暇。对政府下属的故宫博物院等机关单位，更是顾及不上了。现院内无院长掌持，外没政府依靠，已断绝经费来源，若长此下去别说继续进行各馆工作，连工作人员的生计都难以维持。1937年9月社会上动乱稍有缓解，院中就为生计试着开院门，但是没有全部开放。为守护便利起见，就将原陈列室略加归并，分成两路。后不久张廷济向南京政府汇报现状请示机宜。11月南京行政院的训令寄到故宫，内称："折呈悉。经提出本院三三五次会议议决，该院留平人员处境难危，自属实情，目前应于可能范围内尽力维持，仰即遵照。"就这样在沦陷后的一段时间内，北平故宫院内职工在张廷济的维持下，遵照原有体制，照常开放展出，支撑着门面的工作。张廷济，别名张柱中，他是个文化名人并喜欢写字绘画，还常与原皇室中溥字辈画家如溥松窗、溥雪斋等有往来。他是北平沦陷后受马衡院长之委托，在院内主持工作的。张廷济虽然仅是个总务处长，但他从北平沦陷起，在国难当头之际，全力支撑着故宫艰难的局面。从初期计划分成两路开放，后又根据情况调整为三路。同时在展品与陈列上错开日期，轮换陈展。但那国难年月来参观者寥寥无几，于是张廷济与院中职工商量，为了增加参观者的兴趣，三馆留守职工对各自陈列室策划改善和打扫整理，并将库存物品提库分类，选择再审定。其中之珍品分于各室陈列。例如，在张廷济带领下，曾将承乾宫清代瓷器移于景阳宫，又另辟御书房为宋元明瓷器陈列室，并将这两处统称为历代名瓷陈列室。而承乾宫则将瓷、铜、玉及杂项等精品综合陈列，名为文玩陈列室，图书馆原有三处陈列，由于地点狭窄光线不良，职工就将三处归并集中一处，选择批本处房屋三大间，统名图书陈列室，陈列宋元明版书籍多种。其中有宋元明版本，有清殿刊本书籍及写本佛经和写本满蒙文书籍等。同时为了招来更多的游人，在门票的定价上也做调整，参观游人多将可优惠。在张廷济领导下和故宫院中留守职工共同努力下，故宫博物院的局面逐渐有所好转，参观的游人也大有增加，这样在院中经费无处拨发的情况下，职工工资就靠门票收入来维持，有时每个职工月能有10余元养家糊口的生活费。

　　在北平沦陷时期，日本入侵者的野蛮侵略行径无处不在，在文化领域亦是如此。其时早在清光绪末来京任教的日本人逐渐增多。

当时称作日本教习。民国后于1918年至1927年曾任北京的《顺天时报》编辑，后又在日本东方文化事业总委员会代理主席兼研究部主任的桥川时雄，就是在北京的日本教授和文化特务中比较突出的一位。他把办事处设在北平东厂胡同。在充足的经费支持下，从事如《续修四库全书提要》之类的浩大工程。他们利用高酬金来雇用失意文人。在北平沦陷时期，拉拢文化汉奸，来掠夺我国文化资源的就是这个桥川时雄。在故宫重新开放后，日本兵来参观时，他们从来不买门票，只是拿着桥川时雄开的东方文化事业委员会的介绍信，就必须让进入，否则就故意找麻烦。同时，还是这个桥川时雄，他的文化侵略黑手还伸到我国古建筑研究领域。于1930年他以东方文化委员会总委员的身份加入中国营造学社。虽然那时军队尚未入侵我国，但是他在学社中对我国古建学术研究之掠夺，引起许多人不满。桥川时雄后于1934年离开营造学社。1946年抗战胜利后被遣返回国。

沦陷期间按日本占领军的要求，北平各机关单位都要有日本人当顶头上司的顾问，进驻该单位或机关。但故宫博物院以故宫不是机关为借口，顶住压力而没有来过一个日本人插手院务。其原因有二。其一因为当年日本入侵者更注意军事占领，他们以武力占领了我国大片领土和重要城市后，气焰嚣张，意在灭亡我国，狂妄地认为中国早晚会在武力下屈服，成为他们的外府之地。至于其收藏珍宝器物，顺理成章为入侵者所有。因此把故宫的文物视为"外府"中所收藏。其二，故宫博物院自成立之日起，就与热爱文化传统，且正义清廉的社会名流、著名学者的关心与支持分不开，北平沦陷后他们非常担心故宫的命运。当时有的住在租界隐居，有的以其合法身份出入社会，表面上看不出对故宫做了些什么，但是私下里非常关心故宫院中所发生的事情。比如朱启钤、陈垣、叶恭绰等。朱与陈二先生前文有所介绍。前者是清末民国中的政要，时为中国营造学社社长，后为北大著名史学教授，沦陷时期在由天主教会主办辅仁大学任校长。另外，叶恭绰先生，在北洋政府时曾担任交通总长兼交通银行经理。朱启钤成立中国营造学社，叶是该社成员之一，并积极为学社学术研究外出勘查古建筑筹款。沦陷后他们首先不与日人合作共事，并通过自己在社会学术上的声誉与影响，通过一些各自的关系，用适当的手段维护着故宫。尤其朱与叶两位先生，虽然没在故宫院中担任过职务。然而他们是社会上威望极高的前辈人物，因此利用各自师友之交尽量不让日本插手故宫。

虽未按日本人要求派驻顾问于故宫，然而日本人是不甘心的。他们想任命一位院长主持院务。当时院中百余留守职工牢记马衡院长临走"一定要保护故宫文物"的嘱托。因此在张廷济的领导下大部分人都保持民族气节，不向入侵者屈服。但是仍有人甘愿做汉奸，帮着日人尽快任命院长。在文献馆里就有一位张姓者，在此之前与单士元在工作中相处不错。此时张姓者却与溥仪父原摄政王府一个大管家互相勾结，企图靠日本人势力接管故宫。当时摄政王府的人大都去了东北依附于伪满。这个管家留在北平，就是配合日人在沦陷区的文化侵略。首先他与文献馆张姓者互相配合，想依靠日人庇护让张姓汉奸当院长。然后由他提出以大管家等为院中各部门负责人。此时主持故宫院务的张廷济一见风声不好，他非常着急并想办法，张找到时在北平伪政权任职熟人汪时璟，请他出而提出暂缓行事，待上面任命，于是这件院长人事安排事件，总算暂时平息了。

虽然汉奸想依仗日人势力未能得逞，但是在文献馆的单士元却从这件事起一直经历着生死劫难。原来汉奸抢权之始，文献馆张姓者与大管家等人兴风作浪之时，首先便盯上了在文献馆供职时间长，业务研究有成绩且人更老实的单士元。那时他们找到单士元说，鉴于家里生活艰苦，表示愿赠与不菲的钱物，目的是拉拢单士元与他们合作，并许愿可提升一官半职。薪水多了自然可以维持一家人的生活，那时单士元可以说家徒四壁。因为能换钱糊口的什物几乎变卖得差不多了。家里原有的大铜炉，留下的藏书，到最后自己十分珍爱的一本四库全书的书影全都换钱吃混合面了。钱对于单士元来说可谓太重要了。但此时的他早已打定注意，宁愿一家人饿死也坚持不与汉奸共事。之后，未能如愿以偿的汉奸们，没想到单士元能有如此的精神动力，心中怒火一下子全撒在单士元身上。日人找他谈话软硬兼施，由于查不到他有任何反日行为只好暂且作罢。但是单士元没有被吓倒，仍然利用自己整理出版历史档案刊物之便，发表有关档案史料文章，借古讽今谴责甘做汉奸的卖国行径。

1942年初，北平伪政权派让祝书源为代理院长，他和秘书齐之彪等人接管了故宫。既然伪组织接管主持院事，日本人也就未能再插手故宫。祝书源曾是朱启钤先生老部下。从清末就从事管理北京市政建筑工作。祝的秘书齐之彪，字景班。他是一位曾同叶恭绰先生一起在北洋政府管理部门工作的老先生，是我国著名的戏剧家齐燕铭之先人。伪政权的接管从另一角度来看，是对保护故宫文物有积极意义的。同时他们都与故宫主持院务的张廷济先生一样，是名望较高的学人。如果说，不是由这些人主持接管故宫，而是由别有用心死心塌地做汉奸之流，或是日人直接插手，那故宫所藏文物的安全，与故宫的局面都是不堪设想的。祝书源主持院务期间，仍由张廷济负责具体院务。在业务机构上没有做比较大的调整，此时，文献馆张姓汉奸等人穷途匕首见，与单士元势不两立。他们想通过日本宪兵队，非要将单士元抓进监狱不可。在这种情况下单士元在文献馆工作和安全都难以保障。这一切，故宫院中的地下抗日者是完全明白的，他们知道单士元是不与日人汉奸合作的。此时暗中告诉他暂不要去文献馆上班，立刻躲一躲免遭不测。如此，本有的数元养家的工资收入也没了。单士元是个文弱书生，摆摊干苦力他做不来。此时又由于生活艰苦，数年前的老病胃部出血又犯了，只得在家休息。但他为了养家，不得不还在开课的院校去兼职做教员挣课时费，并隐去真名，以单乾称之。在伪政权接管故宫后不久，院里突然告之单士元去整理院中图书馆藏书，并编辑书版本目录，将他从文献馆调到图书馆。后来单士元才得知，北平伪政权派祝书源为代理院长时，得知单士元在文献馆的危难情况，又得知单士元与朱启钤、叶恭绰二老先生私交很好。所以朱、叶二老曾暗示祝书源拜托其关照单士元，因此对单士元有如此暗中之举。

在图书馆工作后单士元就埋头整理书目。一干几年过去了，也颇有些收获。因为日日置身于书库，尽览宫中旧藏之秘。如铜活字

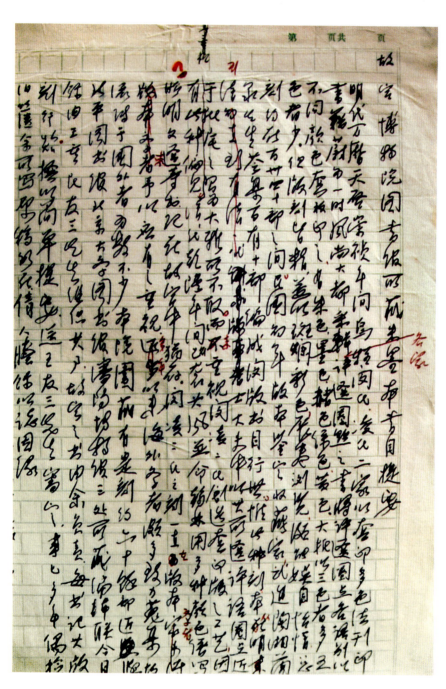

三八　单士元所写《故宫博物院图书馆所藏朱墨本书目提要》

版，聚珍版，翰林手抄本及方志，以及残存宋元明代善本古籍。在读宫藏秘籍之时还将库存朱墨本书籍编制提要。所谓朱墨本者为明代末年所发明套版印刷之书，少者二色，多者五色。据单士元当年编辑得见故宫存有计六七十种。他即一一量各种尺寸、行款、字数等，还写明系凌氏或闵氏所印。因为在明末，凌、闵二氏均乐于此术也。最后单士元还编写出文著《故宫藏朱墨本目录》（图三八）。单还奉送当年北大图书馆系主任，著名图书馆学、版本目录学家王重民（字友三）先生审阅，王先生阅后给予高度评价。单序撰于文前曰："明代万历天启崇祯年间，乌程闵氏凌氏二家，以套印多色法刊印书籍，尉为一时风尚。所印刻之书大都采辑各家评选圈点之书，将评选圈点各语别以不同颜色，套版印之。有朱色、墨色、赭色、绿色、黄色，大致以三色者多，五色者较少。但版刻皆精。益以斑斓彩色，展卷浏览，颇能娱目怡情。总刻约在百三四十部之间。民国初年版本鉴定收藏家，陶湘（兰泉）先生汇集百有十部，编成闵版书目行世。唯此种刻本，从明清在士大夫中，以其所送选评语圈点近于批尾之习。为大雅所不取而未重视。闵凌二氏创造套印版之工

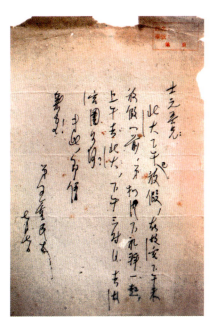

三九　王重民写给单士元的信函

艺，具此偏见，因而未得到应有的重视。清代乾隆年间已袭其风，并命翰林书家，用多种颜色缮写昭明文选多种。近岁以来海外学者颇多致力搜集，故流于国外者为数不少。本院图书馆藏有是刻约六十余部。近与北平图书馆、北京大学图书馆、沈阳故宫博物馆三处所藏编辑联合目录。由王重民（友三）先生组织其事。故宫之书由余负责。每书记其版刻行款，撰以简单提要送友三先生审定以总其成"（图三九）。

其实在北平沦陷前，单士元家里生活还是比较宽裕的，有自己的祖宅，上下班授课雇用专门人力车。单士元儿时被过继给无子女的二伯父母屋内做养子。到了单士元成婚年龄时，父母给他娶了一位王姓妻子。在生养父母的"一子掌两门"旧观念的干预下，老人又为他娶了一位黄姓妻子。那时父母、二伯父母及兄长以及单士元一家人住在祖宅中，老少三代食于斯、寝于斯，过着平静的生活。

北平沦陷后，入侵者持枪荷弹地林立街头巷尾，人心惶惶。在故宫中不少职工纷纷避敌谋生。单士元当年虽不愿意在沦陷区受亡国之苦，可是一来世居京城之家无外省市亲友可投，再者上下十余口人也难以动身。虽沦陷数月后故宫惨淡地对外开放参观，职工有一点微薄薪水，但入不敷出。当年入肚粮食奇缺，只是按人口配给叫做混合面的入口粮。所谓混合面是由豆饼、玉米核心、橡子、糠、秕等混合在一起，磨成粉末状。到后来日本奸商将马驴骡牲口尾毛也一齐扫进去装袋。于是必须先用镊子夹捡出来，才能上锅蒸。一家人蒸上几屉混合面窝头，用一把韭菜沏一盆汤，就着汤咽下这混合面窝头。此时单士元还要耐心开劝父母，这是暂时的困难，生活会好起来的。此期间还有更大的困难，就是冬日生火取暖的煤非常难买。四五点钟，就得出家门排队等着开门购买。单士元第二位妻子带着两个男孩子，要从旧鼓楼大街前的住处一直走到德胜门的卖煤点。那时供应的硬煤说白了就是很重的大煤块。还有的连硬煤都不供应，索性全是煤末子，一般老百姓根本没有现成的煤球供应。就算挨冷受饿地买到，可是周围还藏着或明显站着无赖混混，看到有人家买出来，几乎同声齐喊冲上来就哄抢。此时单士元妻子带着两个儿子刚推出盛煤的小车到卖煤厂大门，就遇上这一帮人，于是两个孩子就帮着母亲哄赶，原本从家里带来的笤帚簸箕是用来打扫掉在地上的小硬煤块或煤末子的，此刻母亲却挥舞手中，成为轰开哄抢者的工具，驱赶之中，夺路拉着小推车一路小跑着往家赶。另外，买来的大硬煤块是不能生火的，必须用斧头或锤子把硬煤砸碎。对于煤末子那就麻烦多了。煤末必须按比例地掺入黄土后，攥或摇成煤球才能生火取暖做饭。这一切活都是单士元第二位妻子必须干的辛苦家务劳作。对于攥煤球的法子，比较摇煤球来说相对省力、省事。在胡同街口弄上一些黄土，与煤末掺在一起，用手抓起来然后揉到手心中，揉数次后变圆，放在太阳地上晒干。时间长了，就会手腕红肿发热，连打弯儿都疼。摇煤球则真得算得一项专门的技术活。过去摇煤球工匠都是壮汉，寄居在煤厂。有人来加工煤球时，料量与工钱讲好。沦陷前单士元的家庭也是雇工来做。此时生活都没了保障，摇煤球事自然不能雇人了。先将煤末与黄土的比例放掺适度，土少了煤球易散，出来的末子多，土多了煤球一烧要炼焦。掺好后加水和成泥状，再用干煤末在地面上洒一层，将和好的煤泥摊在地面上成均匀片状。再将干煤末洒在煤泥上用大铲切成小方块，说摇煤球是技术活，技术就在摇上，用荆条编的大眼筛子，下垫一个花盆，将煤泥块铲到筛中。摇动时关键是连摇带颠，使筛内的煤块全部滚动才能成球。没有摇过的人是摇不起来的。即使是摇动了，筛边的煤饼少数可成球，但筛中间的煤饼照样是饼，成不了球。因为摇煤球一筛数量多，因此一般人家还是多采用摇煤球。

　　记得有俗话叫做乔迁之喜。搬家易宅住上比原来好的房子，自然是件欣喜之事。对于易宅乔迁恐怕是每个人从小到老，都会有的经历。早年间没有房屋买卖公司，大多依靠拉房纤的人。在清末民初一直延续到解放前，在北京城里就有这么一帮人，就专门从事这营生。在那个年代多为游手好闲厌恶劳动之人，为了生计干上拉房纤的营生。每天早上到茶馆或人多地方一坐，神聊一通，目的是借以得到买卖房源信息，虽双手空空却可以凭三寸不烂之舌，在买卖求租者之间两头赚钱。他们对持房人尽量贬低其房以利压价，反之对后求房者则浮夸房源，目的在于赚钱。上述拉房纤的充其量仅为求财，但是北平沦陷时，单士元一家唯一的祖宅被迫变卖，则不仅是对方骗钱了事，而完全是日本雇用汉奸迫害所致。

原来这件事还是故宫文献馆张姓汉奸与王府管家合伙迫害单士元的延续。那时北平街头巷尾胡同内，都有从东北过来为日寇效力又欺压市民百姓的汉奸特务。他们受日寇与北平汉奸的指使，趁火打劫再自捞一把。有一个自称是从东北逃荒过来的老妇人，时时有不寻常之人来见她。她还与胡同中日本人有来往。老街坊看起在眼里不去招惹她，单士元一家老小也是能躲便尽量敬而远之。就是这样还是惹来麻烦。一日，老妇人告知单士元家人，日本人要用这个宅院当军用火房，必须以低价卖给日本人，并限期搬走，她告之来北平就是帮日本人做事的，最后单士元一家只好忍痛以那老妇人的定价，让汉奸买走，日本投降后该宅又作为伪逆产被充公。

此外单士元还险遭一次生死劫难。那是在1941年。位于什刹海畔的辅仁大学，由于是教会所办，日人未能进驻。爱国的师生如辅大英千里、沈兼士、赵光贤等教授忧心忡忡，欲报效危难中的祖国，便组织成立名"炎社"的抗日社团。为何叫炎社呢？炎取明末清初有民族气节学人顾炎武的炎字。因顾氏有名句"天下兴亡匹夫有责"。炎社便学习顾氏以担负国家兴亡为己任。广大师生不但积极参加炎社，而且认识到，在学校教书读书，虽然不能上前线抗日，但在宣传不与日本侵略者合作，做好抗日后方工作方面，也算是尽了一份责任。在1939年春夏，由于日寇逐渐知炎社为抗日组织，为安全起见，立即改组名为"华北文化教育协会"，简称华北文协。沈兼士教授任主任委员。当时主要活动有宣传抗日爱国，不与日人合作，支持抗日师生参加各种抗日斗争。另外，因为是文化教育协会组织，故可以出版各种文化学术刊物为掩护，发抗日传单与文章，揭露日人侵华罪恶行径。在组织内部有专人刻成腊版，油印若干份，在广大师生与市民中秘密传阅。日寇与汉奸听到风声后，对此恨之入骨，四处侦察非查出不可。1941年为农历辛巳年，当年已准备编辑出版《辛巳文录》的初集和续集，撰稿者已约三十余，都是当年不与日人合作的爱国学人。单士元是其中被约稿者之一。他虽不是华北文协的成员，但委员会主任沈兼士教授与单士元是师生关系，而且沈先生是亲自的约稿于单士元的，于是单士元写了《清代起居注考》。其实就文稿本身并无有抗日内容。但是就在出版在即关键时刻，日寇突然对华北文协成员大肆逮捕，对出版物大肆查封。不幸中有幸，该刊物转移早，未让日人得到撰文与作者名单。但是英千里、沈兼士等华北文协的负责人与成员前后几乎被敌宪兵队抓去。单士元可谓又躲过一劫。

1944年北平的汉奸组织献铜委员会搞献铜运动。这个运动波及万户千家。故宫这样的文化机关也未能幸免，当时故宫博物院主持者虽是伪政权派来的，但他们对这个献铜事并未积极响应，并提出故宫中的文物不能当作一般铜物件交出。尽管拖了很长了时间，还是不得已将没有开放殿院的铜缸和铜灯罩座劫走百余个。至今我们看到的殿院只有石座，而没有了铜缸，就是那个时候被劫走的。当时有一本名《故宫博物院对北平市历次收集铜铁应付情形始末记》之书，对此做了详细记载。

侵略者的末日终于到来了。1945年9月日寇投降，日伪时期任命的院长等均被解职。当年10月由在重庆的马衡院长委派原文献馆馆长沈兼士先生来北平，为接收要员。会同留守的总务处长张廷济办理了故宫的接收与复员工作事宜。沦陷期间由于留守职工的共同努力，院藏文物和古建筑均未遭受损失，因此他们受到表彰，留院任职。

（二）内战三年见曙光

1945年8月15日，日本宣布无条件投降。在北平沦陷八年，故宫文物未遭到损失而完整保存。10月23日国民政府派教育部平津地区特派员沈兼士，沦陷时期在故宫院中主持工作的张廷济做接收故宫博物院的手续。沈兼士向同仁讲话加以褒奖以奖留守之功。在接收时除少数由伪政权派来人员以及充当亲日汉奸者被免职外，其他均以留任。此时在院中图书馆的单士元，在坚持对敌斗争中保护故

四〇　单士元解放前在中法大学授课时编写的课程计划说明

宫，同时在政治上未做失节之徒则被继续留任。

　　然而抗日战争虽然胜利了，但是抗战后的中国就像黎明未到前的黑暗，国民党发动内战，北平与故宫又经历艰辛的岁月。由于时局动荡，民族文化事业无法得到很好的顾及，因此故宫博物院事业在此时又受到严重挫折。同时北平各阶层人民在战争中痛苦挣扎，生活又陷入极其艰困之境。对于单士元这世居京城土著之家，生活的苦难与抗战时相比未有任何好转。他只有除上班外，利用一切工余时间不休息赶着钟点在北平各大院校，如北师大、中国大学、中法大学以及华北文法学院教中国通史、国文及明清史等课（图四〇），生活尚能艰辛维持。由于通货膨胀，物价暴涨，于是在学校里流传有"教授越教越瘦"的讽刺。那时单士元在北平学界已有些名气，于是国民党人员就以高官厚禄和优厚生活的条件，引诱他加入国民党组织。其中不乏有引导他步入学界的师长。然而单士元对师长只是学识上的求教，其他不深入涉及，他有高尚正直的觉悟、清廉自守的品质与不失人格的政治标准，就像对待日伪时期汉奸的诱惑一样，在大是大非上坚定信念不失节。同时单士元还清醒地认识自己，虽然尚未有觉悟参加共产党，但对共产党有深厚的感情。于是当年他不但不参加国民党，还力所能及地接近和保护进步学生。当时单士元对学生中间国民党分子与中共地下党虽不能详辨，但略有知晓。同时地下党人也观察单士元不倾向国民党的教员。有几次国民党特务来课堂核对姓名，显然要抓人。单士元则以课未能讲完，难以遵命加以拒绝。还有地下党学生在险遭逮捕之际，请求单士元保护，于是单士元将这位学生反锁在自己休息室。解放后，听过单士元课的以学生身份做掩护的地下党员，在新中国成立之初均为政府中的各级领导干部，他们纷纷在适当的机会前来慰问单士元。学生的敬重与爱戴，使他深受感动。

那时单士元在授课之余，还不忘对北平历史上的帝都传统文化进行研究与考证。

旧华北文法学院校址是原清代礼王府址。1946年单士元在该校兼课之暇行校一周，见原府门琉璃为明代样式，而殿宇则粗新，雅非旧式，又将菱花隔扇假做承尘尤觉不伦。审其原府建筑断定多为清季重建，在校之西院有假山亭榭。中有断碑一幢，字迹已漫漶，他时摩挲读之知为乾隆二十九年兰亭主人绿漪园所撰《老槐行》。此碑文读后，单士元即认定是礼王府掌故的重要资料文献。于是经过他一番考证后，写出了《清礼王府考》一文，从历史沿革到礼王传略及礼王的承袭次序府第规制等，进行较为精辟的考证。他也是对此府考证的第一人。他认为礼王府的前身为明崇祯帝外戚周奎宅第。早在明万历四十四年（公元1616年）明灭亡前，清太祖努尔哈赤建元天命，封第二子代善为和硕贝勒。明崇祯六年（天命十一年）努尔哈赤死。代善等拥皇太极即位，改国号曰清，封代善为和硕礼亲王。崇祯十七年（公元1644年）明亡。清世祖福临即位改元顺治。顺治二年亡明崇祯帝外戚周奎宅归代善，故称礼王府，顺治五年（公元1648年）代善卒。至于碑文署兰亭主人未著姓名，其下钤礼亲王宝，自为继承王爵主人。当年单士元又检阅清代皇族玉牒，知乾隆二十九年（公元1764年）袭封礼亲王者为第七次袭爵者承恩，由此世袭表可知兰亭主人当为承恩无疑。依次为第八、九、十袭，爵者为昭梿、麟祉、全龄。第十一袭爵者也是最后一位为世铎，于民国三年（1914年）死。有清一代的初期，清宗室有特殊功勋王者，封爵皆为世袭罔替，有此种特殊荣誉待遇在清初有八家，号称八家铁帽子王，分别为礼亲王、郑亲王、豫亲王、肃亲王、庄亲王、睿亲王、顺承郡王、克勤郡王，其中礼亲王为首。

在文中对于府第规制，单士元又作如下考证："北平故老相传清代王府之大者为礼王府与豫王府，有'礼王府房，豫王府墙'之谚。房喻其多，墙喻其高也。今协和医院即原豫王府。又按王公府第建置规模皆有定制。据乾隆会典载府第规制曰，凡亲王府制正门五间，启门三缭以崇垣，基高三尺，正殿七间。基高四尺五寸，翼楼各九间，前墀环护石栏。礼王府为使用明外戚府重建者，多依规定使用，旧者则与规制不合。另外在规制如门楣只许用彩绘云龙。而原礼王府现大殿下部则为雕刻云龙，其工艺显然为明代手法。又据故老传言，庚子年八国联军之役，礼府为法军占领。法军以殿名'银安'遂掘殿基，果得银窖。此事礼府太监言之凿凿。按王府正殿俗称银安殿，与皇宫正殿称金銮殿意义相合，金殿既不藏金，银殿岂能藏银？果如太监所言之确，则'银安'可谓名副其实矣。"

在乾隆年间吴长元著《宸垣识略》卷七记曰："礼亲王府在西安门处东斜街酱房胡同口。"另《啸亭杂录》卷二载礼亲王府在普恩寺东。今礼王府址与吴氏所记坊巷合，普恩寺在酱坊胡同西北，礼王府在其东，故亦合。由此可知旧华北文法学院址即清原礼亲王府址无误。

沈兼士教授在1945年10月底作为教育部特派员和抗战后清损会平津区代表，接收故宫博物院后，又被任命为故宫博物院文献馆的馆长。1947年8月沈先生不幸病故，对于单士元而言，沈兼士既是他求学路上的第一位师长，又是供职在故宫文献馆的第一位领导。此时先生的故去，对于单士元来说失去求学的良师、工作指导的前辈，对于故宫来讲，失去一位学术研究的领路人和我国历史档案事业的开拓者。为此同年12月，北平故宫博物院在《文献论丛》刊物上，印行沈兼士先生的纪念专刊。马衡院长为之作序，沈先生生前好友与学生弟子均撰文表示纪念。其中有戏曲理论家齐如山的《由承应戏可考国剧之来源》；著名图书目录版本学家王重民的《述美国国立档案馆》；以及著名诗书画家启功的《跋邺河伊拉里氏跳神典礼》，从师于沈先生的单士元也在专刊上撰写《清代奏事处考略》以纪念沈师（图四一）。同时还有单士元长兄士魁与堂弟士彬分别以《清代黄册赋役问题》与《清季国民捐史料》文著于专刊中（当年单氏三兄弟均在文献馆供职）。

　　1947年也是在三年内战时期的一个重要的转折，共产党顺民意而得到百姓的拥护迅速壮大，国民党统治已摇摇欲坠即将灭亡。此时北平各阶层人民在共产党号召下，纷纷组织起来进行反内战、反迫害、反饥饿的群众斗争，有力地打击国民党的统治。到了1948年10月北京城完全被围困，社会上闹粮荒。国民党政府发行的金圆券贬值，物价暴涨得更厉害了。此时国民党军队屡次要求进入故宫驻

四一　《文献论丛》中的《清
　　　　代奏事处考略》

防均被拒绝。后故宫院中为防止国民党强行进入，恐故宫建筑文物遭到破坏，决定将故宫关闭。四门中只留神武门供职工出入，其余一律上栓上锁并用装满沙子的口袋堵住，在此时故宫同仁再次忠于职守保护故宫。是年底，解放军已围北平城外，城内学校虽然还在开课，但学生来上课的已极稀少，但是只要有一个学生听课，单士元总是按时去授课。20世纪80年代中，晚年的单士元接到当年听他课的郭姓同学写给他的信，信上说："1948年12月解放军围城，单师照常上课。同学已稀少，只有我等数人。课堂上隐约听到城外解放军队的炮声。时单师一笑说，没想到局势发展这么快……同学们也轻轻地会意一笑。我等同学知单师说这句话之涵义。"

1949年1月31日北平和平解放。2月19日北平市军管会文化接管委员会，派尹达、王冶秋等来院办理军管事宜。3月6日在故宫太和殿召开全院职工参加的大会，由文化接管委员会文物部长尹达做政治报告。军管代表宣传党的政策，同时告诉职工，在国家尚未完全解放时，各方面财政经济还相当困难，能让院中职工原薪地留下来工作，充分体现共产党人民政府对文化事业的重视和对广大职工的关怀。根据当年军管会的有关政策，已在故宫供职24年的单士元，继续供职院中。在这段工作中，军管代表组织职工学习时事政策、政治理论以提高职工的思想觉悟。单士元在这期间得识许多革命同志，在政治上与人生观上有很大改变。单士元在青年时以史学为方向，二十余年来学识逐步深入提高。因此，在故宫里他利用所熟悉的历史资料揭露封建社会对人民的剥削压迫，和同仁一起积极改陈布置清代革命史料的陈列，并和帝后生活史料作对比陈列。这一切都是配合当时人民政府对职工进行思想政治教育工作，因此起到了很好的作用。在院外单士元还编写以真实史料为素材的史料刊物发表。他写到："一九四九年二月参加革命工作，初步懂得一些革命道理。试用旧史料在反帝反封建的革命事业上做出一点贡献。故写出若干篇随笔。每一事件的提出是作者在整理史料时，所见到的问题，特别写出供大家参考。是将现在国内外具有历史性的问题，进一步用史料印证出来。同时重在内容上的本质，不偏在理论的叙述，重视

历史的真实性与可信的史料，以作为批判的依据……"不久此事被
单士元的老朋友，当年在报界最有影响的《大公报》社长王芸生先
生得知，专门在大公报副刊开辟"大观园"栏目，每期一文。原来
早在1930年间，故宫文献馆将整理好的历史档案文献，公布于各学
界供他们为各自研究学科参考刊用。当时还印行《中日外交交涉史
料》的档案专册。而这时大公报社长王芸生正在编写《六十年来中
国与日本》的巨著。故当年查找文献时与单士元相识，后来成为挚
友。1949年9月21日，中国人民政治协商会议第一届全体会议在北
京中南海怀仁堂隆重举行。王芸生作为政协代表之一北上来京。与
会期间便抽空到单士元家中看望他。得见单之寒舍简朴，蜗居不能
待客，芸生先生当即表示赠与钱物，单士元婉言谢绝。芸生先生说，
君腹中近代史料档案极富，已撰写成文，君将稿件交给《大公报》刊
出可否？略有薄酬。之后单士元遂以君实随笔发表逾百篇（单士元
字君实）（图四二）。对那时的状况，晚年单士元有诗记之：

行年四十五，白发已难数。回首忆当年，仿佛昨日事。

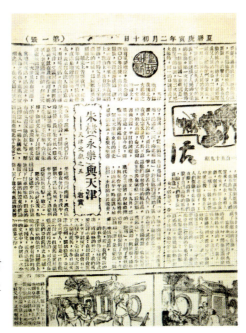

四二　1950年单士元以"君
　　　实"为笔名发表《朱
　　　棣与天津》

少壮读书史，老大教庠序。而今困故宫，岂是瑚琏器。

守岁食无鱼，坐看子女戏。室人识大体，家贫无怨意。

爆竹满城响，斗柄回寅矣。新正老友来，劝我鬻文去。

蒐牵枯肠断，实斋随笔见。小品字三百，回报二十贯。

日夜守穷田，笔耕磨砚穿。

五十年前新年道情。一九八九除夕。

新中国成立，单士元此时亲眼目睹新旧社会的巨大变化和各个领域焕发出的勃勃生机，心中对中国共产党充满崇高的敬意。已入不惑之年的他以饱满的工作精神，利用自己的学识忘我工作。但当年又在全国开展反贪污、反浪费等所谓"三反运动"。三反运动结束后，领导根据单士元的要求，以及他对历史档案学识较为熟悉的特点，让他担任故宫解放后第一任文物编辑组的组长，编写故宫第一本《故宫导引》（图四三）。在约四十年后1990年底在旧书中得见一本当年编的《故宫导引》，他在扉页上写下："这本故宫导引是全国解放后第一本。时在一九五二年三反结束，故宫重新开放。三反运

四三　《故宫导引》封面

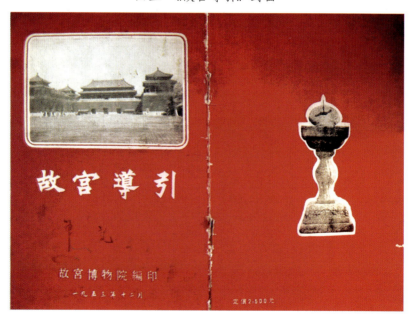

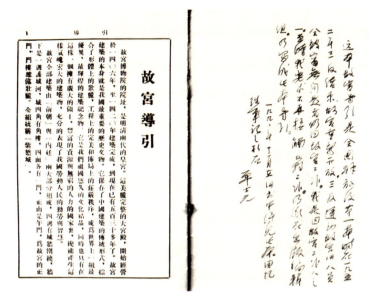

四四　《故宫导引》扉页

四五　解放初期单士元与同事进行修护故宫古建的工作(后左一为
　　　单士元)

动故宫旧人员全被审。无问题者仍回故宫工作。我是回故宫工作人之一，当时我要求不再接触文物工作。乃派在出版编辑组，乃写成此本导引，一九九〇年十二月在旧书中得见此本，回忆往事记之于右。单士元。"（图四四）

1954年中央领导派老革命干部吴仲超任故宫博物院院长。吴仲超（1901—1984年），上海南江人。1928年加入中国共产党。在第二次国内革命战争时期，从事上海等地区地下党工作。在抗日战争中积极开展苏南抗日游击活动。于解放战争中又负责支援解放战争工作，并保护和收集了大批珍贵文物。建国后曾任文化部部长助理，后任故宫博物院在解放后的第一任院长。此时原马衡院长调任文物整理委员会。在当日故宫院中开始充实各学科业务的研究人员，扩大陈列面积，把旧日堆积的陈列方式办成有科学学术性的陈列。同时对故宫群体建筑进行了保护性维修（图四五），还组织业务强的技师对院中收藏的古代书画作品、传世珍宝进行装裱临摹和维修复原。

但是，故宫领导和主管故宫工作的国家文化部下属的文物局领导郑振铎，正在着急与关心的一件大事，就是对故宫这72公顷的古建群体的修缮。原来，在故宫博物院成立初期，曾只对开放参观路线上的宫殿道路加以修葺而从未有过较大工程。到了解放初期不少房屋漏雨倾斜，油漆彩画成片剥落，不少庭院杂草没肩，积水难退，如此等等，而郑振铎部长正在为找不到一位能够主持负责维修故宫院内古建任务的专家而着急发愁。于是郑局长连忙找到当时著名建筑学家梁思成，请他推荐一位能够管理故宫古建筑的专家来院。梁思成对郑说，用不着我推荐，你们故宫院内现在就有一位单士元，他早在30年代就在中国第一个研究建筑的学术机构，中国营造学社内进行古代建筑的学术研究。于是不久郑振铎又把单士元推荐给故宫博物院院长吴仲超。1956年单士元工作重点转到故宫建筑上。30年代在中国营造学社中，他对建筑史、建筑理论及工艺技术的研究，终于在故宫的实际工作中派上了用场。这也是单士元随新中国成长中，自己迈开的新的一步。

五 古建事业新起点

（一）光荣入党承重任

经过解放初期三反等政治运动，纯洁了革命队伍，也提高人民政治觉悟。单士元也是如此。他于解放前夕在各大院校授课时，受到进步青年的影响，现在故宫中又得识众多革命同志，在他们精神感召下，决心在革命事业上有所贡献。在思想上要提高觉悟，于是他积极听党课学党史（图四六）。在三反结束后第二年，郑重地向党组织提出，要在党的培养教育下，成为一名光荣共产党员，通过党

四六　单士元读过的毛主席论著

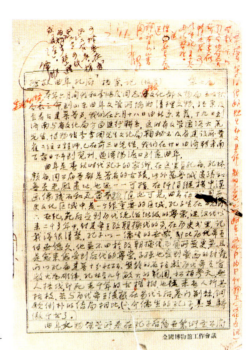

四七　抢救曲阜档案的报告

组织两年的培养教育，由两名参加过长征的老红军介绍，于1956年终于成为一名共产党员。单士元从旧社会的知识分子，转变成为共产主义事业奋斗终生的中共党员，这是他政治生命的新起点。而他负责故宫古建业务工作，则是他事业上的新起点。新工作开始，上级领导就交给他一项很重要的工作。那就是立即去山东曲阜抢救整理被偷盗后截回的孔府档案文物。1956年春，文化部文物局接到情况，孔府内文物档案被孔府宗族不肖者多次偷盗。档案文物运到当时的滋阳渡口，进行私下贩卖，情况十分严重。当地政府采取措施后被截回一部分，然而档案文物却混乱不堪。于是请求中央政府主管部门派专家协助整理。时文化部文物局领导郑振铎与王冶秋，决定派单士元等2人前往山东曲阜，即旧日衍圣公府，协助当地人员进行清查登记整理工作。约10日内单士元等2人基本完成任务。回来后单士元向上级领导写了抢救曲阜档案的报告（图四七），洋洋九页公文纸，从大致七个方面加以汇报了衍圣公府的组织及档案的基

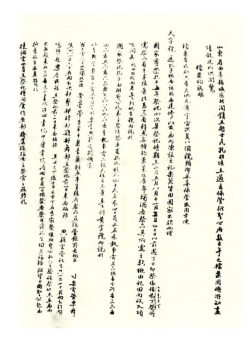

四八 在清光绪末年管理孔
府档案的孔昭培老人
写给单士元的档案说明

本情况、档案的分类、遭劫的经历等（图四八）。报告内容还包括孔
府管理档案的老人工作中的体会以及孔府档案的收藏。报告上呈王
冶秋局长，不久便得到批示："这个报告写得很好，既生动又具体，
我的意见最好在文化部内刊物登载一下，以引各保管所有类似情况
者可以重视。"郑部长亦批："可择要在通讯上发表。"

在解放初，梁思成将已有近20年古建研究经验的单士元，介绍
给主管文物领导郑振铎与故宫解放后首任院长吴仲超。这两位领导
把故宫古建的保护与修缮重担委任给他。可以说从新中国成立到
1966年，不管对故宫，还是对单士元而言，都是一段稳定的时期。那
时国家初建百废待兴，人们在各自岗位上为建设新中国努力工作。
这些年是单士元发挥自己的才智最辉煌的时光。1954年在吴仲超等
主持下，故宫院内成立学术委员会，有若干学术研究课题。时单士
元提议，故宫是古建群体，应成立一个建筑研究组。两年后由建筑
组扩充为建筑历史研究室，单士元任主任。此时他与院中工程技术
师们共同制定保护修缮规划，提出"着重保养，重点修缮，全面规

划，逐步实施"这四句十六字的方针。单士元认为着重保养，就是保护保养古建筑，使之延年益寿，修是以保养为目的，保护古建不能大拆大卸；重点修缮则是在调查重点修缮古建筑的历史年代等相关情况后，因地制宜有针对性地提出维修方案，恢复较严重损坏的部位，如遇有已坍塌散架建筑，则按原结构尽量使用原旧存材料；全面规划是指专业人员应在调查基础上，区别轻重缓急，并要有统一规划与全局考虑，根据综合分析与实际情况定决策；逐步实施是在有了规划后，还需在经费材料工种工匠以及季节等方面协调好的情况下再施工。研究室在单士元领导下，又成立了工程修缮队。大家知道在古建维修中大致有瓦、木、扎、石、土、油漆、彩画、糊八大工种。这些传统艺人，在封建社会千百年来不为统治者与士大夫所重视，被认为是低下的匠人。因此他们的传统古建修缮技能大多以口手耳一代代相传。在清末民国后这身怀绝艺的匠师已不多了。于是单士元在组建工程队时，通过各种可能条件，聘用院外有娴熟工艺的技术匠师来院，请他们带院中的青年工人提高他们的专业工种技能。之后，为了施工的需要，又接收门头沟一个琉璃厂，原来，位于北京门头沟琉璃窑是从明代传下来的老琉璃窑，至今已有六百年历史，在明代初年技术工匠大多来自全国各地，明中叶以后供役京师的琉璃工匠则以山西为多。在解放初年这个琉璃厂已濒临倒闭，已无人管理。后单士元得知觉得今后故宫在古建修缮中，应使用大量的琉璃瓦。当时政府对工商企业也处在公私合营转并的政策中，于是他汇报给院领导请示接收过来。在得到批准后便由故宫接管。原厂主叫赵学仿，祖籍山西，世代从事琉璃烧造，时称琉璃赵。至今该厂仍属故宫下属单位。

单士元在当年主持古建工作，他深刻体会到人的因素是第一位的。对于请来的匠师，他一有空也前来向老师傅学上几手，亲自操作。单士元曾说，自己若不知如何操作，老师傅们使用的工具，所说的技术行话，自己不了解，如何能带好工程队呢？同时单士元为了提高职工基础理论知识，自己也对青年职工开课，讲古建工艺技术与艺术造型之间的关系和重要性，并以紫禁城门上的门钉为例，说明讲解这个问题。他说，紫禁城城门，每扇门板上排列九行铜门钉，上贴金叶。门身满涂艮硃油。门扇高大而不显呆板，却觉得辉煌绚丽庄严肃穆（图四九）。从表面上看这些金叶钉只是一种装饰，但其实不然。它是工艺技术与建筑艺术的统一结合。那九行门钉原是为了加强门的结构强度而设的，是一种加固手段，用来加固门扇背面横设的木幅。这些门钉实际是大门的构件之一，通过工艺技术手段而被美化了。因此不能仅仅看成只是建筑上的一种装饰，这就是中国古建筑特点之一。

我们看到建筑中的彩画，不仅能欣赏到建筑装饰艺术中绚丽多彩的图案，实际上它还有保护建筑本身木材的作用。可以说就彩画而言，我国古建筑装饰与欧式建筑装饰之间的区别就在于此。我国彩画工艺的历史很悠久，在《论语·公冶长》中已有记载了。彩画

四九　故宫门钉及铺首

五〇　清式大点金旋子彩画

主要在建筑梁枋斗栱上，其大致分为三大类，和玺彩画、旋子彩画和苏式彩画（图五〇、五一）。在封建社会对于彩画有着严格的等级限制。皇宫中最重要的建筑才许使用和玺彩画，府第庙宇用旋子彩画，园林等用苏式彩画。但早在明代，旋子彩画是官式彩画，经常大量使用。自清代宫廷建筑中开始，使用和玺彩画和苏式彩画，故宫是明清两代封建皇宫，上万间宫殿，不论是帝后居住使用的宫殿还是一般的殿堂，甚至在每座建筑上都绘有彩画。然而，彩画在风雨侵蚀过程中，色泽受到破坏，严重的则成片脱落。由于清朝统治已走向衰败，民国北洋政府政局动荡，都未能很好地保护，从未有过较大的修缮工程。因此，在解放初期，故宫院内，不少房屋漏雨坍塌，庭院积水，杂草至与人齐。当时中央政府非常重视故宫的保护工作，拨专款进行维修。当国家文物局的领导及故宫院长将主持故宫维修工作交给单士元后，他与同研究室的郑连璋、付连兴、白丽娟等工程师，共同研究制订工作计划，以明清建筑及勘查设计和维修古建筑等工作为主，同时还根据院内实际又做出多学科的科研课题。其中《故宫建筑彩画图录》即是其中最重要的工作之一。

　　当时单士元指出，彩画应该科学制档，保留原制原样，以便成

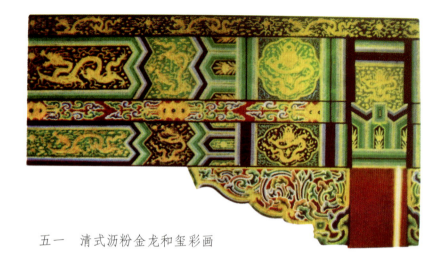

五一 清式沥粉金龙和玺彩画

为日后与同道进行学术研究交流中的依据。单士元作为室主任，责成室内蒋博光、郑连璋等工程师进行规划选题和制订临摹细则，以按比例缩小而不改动分毫原貌，其色泽要恢复原来的绚丽色彩。蒋郑二人组织院内有丰富彩绘经验的老匠师何文奎、张连卿、王林、张德才、王文六等进行精心绘制。当时进行绘制的有乾隆花园、南薰殿、三大殿、东西六宫等。这次按原样保留彩绘小样有近三百幅之多。院领导为加大对故宫古建群体保护与修缮的力度，成立了古建管理部代替古建研究室，并增加专业科技骨干。这在组织机构上对故宫的保护与修缮是有力的保证。单士元个人此时在工作中也有变化与收获。在古建部任主任不久，单士元又被上级领导批准为故宫院中主持古建工作的副院长。虽工作更多更加忙碌，但单士元一直在关心建院以来的首次彩画临摹，即制作《故宫建筑彩画图录》。成品完成后，单士元均上呈给吴仲超、唐兰二院长审定。后来古建同道多来观摩交流学习，《图录》受到专家与行家一致好评。为此，单士元为图录写了前言："……大约从15世纪明代初期，直到20世纪清末，故宫里在各个时期里都有遗存。因而在风格上画法上以及图案变化上则丰富多彩。但这些彩画有的保存还好，有的则已残破不全。还有的只剩下局部片断。解放后故宫博物院根据中央人民政府历次发布的保护文物政策法令与指示，除去对建筑本身进行维修保养工程外，则针对彩画现状，也采取了维护措施。因此，我们有必要将现存的彩画进行科学的摹拓，按比例复制小型的复原样本，作为科学的记录保存下来。为今后进行古建维修需要复原彩画时，可有根据的蓝本。同时将这些丰富多彩的故宫彩画，集汇成图录，为继承与发展传统古建工艺技术，提供参考资料。因而在1956年则开始聘请有经验老画工，进行实际摹拓。10年来已将故宫主要殿座的彩画摹拓制成样本。这些样本已都是故宫古建筑科学档案的一部分了。"

紫禁城四隅各有一座玲珑剔透的角楼，角楼以其优美的造型给紫禁城增加了无限的神韵（图五二），几乎成了紫禁城的象征。角楼中央是一个三开间、三重檐的方形楼亭。十字脊的歇山屋面，中心耸立着铜镀金宝顶。有人说，远远望见角楼便知紫禁城快到了。对于角楼，在民间还有一个神秘的传说，多少年来流传下来。说是这九梁十八柱七十二条脊的角楼，是鲁班显灵才修起来的。如果坏了

五二　紫禁城角楼

拆下就别想再装上。然而就在新中国成立之后的1956年，在院中普查古建时，发现西北角楼的屋顶存在极大危险，亟待修缮。院中决定把修缮西北角楼为首要重大工程。同时宣布由单士元全面负责大修任务。此时他首通过查阅有关史料得知，这样大的工程可以说从明代嘉靖朝以后四百年来，从未有过。单士元在当年工作日记中写道："当日我们将屋顶揭瓦之后，观察木构件工艺之精令人惊叹，木梁件、斗栱等处榫卯精细，可比红木桌椅之手法。所铺望板为顺铺，在两个椽当铺墁。每块望板用斜柳条叶式相接，整个屋面严丝合缝。如若干长的一块整板，屋面上铺墁锡背，然后再苦灰背而后瓮瓦。数百年来未加维修，遂致损坏严重。另外角楼是多角建筑，有窝角有出角。在这次大修中故宫建筑科技人员和工程队，齐心协力完全照旧复原。工程技术师在大修前即将角楼全部测绘。工程队在瓦工施工告竣时，油漆彩画工序则立刻上马。然而却大费周章。因为多角彩画子交圈成为一体。与梁枋上所绘不同。还有多角交圈的画法，必须是经验丰富的老工匠所能及。"

西北角楼工程告竣。为了日后对其他三座角楼维修有据可依，单士元责请参与大修工程的兴隆木厂老匠师马进考、杜伯堂以及院内老木工师傅张文忠、穆文华、戴季秋、脱和恩等，制作西北角楼一角的四分之一的模型。现藏于故宫。说起兴隆木厂，原为清晚期时承接封建王朝修缮工程的八家大木作坊之首。兴隆木厂主柜马辉堂，其先祖曾在明永乐年间参加紫禁城的营建工程，他自己早年曾加入中国营造学社，单士元得识亦于此时。解放后修建西北角楼时马辉堂已故去。于是单士元则请出由他培养的马进考、杜伯堂两位老匠师。在工程期间，单士元几乎天天到工地，每一道工序完毕就请有关人员验收，并研究下一道工序如何进行，由谁来做以及需要注意解决的问题等。他曾说，工人师傅在工地十分辛苦，作为领导不能有上下班的概念，应与工人一起更好地完成任务。

单士元当年对故宫保护措施的设想与实施方案非常独到。一是基于他自加入中国营造学社后，数十年对古建筑的研究。特别是当时古建专家多注意研究法式与造型时，单士元却首先提出对古建工艺技术的研究。其二在解放后中央政府最高领导亲自到故宫视察与指示。主管文物的郑振铎、王冶秋和故宫院长吴仲超等领导大胆启用，充分信任单士元。这一切都是单士元努力工作，发挥自己一技之长的保证与信心。因此，当年他对故宫古建的保护工作，除了在历史资料、法式造型以及传统工艺技术方面，根据院内状况制定研究方向外，更将防止自然灾害的破坏，作为故宫古建工作的另一重点。纵观历史，紫禁城从明代建成起，就不断受到自然界雷火的袭击。最早的一次是发生在明永乐朝。即在建成不到4个月，前朝的三大殿就因遭到雷火袭击而焚毁殆尽。为了保护好这一历史文化遗产，单士元可谓呕心沥血，他以深厚的历史积淀和敏锐的眼光，率先提出了在故宫安装避雷针的设想。然而，单士元一言刚出，便在

五三　单士元向院领
　　　导建议安装避
　　　雷针发文原件

院内外传开，而引起不少非议。原来，那在当年确实是一件相当艰
难的事。因为刚解放不久，国家处于百废待兴时期，同时还需要一
定的经费，因此人们给予极大的不理解。这对于故宫院中有限的经
费来说，的确比较困难。更为甚者，如果按上避雷针的话，若由于
布局不合理，及安全问题上考虑不周全，很有可能成为招雷的网。可
想当年单士元的心情如何沉重，如不安装，夏季雷电一旦失火，文
物被毁，则是无法挽回的事故。他非常谨慎地汇报给吴、唐二院长，
请院领导一起商量。最后由单士元执笔起草上级请示。现在还存有
单士元当年所写报告："故宫博物院报告。为安装避雷设备请指示
由。文物局：我院原计划今年在四个角楼、四个城门（午门由历史
博物馆预算）、太和殿、畅音阁、雨花阁等处安装避雷针，现第一批
已将神武门、太和殿、畅音阁、东华门、西华门、体仁阁、弘义阁
设计完毕，兹附上说明、预算、图，报请审核批示。再体仁阁、弘
义阁原拟在明年安装，由于紫禁城南面两个角楼距离东华、西华门
很近，经考虑今年先将体仁、弘义二阁安装更较需要，南面角楼改
在明年，至于北面两角楼仍按原计划在今年装齐。建筑研究室主任
单士元。"（图五三）在等待上级领导审批期间，单士元多次请院内
外有关防雷电灾害资深专家，进行反复论证。同时在院内对安装避
雷设施看法不一者，在适当时机以保护古建为目的，仔细说明安装
避雷针的必要性。在他的努力下，不但完成了故宫高大建筑避雷设
备的安装，而且不久北京其他古建单位如北海、景山、中山公园、太
庙及远在昌平的十三陵也先后安装了避雷针，从此这些古建文物在
最强烈的雷电之下，也有了安全保证。

（二）古建研究又一春

单士元从1925年10月故宫建院时起至解放初期，他已在故宫
供职30年了。早年他从事明清历史及档案旧文献整理工作。期间由
于得见有大量原皇宫修建规划设计方面的史料，他便注意收集和整
理，在1930年被邀请加入我国第一个研究古建筑学术团体中国营造

学社，这个学术团体虽已不复存在，却不但留下了非常丰富宝贵的资料，而且奠定了对中国古建筑早期学术研究的基础，从此开拓了我国在古建筑领域的研究。在1934年出版了一本《全国文化机关一览》大型工具丛书。在介绍中国营造学社调查一栏是这样的："（社长）朱启钤，（法式主任）梁思成；（文献主任）刘敦桢；编纂梁启雄、单士元。"在登记入册仅五人名单里，朱启钤是显赫的政要，曾做过民国时北洋政府的内务总长。梁思成、刘敦桢当年已是国内外知名的建筑学家与教育家，文献部梁启雄是著名学者社会活动家梁启超的弟弟，其本人也是教授。上述四人均年长于单士元。当年仅有27岁的单士元已跻身于其列，可知他当年在古建研究的地位了。

1956年在成立中国建筑科学研究院时，决定设立一个建筑历史与理论研究室，目的是要延续中国营造学社对古建的研究，室主任曾请梁思成、刘敦桢兼任。但当时二公均执教在院校，无暇顾及。于是院中领导决定请单士元代理该室主任，代摄日常事务。翌年，单士元首次在建研院做"北京故宫进行修护保养的状况"的讲话。可以说，这是故宫建院32年来，首次对古建群进行全面考查后，提出的保护修缮方针原则。他当年讲到："我们现在修缮方针是着重保养重点修缮，全面规划逐步实施。因此保养工程是主要任务。损坏严重必须大修者则予以修复。但严格地保持文物的原来形式及各种实用而又艺术的构件。总之，明清故宫是中国宫殿建筑总结性的杰作。应当在保持原状下，设法保护保养它。同时还应当在我国建筑史上作为一个专题，围绕相关诸多学科有规划地进行系统课题研究。在修缮工作中，就不能单纯地以一般工程眼光对待及施工。因此，我们必须采取结合历史文献和慎重保持原状的方法，把工作着重在保养上，并不要求将故宫修得焕然一新，将它变为新的故宫……"在单士元领导的建筑历史与理论研究室，研究人员中已达近百人，制定多学科选题，这个研究室是新中国第一个较全面研究中国古建筑的国家机构。当年单士元在主持工作时，将自己对建筑历史研究的见解付诸实践，充实对工艺、工具、材料等方面研究内容。同时专门把彩画、砖雕等建筑工艺列为研究课题。因此还聘请若干哲匠技师合作，当年不仅开展理论研讨，亦有模型和图录的制作（图五四），坚持不忘遵循营造学社朱启钤社长所倡导的，要沟通儒匠，濬发智巧，一扫轻艺之积习，始能获得哲匠世守之工，口耳相传实践工艺技术之弘扬。不如此，不足以言中国营造之学。

再有，特别一提的是单士元对传统民居的关注和进一步开展对全国民居的调研。在北京、东北、内蒙古、山西等地，室内研究者进行调查实测各地有代表性的民居。这项民居的研究更填补了在中国建筑史上，过去很少被提及的重要科研课题，大大丰富了中国建筑在艺术技术、空间处理，以及社会伦理、道德观念等方面的内容。单士元自己从浙江民居调查开始。在他的领导下研究成果引起建筑界的广泛关注与重视，后历史研究室同仁多加入其中。1966年，周总理提议，在北京召开中国第一个国际性的学术会议，在建筑领域只给一篇论文发表的讲演机会，那就是由当年历史室王其明教授讲演的关于浙江民居的论文。梁思成先生亲自当翻译。这篇民居论文也倾注了单士元大量的心血。之后，王其明教授在北京四合院的研

五四　建筑艺术装饰丛书《宫
　　　灯》图录

五五　四合院的门头砖雕

究上，单士元仍然给予最大的关心，他作为老北京人，每每发现有特色的四合院则转告给王教授加以实测研究。以致王教授说"四合院的布局部位，名称特点等都是单先生告诉我的"。自单士元在历史室提倡民居研究后，对中国传统民居的关注已成为建筑界一个热门学术研究，并发展到国外（图五五）。

　　1958年是新中国成立10周年的前一年。举国上下开展了大跃进运动。国家号召每一个人在各自岗位上，鼓足干劲，力争上游干好自己的本职工作，以优异成绩向建国10周年献礼。此时单士元已是故宫院中主持古建工作的副院长了（正式任命书60年代初下发）（图五六）。同年，上级领导郑重告知单士元，让他主持向建国10周年献礼的大修任务。其实早在年初，他院内外的工作已排得满满的。除正常院务之外，院外还请他参加《中国建筑史》编写工作。原来当年在中国建筑科学研究院召开建筑历史学术讨论会上，有关中央领导决定由著名古建专家刘敦桢主持编写《中国古代建筑史》、《中国近代建筑史》和《中华人民共和国建筑十年》三部书，作为建国10

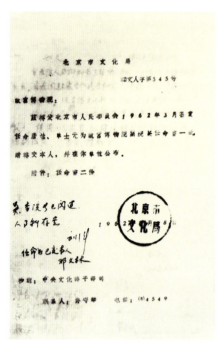

五六　北京市文化局任命单士元
　　　为副院长的文件

周年的献礼。在组成的编委会中单士元为成员之一，这是我国第一
本较为系统、有总结性的大型古建筑工具型专书。他在工作之余撰
写规定的篇章。他主要负责编写中国古代建筑史中的明代至鸦片战
争时期部分，内容涉及明清故宫、坛庙衙署建筑。在院内，单士元
同样接受一个已得到院里和上级主管部门的批准，乃至得到国家科
委支持的项目，那就是将清工部《工程做法》做注释补图。上溯历
史可知，我国古代营造术书流传不多。其事其法散见于经典史籍者，
往往偏重礼法制度而略于工程技术。几千年来历代对文化的传统观
念，大多局限于文人学士诗文书画范畴，但对建筑发展工艺技术则
多忽略。《周礼·考工记》即使记有匠人名字，亦无工艺之记录。在
北宋年间任"将作"之官的李诫（明仲）所著《营造法式》，是北宋
官订建筑设计、施工的专书。它的性质略似于今天设计手册加上建
筑规范的一部建筑技术专书。其二则就是清工部的《工程做法》。清
王朝建都北京初年，一切设施多沿明代旧制。在康熙朝两修故宫太
和殿，即就明皇极殿旧基翻修。雍正继位，皇权趋于稳定，经济逐

步发展。因此官工建修营造渐多之下，清工部须布《工程做法》。故宫是明清两代皇宫，将流传下来的工程做法，加以注释补图，对今后故宫维修，及培养有传统工艺技术后贤者等，都是一件功德无量的大事。这就是单士元所做之初衷。当年由于单士元即将主持政治任务的大修工程。因此请院内另一老专家王璞子负责完成。后单士元忆写到，一九五八年主持院内古建工作时，即将这个课题列入计划，并报科委。断断续续进行廿余年，经过不少同志参与其间。当时参加编辑工作的有王璞子、胡百中、张中义、邓久安、王金榜、黄希明，最后由王璞子总负责。单士元、于倬云、窦茂斋、王玉顺、傅连兴、郑连璋进行统筹校订（图五七）。

1958年下半年，大修工程的具体方案要求终于下来了，大修的专款是国家划拨的。工程要求一定在1959年10月之前竣工，以崭新的面貌迎接建国10周年。全面领导规划这次任务的单士元，此时觉得自己身上的担子是沉重的。在他的主持下将方案改了又改，几经与院领导、工程人员共同商讨后，才把整个大修方案确定下来。重点是从午门到神武门中轴线上的重要宫殿和门座，庑房崇楼的修缮油饰。

五七　《清工部〈工程做法〉注
　　　释补图》

列在大修任务的头一项就是三大殿、太和门及周围庑房崇楼的油饰。就其建筑本身而言并不需要大修,但是外檐彩画绝大部分残坏,非重绘不可。尤其是太和殿与太和门,脱落的彩画更有其因。当时外檐残存彩画是民国初年袁世凯准备称帝时粉饰的。不但粗糙无章并与清代原有外檐彩画极不相称,既不能作为重绘的依据,还要抹去重绘不可。于是单士元查阅有关的文献资料的同时,还不断向著名老画工何文奎与张连卿请教。何师傅原是南城九龙斋的老画师,张连卿是北城鼓楼文翰斋的画师。单士元当时千方百计地将这一南一北著名的画师请进了故宫。最后决定按清康熙三十六年(公元1697年)重建后太和殿内檐和玺彩画形制,重饰太和殿外檐彩画。要做到内外檐彩画一致,目的是恢复到清康熙朝盛世时的原状(图五八)。

何、张二画师在单士元安排下,从故宫现存彩画中,挑选一些有代表性的典型彩画,做一一实测,按比例缩小尺寸,照原样摹绘下来。期间,给二位画师配备数名在工程队里好学上进的青年协助二老,让青年工人在实际操作中学到真手艺。两位师傅在施工的日子里,天天要攀上高高的脚手架,或蹲或站。有时既不能蹲又不能站,只怕过低看不到,过高又怕画不准,几乎是仰头悬臂一笔笔地仔细临摹。常常一天工作下来擦汗的毛巾都湿透了。单士元感激地向他们说,故宫彩画多数是清代遗留的,也有明代的。现在若不抓

五八　太和殿彩画图样

紧临摹,那褪色剥落的会更多,有些彩画就会失传。如今有了这些彩画小样,今后故宫古建筑需要重做彩画时,就有了依据。在太和殿外檐彩绘时单士元一到班上,与吴仲超和唐兰院长商议之后,就直奔施工现场,有时还攀登高高的脚手架,亲自查看质量以及向师傅求教。按照单士元的安排,在太和殿外檐重施彩画的同时,又为殿内六根高大蟠龙金柱重新贴了金,这六根金柱竖在宝座前东西两侧,高三丈、两人才能合抱。柱上各有沥粉线条粘绘的巨龙一条。龙身自海水礁石中升起,在柱身上缠绕几圈,腾入云层,尾在下,头在上,昂首张口,全都朝向宝座,整个柱身外面贴有薄薄一层金箔,金光闪闪气势磅礴。把处在太和殿中心的金銮宝座映衬得华丽庄重,肃穆庄严。整个修缮工程十分复杂且难度很大,于是单士元多次到现场仔细检查,特别嘱咐要节约金箔,一定要把金箔贴牢,贴严,做到不张嘴不鼓包,碎片还要拾起。在单士元领导下,故宫大修工程到1959年9月底全部竣工。就这样,这繁重且具有政治意义的献礼工程在单士元的主持下,胜利地完成了。在国庆节前夕,在记者采

五九 钟粹宫大木模型

六〇　单士元与院中老工匠合影（坐者为单士元）

访单士元之后，写了《美轮美奂的故宫三大殿》的文章说，金碧辉煌、美轮美奂是形容中国宫殿建筑之美，过去只是在文人诗赋中读到，今天我们却亲眼看到了。

在大修工程前后，由单士元延聘到故宫院中技术高手哲匠中，杰出的有10位，人称"十老"。大修工程告竣后，单士元又请十老继续留在故宫，一是让他们向青年工人传授技术，其二请其中3位大木工匠制作古建筑立体模型。单士元要求模型要有切面，按比例缩小尺寸，但一定要与真建筑一模一样，必须严丝合缝，所有木结构部件一个也不能缺。同时还得做到长期摆放不变形、不松架。工匠们按单士元要求做了三件木结构模型交工，第一座是西北角楼一角的四分之一。第二座是钟粹宫正殿歇山殿大木结构的一角（图五九）。第三座是御花园四柱八角盝顶井亭模型。后来，曾在院里将三个模型放在一起做陈列展览。当时大大地超出了院领导与单士元的想法，不但外行观众夸奖模型做得好，古建筑专家们也赞叹这些能工巧匠们的精湛技艺。这些技艺不但口手世代相传，而且在故宫大修中得到了验证实践。

　　1960年，党中央国务院鉴于国中情况，决定压缩城市人口，为此在北京做出大幅精简城镇人口的决策，每一个单位都在落实这个决策，自然故宫也不例外。上述的十老，当年作为临时工而请来参与大修工程，于是精简便从不在编人员开始。时单士元解释说，这些老工匠有这样的技术，留下来还能发挥大作用（图六〇）。他再三争取，但终无果。往事如烟，半个世纪过去了，这些身怀绝技的老工匠先后去世，留下的是十老的传统手艺。此后，在单士元主持下，故宫又完成午门正楼的加固工程，以及恢复御花园明代堆秀山水法一景。传为是明初三宝太监郑和下西洋时所引进的。堆秀山水法是在山上置铜制大瓮蓄水其中，又以铜制管道下通至山下有孔石座之底。石座上端装置张口向天喷水的龙头。于是水满上升龙口即溢出小喷泉，清末报废。当年为建国10周年增添景观，故单士元与工程队匠师经勘查，利用已埋的地下自来水管供水，水柱上升。水足时泼水如柱。御园水法景观遗迹重现。在其他方面如恢复乾隆花园流杯亭水法，以及对原皇宫水井的统计调查，都是在单士元主持下完成的。单士元当年更不忘重视培养古建修缮的后备力量。他当年提出的培养规划是"普遍提高，重点培养"。在单士元领导下，

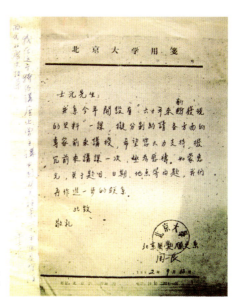

六一　周一良致单士元信笺

故宫工程队可以说是当年具有传统技术工匠最多、最有实力的专业修缮队伍。

我国的历史档案学始于故宫博物院早年以整理原王朝旧藏明清档案为主的文献馆。单士元曾供职于其中。1962年北京大学历史系周一良教授，请单士元前去讲授该系开设的"六十年来新发现的史料"课程，时周教授致信于单士元。后单士元在信函侧方写到：我在这个特约讲座上曾主讲中国历史档案学，重点是明清两代的历史档案（图六一）。

在那个时期，单士元还澄清两个原皇宫史迹上的问题。其一，在1958年6月14日单士元收到了原中国营造学社社长朱启钤先生的来信（图六二）。此信计6页，谈的就是一个内容，即清末隆裕太后在宫中建水晶宫事。朱氏作为当事人之一，写出亲办时前前后后背景经过，以及未果之因。清末宣统继位，慈禧的侄女隆裕皇太后，一心学慈禧垂帘听政，然而清王朝政权已处风雨飘摇之中。在太监小德张的撺掇下，借防火之名选在延禧宫内大兴土木建水晶宫。1911年辛亥革命爆发，工程便撂下了。朱启钤作为亲历者，在信中还写

六二　朱启钤亲笔信函

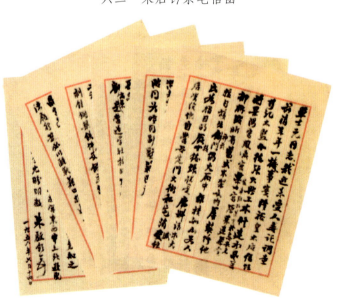

太监小德张因建水晶宫而拆毁原宫殿建筑,将所拆卸下来原殿木料,私自盗运宫外,用于扩建自宅行为。当时内务府官员都敢怒不敢言。在信中朱氏又写水晶宫修建与未果之因:"宣统逊位不久,隆裕殡天。小德张因而失势。这一巨大工程虽未完工,浪费内帑不知多少。我曾问世邵两内务大臣,他们桥舌而已。彼时还逢欧战中,外订器材不易运输。我办古物陈列所向比利时订购许多玻璃砖,作为陈列架格之用。订了合同并付一部分款子,竟无下落。则水晶宫为洋商设计,包工所需要器材无法履行,势必以欧战借口推迟。而皇室崩溃庙寺失势,此水晶宫之未建成之缘由,可以据此推知也。"

朱氏在信中还告诫单士元要注意保存已有遗物设备。单士元曾在1959年1月25日的工作日记中,统计所存水晶宫玻璃砖等物的总数,存放在工程队,并嘱托要留存下来。后在单士元晚年提及此事时,他讲到文革开始时视为四旧之物,与造办处原工具一同作为废物处理掉了,那时,他已被罢职,人微言轻。另外,对于介绍水晶宫修建一文章,有为光绪帝瑾妃所为及其他说法,均与朱氏所写不同。但朱氏作为承办亲历当事者,此函是可信的,是有澄清史实价值的。

其二,清逊帝溥仪于1959年12月4日被特赦之后,为编写《我的前半生》一书,寻找回忆线索与写作灵感,曾到故宫。单士元作为院方接待者之一,时做全程陪同。此时故宫内正在布置光绪皇宫原状陈列以及其他宫廷史迹展览,以向游人提供直观史实,因此院领导认为这是一次难得对院中陈列布展等方面提供真实史实的好机会。如在溥仪当年读书的毓庆宫时,虽在屋内已不是原状,堆放着尚未清理的家具物品。溥仪当时却清楚地说出,哪里摆过条几,哪里放置八仙桌以及教他读书的陈宝琛如何进来。还有他坐何处,溥杰等几个伴读坐在哪里等等。

从1958年冬季开始至1963年,为丰富青少年的历史知识及提供有益的课外读物,由当年著名史学家吴晗建议主编我国第一套大型普及性历史知识读物《中国历史小丛书》。此套书一直恪守"专家写小册子"的编写宗旨。时单士元被约稿写《故宫史话》(图六三)。仅2万余字的《故宫史话》,后在"文化大革命"中相伴单士元度过

六三 《中国历史小丛书》
系列之一《故宫史话》

了长达 10 年的坎坷岁月。

　　1966 年开始的"文化大革命"全民参与其中。文化界、文物界的人们也感到惊心动魄。运动开始时单士元正在千里之遥的陕西参加"四清运动"，后就被召回北京在院外集中学习。院里所有的领导干部、老专家都属于被打倒之列，并要接受革命群众的斗争。单士元自然也饱受磨难。

　　1969 年 9 月，单士元到湖北咸宁向阳湖湖畔参加"五·七"干校。恶劣的环境使单士元百病缠身，但他心里是很清醒的，要想生存必须坚持下去。烧水、挑河泥、围湖造田，单士元以 60 岁高龄学着干种种苦力活，就这样挺过了两年多。

　　1971 年，文化部将下属五个大队中的高级知识分子和老弱病残者转到丹江。单士元符合条件被任命为第三大队的副队长，与队员一起学习文件。1972 年春他奉调回京，才得以与家人重新团聚。

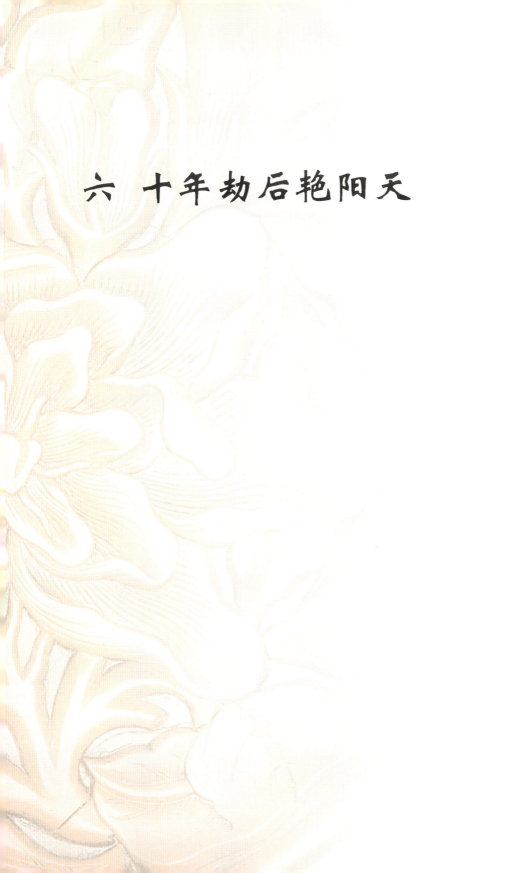

六 十年劫后艳阳天

（一）不度虚日再出山

1976年四人帮集团被粉碎，"文化大革命"结束，我国各项事业由此而逐步得到恢复与发展，文博事业也是如此。此时单士元虽在当时被平反，但由于未官复原职，暂时安置在院研究室，因无工作任务而坐冷板凳。但他坐得住照常上下班却不荒度虚日，而是从图书馆借来线装本的《易经》等来读，同时还对看风水的大罗盘进行研究。他认为中国的风水术不完全是迷信，在地理学、景观学、生态学和建筑学等方面有一定的内涵存在。然而宫墙之外的大气候却像一股和煦的暖风，开始吹到单士元的身上。1975年国家有关古建主管负责人，在江西景德镇召开中国古代建筑保护维修学术讨论会。

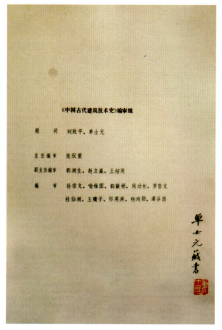

六四　中科院自然科学史研究
　　　所主编的《中国古代建
　　　筑技术史》单士元为顾
　　　问之一

六五　1975年单士元在承德避暑山庄西北门（中为吴仲超、右为单士元）

历动乱十年幸免于难的老中青三代学人齐聚一堂，为我国古代建筑的保护维修献计献策，单士元被邀兴奋与会。1976年9月底，由中科院学部组织专家学者编写卷帙浩繁的《中国科学技术史》，邀单士元参与其中，还邀请他在另一分册《中国古代建筑技术史》中做顾问（图六四），应约编写《琉璃砖瓦的制作技术》一章。文中包括我国琉璃工艺的考源，琉璃釉料的制作和制胎、挂釉的操作等内容。

　　文革结束后，故宫博物院吴仲超院长带领全院职工努力开展各项业务的研究工作，并与兄弟单位互相学习与合作。1975年单士元陪同吴院长到承德避暑山庄进行业务学习考察（图六五）。

　　文革结束后的第二年即1977年，10月北京大学考古系教授宿白先生，来到故宫院中，见到故宫院内施工的工地上，在碎烂砖石堆里面，惊奇地发现有不少绳纹砖和沟文砖。这引起宿白先生的高度注意，并拟从考古学上加以研究。于是次日宿先生就写信给好友单士元（图六六），信中还勾画一张简图，信中写道："士元先生：您好，我昨天在隆宗门外南侧管道工地的烂砖堆中，看到不少绳纹砖和沟纹砖的大小残块。在修建工人的帮助下，知道它们都出在明代

六六　考古学家宿白先生写
　　　给单士元的信

基础地层的碎砖层中，碎砖层与夯土层相间下压共二十层尚未到底（每层约厚15厘米左右）。这两种残砖上下的碎砖层都有发现。绳纹砖在北京地区，它们的时代约在唐前期。沟纹砖的时代约自晚唐五代迄金元。故宫明代基础地层出有这么多早期的残砖，值得注意。即使是从他处搜罗来的（也不会离北京太远），也值得重视。”

信中还写道：“……在创开的青砖层中，发现一块捺有“直隶松江府城砖”戳记的残青砖，看来明代故宫青砖，不仅有从南方烧制的，不知故宫以前有没有保存这类标本。该残砖现放在出国文展办公室于坚同志处。”

单士元接到信后，马上到施工现场查看。因时尚未复职，他在拾出几块在宿白先生信中所述残砖样品后，把自己所知向宿白先生汇报并共同加以研究，同时对宿白先生以历史学考古学角度来关心故宫深感敬意。

1978年是“文革”结束后拨乱反正的关键时期。这一年党的十一届三中全会的胜利召开，使我国各条战线的人们以饱满工作干劲来大力挽回“文革”时期所造成的损失。并使事业走向正轨。在古建界，中国建筑学会在1979年于杭州举行会议，成立建筑史与理论学术委员会，经著名建筑大师建筑教育家杨廷宝教授引荐，并获得全体与会者的通过。单士元任该会的主任委员。该会50余人中，均为如汪之力、罗哲文、刘祥桢、杨鸿勋和王其明等全国著名建筑学者。会上单士元做了发言，着重讲到加强古建筑工艺技术研究的问题。他说，我国古代建筑学是一门综合性的科学。今后研究祖国建筑历史与理论，不将古建工艺技术的研究课题包括在内，则理论似趋于空，也不能反映祖国建筑科学的整体性。我们说，对历史与理论的研究是重要的，对古建工艺技术做一专题研究同样是重要的。一定的建筑艺术形式是通过一定的工艺技术才能表现出来的，如果只研究建筑艺术特点，而不研究相应的古建工艺技术方面将是不全面的。这样对我国建筑艺术美的特点认识不能达到全面深入的程度（图六七）。

对于单士元来说，在解放后他主要从事的是古建工作。他又于

六七　1978年单士元与故宫同仁合影（前排左二为单士元）

1980年初，任北京市土木建筑学会的古建园林研究组组长。在1981年底，他主持了在江西景德镇召开的建筑史学会年度大会。会上他再次提出建筑史的研究领域，除工艺技术外，还要涉及古建筑色彩和工具材料诸方面。他说，宋代李明仲《营造法式》一书，其中重要介绍工艺，至于清代的《工程做法》则专门谈工艺技术。可以进一步说在建筑学中的法式和工艺技术及色彩工具、材料诸方相关学科涉及的主要内容是建筑功能、物质技术以及建筑艺术这三者相互关系中的综合性。正由于此，我倡议研究建筑，要研究古代建筑工艺技术之学。早在营造学社时即与梁思成、刘敦桢二师说及此事，给予极大的赞许。不幸当时由于卢沟桥事变，事遂停顿。使单士元欣喜的是，此言得到与会的清华大学吴良镛教授的大力支持，而且单士元与吴教授在共识中有信札往来（图六八）。吴教授在信中写到："……我认为古建工艺这方面是祖国建筑遗产不可分割的组成部分，应当加以整理。记得若干年前听您说过，希望就此方面进行著述，不知进展如何？有助手协助您否？念念。我虽从思成老师工作多年，但对中国建筑传统仍是外行，今后需要多多向您请教……"对于吴良镛教授的支持鼓励，单士元曾说，吴教授谦虚的文字，给了他极大的推动力量。

　　"文革"后单士元已是古稀之年了。当再次在古建筑界发挥其一技之长时，人们慢慢敬称他为文物古建专家，单士元当年用一句戏言来回答说："我是秃子改和尚将就着在古建筑界！"戏言归戏言，说明古建同仁有不少不知古建工作与研究是他的第二专业，第一专业是从事明清历史档案的工作。因此1980年北京史学会成立之时的学术会也邀请他参加。同年6月单士元又到山东曲阜孔府孔庙，进行文物档案的整理。这是他的第二次孔府之行（图六九）。也就是在这夏秋之际，单士元的老友著名古建园林专家，上海同济大学教授陈从周教授来京看望他。陈从周先生生于1918年，一生都从事古建工作与研究，后执教于上海同济大学。陈先生虽然工作生活在南方，也是一位著名的"红学家"。对文学巨著《红楼梦》有广泛的研究。他不但多次来京而且还得见单士元早在1936年撰写的"恭王府沿革考略"一文，故二人相识相交多年。1980年陈先生来京时，单士元邀请他畅

六八　吴良镛写给单士元的
　　　信函

六九　单士元在山东曲阜孔庙大成殿雕龙石柱前

游故宫。两人并合影一张（图七〇）。后陈教授在照片背面赋词一首，又寄给单士元（图七一）。诗是这样："君是红梅我雪梅，风楼相倚景崔巍，明春上苑风光好，满树繁花着意开。"他用诗来描写与单士元这次难得的相见，而且不久又给单士元寄来一副亲笔对子："鲁殿灵光唯公健在，红楼旧址那日先寻。"说的是单士元是 1936 年最早考查恭王府的成员之一，如今只有他一人在世了。1980 年也正是圆明园被毁 120 周年之际，为让国人及后代不忘国耻，单士元与同仁共议下，于北京举办圆明园被毁 120 周年学术讨论会。会上成立了圆明园学会筹备委员会并共同签署了保护整修利用圆明园遗址的倡议书。当年签名赞助者中包括政府部门负责人、政协委员在内千余人。其影响已到国外，更在国内起到了很好的爱国主义教育作用。

七〇 单士元与陈从周在故宫午门城墙上

七一 陈从周在照片背后的赋词

> 君是红梅我雪梅，
> 写梅别传累怀魂。
> 以春日暖风光好，
> 满树繁花著意闾。
>
> 一九八〇年八月廿刀
> 单士元院庭同摄
> 于故宫午楼
> 小弟陈从周记

　　单士元自"文革"初即被罢免故宫副院长的职务。动乱结束虽被平反，但仍无行政职务和具体工作。1978年单士元接到了中组部恢复他副院长的任命，单士元心中很兴奋，因为他早就憋着一股干劲，又可以像解放初期那样为故宫古建业务努力工作。然而现实并不像他想得那样简单美好。当时由于有关工程还在进行中，前期规划方案都未能参与知晓，尤其是在前期涉及基建施工作业方面，大挖小铲地在院内地面上刨得遍地开花。故此，单士元即使被任命了也无法插手工作。对此，单士元只得一方面下工地巡视了解有关情况，另一方面根据自己多年工作经验和对故宫古建的认识，写工作报告给院领导及上级主管部门，对当时某些工程中不当操作，提出应注意的问题。单士元认为施工中应注意重用院内老匠师的工艺才干，他针对有关基建管道作业的不合理施工写道："因为故宫的地基状况是数百年前经过特殊处理的，在施工前规划方案中缺乏经验，

七二　《北京市历史地图集》审图会议全体代表合影（前排
　　　坐者左七为单士元、左九为侯仁之）

目前已有在地基作业上被破坏的痕迹。又由于回填土未能规范夯实。可能导致对古建安全上有不利的隐患。"果不其然，单士元如此做法招来误解与不满，被革去刚刚担任的主管院内古建工作的职务。然而上级主管国家文物局与文化部不同意随意免去职务这种做法，又一次给单士元下发任命通知。

单士元在院外一路走红，时多次应院外古建文物同行的邀请，做古建传统工艺技术的讲课与指导。而且以专家身份，参加在内蒙古呼和浩特市召开的长城保护研究座谈会。会上他积极响应罗哲文的建议，建立全国性的长城保护机构。还又于1981年初，为了搞好首都北京城市的建筑，继承利用古都北京的文化历史遗产和其风貌。经市领导批准决定成立《北京市历史地图集》编辑组，负责图集的编辑工作，由侯仁之任主编，单士元为总顾问，同年底就完成了审图工作（图七二）。

当年故宫经"文革"近10年闭院停顿后，院内对文物陈列展览也需要进行改陈展出。对于史学专业毕业的单士元来讲，宫廷历史工作也是内行。在1979年曾带队到沈阳故宫做业务交流，还参观了清太祖努尔哈赤的陵寝（图七三）。到了1982年下半年由文化部直属领导下的，以著名学者夏鼐为主任的国家文物委员会成立，即聘单士元为委员之一（图七四）。此时的他，不仅仅是故宫院中古建文物保护者，已有责任对国家的文博事业尽保护之重任。当年单士元着手亲自筹办文革后的第一个古建展览。他联合了当时的国家建工总局和中国建筑学会在故宫午门城楼举办"北京明清建筑展览"。1983年10月此展正式开幕，当年有媒体报导写到："故宫午门城楼中国古代建筑展开幕。北京城曾是辽金元明清五个封建王朝的都城，这次展览为北京明清部分。在玻璃橱里的大观园模型技艺精湛，造型逼真；在80多平方米的沙盘上制作好的北京城模型，重现了千年古都的雄伟风姿。照片有300余幅，实物有200多件，模型有20多座（图七五），多为城市规划、皇宫坛庙、陵寝宗教建筑以及府第民宅等。"单士元还在整个展区中，特地辟两个展厅，一为圆明园相关史料展，二为古建筑保护与古建工艺技术的介绍。第一，当年单士

七三　单士元在沈阳清太祖陵参观（左二为单士元）

七四　1982年文化
部聘请单士元
为国家文物委
员会委员的聘
书

元想使人们在参观展览中，不忘百余年前的国耻，而又可受到爱国主义的教育。其二，他作为中国营造学社的参加者，通过古建展览介绍我国早期古建研究的历史概况，延续营造学社古建探研之路。

当日在开幕之日和展出之际，前来参观的人络绎不绝。无论同界专家与友人，还是看热闹的外行观众，都对此展览给予高度评价。故宫院中的职工也来了一批又一批，面对件件展品，又耳闻目睹单士元为此次展览付出的心血辛劳，人们从心里敬仰他。尤其是在"文革"动乱的极"左"思潮时，用这些史料展品以莫须有罪行来批斗单士元，使他受到屈辱，甚至还想毁掉曾在单士元指导下做成的模型。在展厅参观的院内同仁中，知道他这段痛苦的经历，甚至曾经伤害过他的职工，看着年已古稀的单士元，试图解释些什么，有的当面道歉。单士元却连声说不提了，表现出一个共产党员的博大心胸与宽容大度品格。他想到这个古建展览从领导到参观者，都给予极大的好评，更对求学上进的青年古建工作者有很好的帮助，心中

七五　原北京隆福寺内的藻井（明清建筑）

七六　单士元应邀参加美国路易斯安那州世博会时与同事
　　　的合影（右三为单士元）

早已把遭遇迫害的痛苦忘掉了。

　　单士元此时在故宫院中，已是唯一一位已工作半个世纪的故宫
老人，在古建筑界又是前辈长者。20世纪80年代，文博事业的方针
是，将全国各地的文物遗存保护与安全作为头等大事。为此，国家
文物局适时局需要，于1983年召开了全国古建筑及古文物的保护以
及制定安全措施的讨论会。当时单士元以故宫这座古建群体为例，
做了发言。他说，故宫博物院的古建群是全国重点文物保护单位，也
被联合国教科文组织定为世界文化遗产之一。其建筑大都是木结构，
失火是第一大危害，消防工作要以防为主，是故宫院内重要的安全
保护工作之一。现在国家宪法与文物保护法以及国务院公布的保护
文物条例，说明党中央国务院非常重视文物古迹的安全与保护。是
年11月，中国建筑学会第六届理事会在南京召开，单士元作为古建
界老前辈之一，被选为常务理事。同时由北京市人民政府办公厅组
织编写有关北京建筑史专著。单士元与侯仁之、吴良镛同邀为该书

的顾问。

　　1984年6月下旬，单士元应美国路易斯安那州举办世界博览会的邀请，赴美与会（图七六）。在中国馆的乐器陈列室，参展的是中和韶乐的古乐器。单士元在世博会上介绍了有关我国中和韶乐的历史概况，以及中和韶乐在我国文化传统中的内涵。期间，单士元应美方的邀请，又对新奥尔良参观访问。是年10月，上级机关调整院中领导班子，鉴于单士元已过古稀之年，任命他为院中顾问，以指导建议咨询故宫各项业务工作。他从副院长职位退下来后虽具体事务少了，但仍坚持上班，到院中走一走，看一看，如发现哪个殿顶草长得太高了，哪有漏雨的隐患，或工程中安全问题等等一律记在他脑子里，回来抄写在笔记本中。

　　20世纪80年代中后期在国家文物局主持下，成立中国文物学会。当时其业务范围重点在古代青铜器、字画、书法、瓷器等艺术文物的鉴定工作，对于古建园林的研究尚未开展，在单士元与罗哲文共同倡议下，并由单士元亲自筹办，成立以学术研究活动为主的中国传统建筑园林研究会，单士元任会长。研究会拥有全国各省市

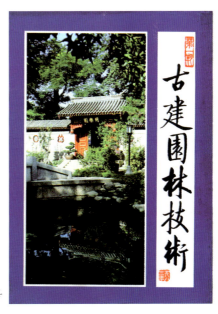

七七　《古建园林技术》创刊号

七八　故宫建院60周年之际单士元与工作30年以上的同事
　　　合影（前排左七为单士元、前排左二为冯先铭、前排
　　　右三为杨伯达、前排右二为朱家溍）

著名古建园林专家学者数百名。在对古建园林保护维修与工艺技术
的传承等都做出积极的贡献。自成立始每年在一省市开一次年会。
至单士元病故前，共开年会九次。自单士元在营造学社提倡对古建
工艺技术进行研究，到80年代已近半个多世纪。1984年底由北京市
古代建筑工程公司等单位，创办一本名为《古建园林技术》杂志（图
七七）。该杂志涵盖了我国古建园林传统技术中理论与实践并重的专
业内容。也巧，当年在中山公园内召开《古建园林技术》创刊号的
首发式，单士元应邀与会并发表由衷的贺词。他说到，这次会议在
中山公园召开，是很有意义的，因为半个世纪前，中国营造学社就
成立在中山公园内。今天，我们又有一本关于古建园林学术研究与
工艺技术指导的刊物。并寄编辑人员以希望，要继承发扬营造学社
的精神办好刊物，使其成为营造学社汇刊的延续，为中国古建园林
事业的继承与研究做出贡献。

　　1985年10月10日是故宫博物院建院60周年纪念日。时故宫院中拟隆重纪念。可以说，这是自1925年10月10日建立故宫博物院起，于解放后首次举办院庆活动（图七八）。当日在人民大会堂举行庆典活动。中央领导杨尚昆、胡乔木等都与会祝贺，胡乔木代表党中央国务院在院庆纪念会上讲话。建院60周年纪念，对于院内全体职工来说是一个喜庆的日子。然而对工龄与院龄相同的单士元来说，只他一人有双喜临门的感觉。在纪念会上文化部朱穆之部长，向单士元授予由他签署的任命单士元为故宫博物院顾问证书（图七九、八〇）以及表彰荣誉证书（图八一、八二）。

　　会后单士元还接受记者的采访。单士元说："封建皇宫与国家博物院虽然同是一个紫禁城，却存在着两种历史内涵。对于前者到后者的历史变革，其艰苦历程的来之不易，只有亲身参加者，才有特殊的体会与最深的感受。"然后他又具体谈到他亲历的，自成立之初到解放前夕24年中的真实事件。时采访现场聆听者无不为之动容。

七九　1985年文化部长朱穆之向单士元授予顾问证书与荣誉证书

八〇　1985 年由文化部任命的顾问证书

八一　单士元在故宫供职 60 年的荣誉证书

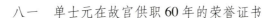

说到解放后至建院60年，单士元兴奋地畅谈故宫博物院与他本人的不同变化。如果查看故宫当年职员名录，会得见单士元的实际工龄，比院龄还多10个月呢！因为在建院之前清室善后委员会职员名册中有1924年12月底单士元作为书记员的存档。院庆之际他还欣喜之下写《甲子抒情》诗一首："乙丑入紫禁，今又乙丑年，弹指六十载，仿佛一瞬间。桑榆已晚景，伏枥心不甘。奋蹄奔千里，直至到黄泉。"附言："1924年11月5日清逊帝被逐出宫，成立清室善后委员会，余为善委会工作人员之一。余时初进紫禁城为1924年12月底，应为甲子之末，由于博物院成立于1925年，遂以乙丑年纪之，余今已暮年，将以残烛之光为人民服务，死而后已。用此以报党的教育之恩。"院庆后单士元以院龄同庚的供职者的身份而受到院内外及文博界同仁的敬重。时还有记者采访见报端写到："溥仪出宫，单老进宫。"同时单士元为留下他亲历院史史实，写出《从皇宫到博物院》一文并发表。故宫博物院建院60年纪念，也是中国第一历史档案馆60年建馆纪念。因为此馆前身即为故宫早期的文献馆。单士元曾供职在

八二 故宫博物院建院60周年纪念委员会给单士元的表彰贺词

单士元同志：

值此故宫博物院建院六十週年之际，衷心祝贺您六十年来对故宫博物院所做出的贡献，特予表彰

故宫博物院
建院六十周年纪念委员会

一九八五年十月十日

八三 北京市科学技术协会授予单士元的荣誉证

文献馆。故他又被聘为中国档案学会的理事及中国大百科全书的《图书·档案学卷》编委会顾问。

1986年6月在广东佛山召开了古建园林修缮保护方面的学术讨论会。单士元、罗哲文等都邀请与会。期间，单士元与罗哲文联合其他参加会议专家，向古建园林界同行发出呼吁书，要求在古建修缮中要修旧如旧，不能走样。南下北归后，又与罗哲文、郑孝燮、侯仁之等古建规划、历史地理各界专家，考察山海关长城以及内蒙古元上都长城遗址。同时单士元在工作中，还特别在现存的古建筑中研究科技方面的内涵并结合文献加以研究，发表在相关刊物上，为现代化建设服务。故1986年北京市科学技术协会主席茅以升授予单士元一方铜版荣誉证书，以表彰单士元在创建和发展北京市科学技术协会及其所属团体事业中做出的卓越贡献（图八三）。是年10月恰逢古建大师梁思成诞辰85周年纪念。10月，清华大学举办纪念大会，单士元应邀与会并在日后纪念文集上撰写《梁思成先生八十五诞辰纪念》一文，缅怀自1930年于中国营造学社相识共事至梁先生故去前在古建事业上的交往。在11月，应贵州省文化厅邀请，国家文物局副局长马自树带队到贵州考察。单士元说贵州省既有历史文物，又有革命文物，是贵州省人民的光荣。我国56个民族是一家人，各民族都有灿烂文化历史遗物，都应加以保护以传后世。同时他看到文化遗存时提出，贵州省是世代各民族居住的家乡，各民族的特种手工业如制绣、造纸、制漆、蜡染等都是中华民族大家庭的文化遗存和组成部分。因此对旧手工劳作工艺技术等，应加以保留，使其得到传承与发展（图八四）。

在1987年，国家文物局为在全国古建文物修缮工程中，更好贯彻执行文物遗迹修旧如旧的原则，并给予咨询指导，成立了国家文

八四 1986年单士元应贵州省文化厅邀请到贵州考察（右二为单士元、左二为马自树）

物局古建筑工程高级专家组，罗哲文任组长，单士元则为高级顾问。生于1887年的前辈史学家邓之诚先生，一生致力于中国史学事业。1987年为其百年诞辰纪念。11月，在北京大学图书馆召开邓之诚先生百年诞辰学术纪念会，单士元应邀出席（图八五）。对于单士元来说以史学专业为自己求学工作之始，数年后才步入对古建筑的研究。而且到八九十年代，在这两个领域均为早期从事者且已历半个多世纪光阴，因此当年院内外社会活动繁多。在1988年1月连续被北京市人民政府聘为第三届顾问团顾问和北京市文物古迹保护委员会委员，又被北京市社科院聘为《北京通史》学术顾问。不但如此，于3月，单士元接到中国土木工程学会的荣誉证书，证书上写到："单士元同志半个世纪以来，您为我国土木工程建设工作辛勤耕耘，做出了优异成绩，特予表彰。"（图八六）同时，国家档案局档案第00359

八五　邓之诚先生百年诞辰纪念会合影（前二排坐者左六为单士元、前二排坐者左八为邓广铭、前二排坐者左十为单士魁）

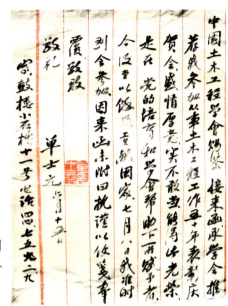

八六 1987年单士元对中国
土木工程学会邀请与会
的回复

号荣誉证书上写道："单士元同志从事档案工作三十年。特颁发此证
书以资鼓励。"年底，单士元又与罗哲文、郑孝燮以及历史博物馆专
家史树青和原大公报主编刘北记一同被邀请参加河北保定莲池书院
重建开院典礼，并聘为顾问。

　　据有关专家考证，1987年是元大都城开始兴建720周年纪念。今
天的北京城正是在元大都城的城址上继续修建和发展起来的。故此，
1987年北京史研究会和北京市社科院史学专家共同组织召开"北京
建都年代的研讨会"。单士元与北师大历史系教授赵光贤先生应邀出
席，后在1995年为纪念北京建城3040年，单士元与赵光贤二先生应
约共同撰写"古老的北京，灿烂的文化"一文（图八七）。

　　1989年单士元出版了《小朝廷时代的溥仪》一书，由历史档案，
图片及珍贵资料等部分组成。此书是研究中国近代史的重要参考史
料（图八八）。有的史学研究者看后，写信给单士元："使读者对清
末小朝廷的溥仪方方面面有较具体的了解，更重要的是，在社会上
影视作品中戏说末帝和不顾史实地演绎这段清末史迹。可以说这是
正说清末帝的一本好书。"是年12月，在北京城市建设技术交流中

八七　单士元与赵光贤先生的合影（右为单士元）

八八　单士元编著的《小朝廷
　　　时代的溥仪》

心，召开中国营造学社成立60周年纪念会。单士元作为营造学社早期参加者与会并讲话。他高度赞扬中国营造学社在中国建筑研究中所做的贡献。赞扬了朱梁刘三公在开辟以科技手段调查测绘研究中国建筑和发掘整理注释中国古代建筑的文献典籍方面，所取得的辉煌成就。这些成就一直对我国建筑史及建筑教学产生着深远影响。单士元还认为，从事古建事业的工作者，应以营造学社朱启钤、梁思成、刘敦桢三位大师为楷模师表。对于单士元自己本人，在发言中表达了他终生不忘自己在古建专业中治学受教，对朱梁刘三师崇敬备至之心。他笑言愿做三师的护法神。会上他还带头签署了《弘扬中国传统建筑园林文化的呼吁书》。

（二）文保足迹遍山川

自1979年至1988年单士元以一学者身份被聘选为全国政协第五、六两届委员。此期间，他不顾年高劳累，由全国政协组织的文物文化视察调研组，长途跋涉在全国各地，看古建遗存文物，参与审查推荐重要文化历史名城，宣传国家颁布的文物保护法和实施状况。那时除西藏外，北至东北边陲，南到云贵少数民族地区，都有单士元的足迹。当年全国政协组织的文化文物考察组里，与单士元同在一起的，有国家文物局著名古建专家罗哲文，建设部高级工程师郑孝燮等。他们曾对承德、洛阳等处专门实地走访，沿途所见历史文物古迹在文革中遭受破坏现象，可谓触目惊心。这深深地刺伤了三位委员的心，也使他们感到肩上保护文物的担子更重了。或许是共同的志向和共同的责任，政协小组工作人员与其他委员渐渐地看到单士元、罗哲文、郑孝燮三位在文物古建保护事业中，总有他们的身影。后来有人戏称他们为文物保护的"三人行"或"三驾马车"（图八九）。他们3人虽在20世纪80年代于全国政协文化组共事，其实早在数十年前已相知。首先对于单士元来说，一生供职故宫，解放后也是文博界的老人。同时30年代受聘于中国营造学社，曾撰写文著于《营造汇刊》上，罗哲文与单士元相识，是先见单文而后识其人。原来1937年"七·七"事变后，中国营造学社迫以迁往四川李庄，1940年罗哲文一踏进营造学社大门时，就已从学社汇刊上见有单士元《清代建筑大事年表》资料稿等古建专著。解放后罗哲文在国家文物局，与单士元在同一文博系统，因此在工作中碰面了解的机会更多了。郑孝燮在建设部，城市规划与文物保护也是郑老的工作内容，也因此和单士元而相识，并时时有工作往来。在政协工作的志同道合让单、罗、郑这三位委员走在一起。1981年底，针对"文革"期间以破四旧为名，毁坏古建筑遗存较多，一些地方政府改造项目，在经济上追求最大利益，时有不顾及文物保护的现象发生。在这种情况下，三人共同上报提案，说明保护的重要性。虽有时意见不被采纳却无怨无悔。

在福建漳州地区有一石城，面积为1平方公里有余，用巨石砌筑。城中有大宅五区。城中还建有佛塔、石坊、庭园等。城中居人俱赵姓。据记载其之始祖为宋宗室赵若和。石城历经千余年至今，赵

八九　1987年单士元在苏州虎丘塔验收会上（右为单士元、中为郑孝燮、左为罗哲文）

九〇　单士元在福建漳州二宜楼与孩子们合影

家城的城墙安全坚固。城内的高楼和居住区域中的庭院河流,其空间组合在建筑艺术上亦具有特色,可谓是一组可以写入中国建筑史的建筑文物,同时又是研究南宋历史可资考查参照的重要遗迹之一。因此在单士元、罗哲文、郑孝燮共同建议下被有关主管部门,定为国家级文保单位。期间单士元曾3次赴赵家城,最后一次是1987年(图九〇)。是年单士元与罗哲文到四川乐山视察一座大佛及附近的文庙。文庙的正殿已拆除大部,拟辟做中学校址。其配殿已拆得面目全非了。单与罗等人仔细查看,发现正殿的每个柱础的立柱下都垫着一圈木质物体,此建筑工艺做法,在一般的建筑上很少见到。待单士元与罗哲文仔细研究后,认定这是3000多年前殷墟柱础上垫铜质构件的做法。这就赋予了这座正殿在历史上和古建工艺技术上极高的价值,也为中国建筑史提供了宝贵的实物资料。于是单、罗二人向当地陪同者建议,保留正殿,另辟途径解决校舍不足的问题。单士元与罗哲文此言一出使得陪同的校长很不理解:"我们要拆,是古为今用!而你们却净替死人办事,不管我们活人啊!"单士元笑着说明："我们不是为死人办事，而是要保护好死人留下的有价值的东西，包括古人遗留给我们的聪明智慧，供我们活着的人以借鉴，为了我们今天文化文物工作的需要。因此，我们正是为了活人才主张不拆的。"单士元就这样为中国建筑保存了一笔珍贵的实物资料。

　　在我国安徽省有一古香古色历史悠久的古县城，那就是极有盛名的歙县。歙县的潜口镇位于歙县前往黄山路上的第一站，一条石板路大弄堂，两旁林立着店家，小河流水也很有江南古老水乡韵味，可是随着改革经济发展大潮，有人想把这古香古色的小石板路，翻建改成柏油路，那就失去了原来生态的特色。单士元经过考查，在歙县古城保护规划评议会上，提写建议保留原来古镇风貌，得到安徽省各级领导的重视，又与从歙县拆迁到潜口镇附近的七座明代古民居建筑（取名明村）组成了一处皖南古建民居的特色风景旅游区（图九一）。不仅如此，单士元于1984年8月间，得知当年对天安门

九一　安徽歙县古城保护规划评议会全体代表合影（前排
　　　　左九为单士元）

九二　1981年北京史研究会学术年会上（右一为单士元）

的两对华表进行保护性处理时，其事前制订方案未经有关专家审核与论证，而盲目施工，所以导致华表的表层大面积的残损和脱落。于是单士元在实地调查了解情况后，马上向全国政协文化组和国家文物委员会做了汇报。内容是上陈关于施工方对天安门前两对华表正在进行不当施工，导致对这一国家重点文物造成了破坏。亟请建议国家文物局组织有关文物与化工材料专家，共同研究制定新的技术和挽救方案。由于单士元及时上报有关领导，提出解决方案，因而制止了一次维护不当的重点工程。不几日，他应约全国政协报记者专访，在报上发表《关于保护文物的公开建议》一文。

北京是举世闻名的历史文化名城，不仅有五千多年的历史，还有自辽金时起历八九百年的封建王朝都城史。因此文物遗存与文化传统内涵非常丰富。单士元曾自嘲是世居京城的土著，他的确是一位老北京人，一直生活工作在北京，作为一名老北京人，过去对京城只是一份亲切的人文情感。特别在他中晚年时，作为一名文物保护专家，却又多了保护的职责于身。1980年北京市政府为了继承悠久历史遗产，召开首届北京史学术讨论会暨北京史研究会成立大会。

九三　单士元在北京西便门残存的明代城墙考察（左二为
　　　　吴良镛、左三为单士元、左四为侯仁之、右一为罗哲文、
　　　　右二为郑孝燮）

单士元被选为该会的学术研究顾问（图九二）。1983年单士元与罗哲
文、侯仁之三位学者在一起，通过实地考察后，共同建议保护北京
西便门仅存的明代城墙遗址（图九三）。由于北京城历史悠久，文物
古迹遗存甚多。但这具有历史价值的古建群体，大多未能加以保护
而任意由某些机关单位不合理占用，因而使之造成人为的破坏。单
士元当时做了大量调查后，于1987年曾提案建议不合理占用文物古
迹的单位和个人，在有关政府主管部门统一协调后，尽快搬迁，妥
善安置，并逐步整修还其历史原貌，再现古都文化内涵。在8月17
日，由北京市文物保护协会与北京市土木建筑会联合召开保护首都
独特风貌学术研讨会。当年在京的文化、文物、城市规划等各界专
家单士元、侯仁之、罗哲文、郑孝燮、张开济、张镈、赵冬日等与

会。大家对什么是首都独特风貌展开研讨。与会专家共同认为，北京的人文景观和自然景观结合形成的城市宏观景象，是北京独特的古都风貌。单士元发言进一步谈自己的看法，古都人文景观包括以故宫为核心的，原宫殿、衙署、王府、城垣、街道、坛庙、会馆、园林、四合院、民居以及古塔石刻，还有众多革命纪念建筑物和其他各类有形的物质文化遗存等，即现在通常所说的文物古迹。其他专家对单士元的发言表示赞同，有专家对于精神文化遗存做注释认为，各种形势的文学作品以及通过口传心授延续下来的民俗风情，也属于人文景观的组成部分，同时还有自然景观等。以上这些景观互相结合形成了北京独特的古都风貌。

　　古都北京什刹海是京城在人文胜迹与自然景观都极为丰富的历史文化保护区之一。前海、西海、后海三大片水面，是京城少有以水为魅力的宝地。所以从明清王朝时的达官府邸及明清至民国的名人故居遗存较多，著名的恭王府就建于此。旧京八景之一的"银锭

九四　银锭桥东侧桥栏题字

九五　银锭桥景观

观山",就在什刹海。此外有浓厚民俗民情的荷花市场与烟袋斜街都
非常有特色。但什刹海地区在旧中国逐渐衰落,解放初期因政策上
的原因,进行了不当改造。后又历"文化大革命"更大规模破坏,以
至现在难以体现其原历史文化内涵。1980年市政府决定,责成西城
区政府正式启动,全面整治什刹海地区,恢复和再现什刹海历史文
化的内涵。这一重大决策和重要工程由此成立了指挥部,聘请单士
元为整个工程总指挥部的顾问。他曾讲话指出,保护什刹海文物古
迹,不能只保护一座庙,一处园林,一条胡同,还要注意保护它们
周围环境的和谐统一。在1984年对什刹海银锭桥修缮完工后,恢复
京城银锭观山的旧京一景。单士元欣喜之余应邀题写了"银锭桥"三
字并刻在栏石板上(图九四、九五)。进入新世纪初的2000年时,在
什刹海后海地安门桥西又建一石桥。此时单士元已故去。当请侯仁
之老题写桥名时,侯老在深情缅怀单老时说,单老曾题银锭桥,我
把新桥命名为"金锭桥"。

七 风雨故宫七十年

（一）辛勤奉献老弥坚

天坛建于明朝永乐十八年（公元1420年）它位于北京南城，是"圜丘"、"祈谷"二坛的总称，为明清两代皇帝祭天祈谷和祈祷丰年风调雨顺的场所。在封建王朝时代每年冬至、正月上辛日和夏季的首月，皇帝都要到天坛来举行祭天祈谷祈雨的仪式。天坛解放后经过几次修葺和修缮成为北京著名的旅游胜地。70年代中北京大修地铁轨道，曾将废弃砖瓦碴土堆积在天坛里。80年代初单士元作为政协委员和北京市政府顾问团顾问，与罗哲文、侯仁之等上书有关市

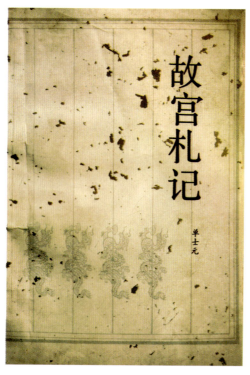

九六　《故宫札记》书影

领导，应把碴土山搬走清除。由于有关领导非常重视，1990 年市领导带队前来一起持锹挖土，让单士元象征性地铲第一锹。

《故宫札记》是单士元在 1990 年 6 月出版的第一本以随笔札记为主的书籍，是他供职故宫 60 余年中有关明清宫廷史、人物事件、古建筑等方面文作，均取材于故宫所藏档案文献。其内容涉及广、立论严谨、考据翔实，有很高的学术史料价值（图九六）。

坐落在陕西省城南黑水河畔的仙游寺和法王塔，是隋唐时代存留下来的名胜古迹。自唐宋以来吸引大批文人学士。1990 年 4 月因西安市黑河引水工程和仙游寺保护区附近其他工程，施工中开山放炮不止。故此涉及仙游寺的搬迁问题。为了进一步明确仙游寺文物

九七　1990 年单士元在陕西终南山仙游寺隋塔前留影

九八　1990年单士元在陕西终南山仙游寺窑洞民居前留影

的历史价值，当地有关主管文物负责人特地来到北京，请专家做实地考查，单士元、罗哲文、郑孝燮三老又同赴陕西（图九七、九八）。

在座谈会上与会者自然请三老首先发言。三老中单士元最年长所以第一个发言，他说看了仙游寺青山绿水环抱着一个千余年的文物古迹，心情很激动。这里的环境体现人与自然的和谐。说明我们祖先既有文物意识又有环境意识，当他听到一种说法认为仙游寺这一处的破寺烂塔最多值数十万元时，单士元很吃惊。他发表自己的看法，仙游寺法王塔应被列为国家文物得到保护，就文物本身而言是不能再造的无价之宝。它的历史价值不能用货币观念去衡量。经三老和其他专家以及当地文物部门的共同努力，1996年仙游寺法王塔被国务院公布为第四批全国重点文物保护单位。

进入90年代初，单士元不再担任政协委员，但全国各地文物单位的邀请，可以说仍很频繁。1990年8月他到河南新乡参加审查明代潞王墓区规划会时，对当地文物部门保护得体，感到高兴。他感到新乡的潞王城规模可比帝王陵墓，更为突出的是宝城陵墓用青石建筑，实属少见。因为中国建筑是以木结构为主，因此建议加以研究。

12月25日至27日单士元又接受邀请马不停蹄地到辽宁省丹东市，参加明长城东端起点的论证会，已过80岁的他亲自到虎山明长城遗址，进行实地考察分析并研究遗址中的出土文物。经过考察综合研究，与会者一致认为明代万里长城东端起点，在辽宁省丹东市宽甸满族自治县虎山乡鸭绿江畔的虎山地段，东经124°30′，北纬40°13′。对于明长城东端起点的具体地段位置走向的认定，是我国长城考古的一项重大发现。这一发现廓清了曾流传于国内外，明长城东起山海关的提法，恢复了历史真实情况，有很高的学术价值。

中国和平统一促进会是1990年创办的，它由各界知识名人社会贤达组成，目的是发展海外国际友人及港澳台胞的联谊与交流。单士元被选为理事参与多种海外交流联谊事务。在这一年里，他又在北京参加了一个重要活动。在北京右安门外凉水河北侧施工时，工人发现一座水关遗址。时有关部门立即请单士元与历史地理学家侯仁之等前去勘查，单士元从古代建筑学方面加以研究，侯老是在历史地理学方面推断，一致认为是金代中都水关遗址。之后，单与侯联合向市政府及媒体介绍情况。单士元说，金中都水关遗址的建筑特色可以得见，南北长17米，东西宽16米，水关入水口呈八字形，还以石板做底，用铁活固定。有的地方还用铁水灌注，加强了石板的稳定性。在石板两侧还有密集的柏木桩起着护理作用。水关钉将石板固定在下面的横木上。单士元认为，这种建筑工艺技术是非常科学的。侯老从历史地理学角度说出自己看法，他认为金中都城内水系的确定对研究金中都和北京的原始城址都起到了至关重要的作用。

单士元在故宫主持院内古建修缮工作是在六七十年代到1985年建院60年之时。那时他以主管副院长身份经常下工地指导或检查。1985年院庆后改行政职务为顾问，实际上没有什么更具体事务负责了。但单士元依然坚持多年来的习惯，几乎每日来院，到开放路线走一走，看看施工现场，这样既能见到老工匠与他们聊聊，而且还

九九　单士元拾捡的有
　　　古钱币图案的清
　　　代冬季取暖的火
　　　道墙砖

一〇〇　单士元拾捡的明代万福万寿窗格

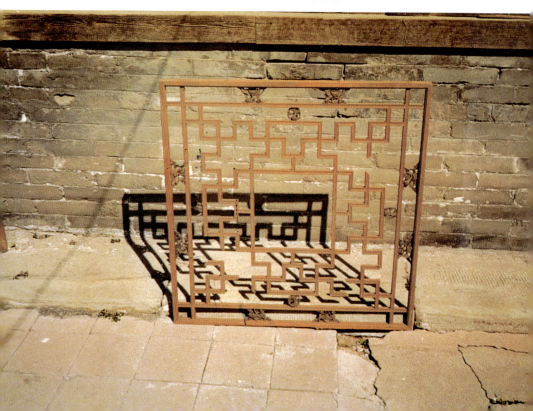

能锻炼身体。久而久之他有两个"美名"逐渐在院中传来。其一是"拌芝麻酱的老头儿"，二是"拾破烂的老先生"。原来前者是单士元一次在院内施工现场，看到刚进院中的工程队青年工人，在搅拌水泥和白灰沙子等施工料时开足水管后，到一边扎堆玩笑去了。单士元看了一会儿便走到青工面前笑着说："搅拌施工用料时不可粗心大意啊！比如在家里吃芝麻酱面，在调拌酱时一定先少倒些水，慢慢调出香味来，此时芝麻酱也均匀了。施工用料不比吃面条啊！否则会造成施工工程发生大的事故。"这时个别工人不解地反问，你是退休的老头儿，瞎管什么？后来工人们慢慢地才知道，这位老者就是已在故宫工作60多年的单老，逐渐地与他熟起来。不但以后改变在工作中不良操作，其中好学者还经常到单士元办公室或家里请教学习。但是戏言"拌芝麻酱的老头儿"美名却叫开了。

"拾破烂的老先生"也是讲当年单士元的实事。在他刚进故宫工作之际，他的师长沈兼士、陈垣等曾告诉他说，故宫处处有历史、件件是文物。单士元在故宫供职60余年之际师长已归道山，他本人亦垂垂暮年，但师长教导可谓受用终身。因此，单士元每年在院中巡视之际，不沾紫禁城边的东西，他不拾，只要沾上边的，不管是残砖断瓦，旧门钉锈铺首，或是半扇旧柜门及一件木雕花，也不管是扫进垃圾堆的，还是拆房下来的，单老都当宝贝似的，拿放到办公室。积攒多了，就交到古建部资料室去，还叮嘱有关人员说，都有用，一定当文物留着，别当破烂。其中有一件方砖，是在故宫修厕所时，从地下挖出来的，形式类似金砖而质地糙些，正中印有"细泥足尺七"五个大字（图九九）。单老请人搬回办公室，马上研究它是何时何处烧造，砖质如何等等。又如一扇两尺见方的嵌花旧窗格，是明代遗物（图一○○）。蝙蝠及圆形寿字组成的图案，叫万福万寿窗格，又是施工队当年修缮紫禁城内马神庙时拆的。已由他人堆在锅炉房内，准备当柴火烧的，此时他老又得见了，马上捡回来，仔细看它的木质，图案等方面带来的文物信息和文化传统的印迹。后来，院内西办公区翻修后，院长处科室等都有小牌悬挂一目了然。但单老的顾问办公室无任何标牌。有人建议他老将万福万寿窗格放在进门的窗子上，后来却成了同仁好友来访的标志牌，一直到病故。还有一次，在一个大风天，单老刚走出办公室没几步，见一张尺余见方大小的纸随风飘舞，最后巧落到他老眼前落地。他忙拾起来一看是高丽纸，似细绢般的薄，且有很强的韧性。拿回办公室展形清洗后，在旁注诗："紫禁遗物留旧纸，有司不识视等闲。弃之不惜若扫叶，拾得片断记因缘。"附言，是封建王朝时高丽国王贡纸，拆房时应收拾好，以便加以研究。后来有人问起单老拾破烂事为何？单老笑着说，故宫作为原明清皇宫，它一砖一瓦都要用历史的眼光来认识与研究。拾倒是常拾的，但未必是破烂啊。

另外，单老对故宫的地基更是保护有加。1990年前后，一位院内工程技术人员向他报告说，在一处施工现场竣工后，虽已处理好的上水管，却有严重跑水的问题。由于夏季雨水过多，每到下雨就会有水往坑里灌，大雨大灌，小雨小灌，因此雨水渗漏可能导致地面塌陷的危险。由此可以断定水来自雨水沟。后经工程人员勘查后发现，施工时这个沟帮与底之间未能做实，经雨水渗漏多次已出现脱节变形。雨水由此下泄，在它的下面已冲出成一个洞。实际原因是由于它的管沟内的回填土未能夯实所致，雨水由此冲出一个缝，后形成大洞。沿着上水管沟已设立的通路，直泄到顶管坑中。于是在数月后的晴天，就有坍塌下来的可能。单老听后，曾语重心长地说："我认为故宫的地基是一块玉，不能轻易地刨刨挖挖，要保护它的完整啊！"后来他与有关工程人员共同研究出解决方案，同时又特别强调施工人员一定按传统工艺来操作，不能马虎不能偷工减料减工序。

古都北京的文物遗址在全世界享有盛名。为增强人们对文物的保护意识，曾在纪念建国42周年的前夕，即1991年国庆节前夕在北京举办首次文物节，主会场设在劳动人民文化宫。在新闻发布会上单士元作为一名老文物工作者发言，首先对解放后我国文物事业上有很大发展，以及在文物保护法令下文物得到有力的保护感到欣慰。同时也提出有不尽如人意的忧患之处。他说："旧社会的一些古玩商古董铺将文物倒卖给外国人称之走洋妆。他们将祖国文物视为商品出手买卖。现在虽然时代不同了，但仍有人擅自以高价倒卖给外人，这是令人痛心的事。数年前国家文物委员会成立之时，我是委员之一。夏鼐主任曾召集我们开会商讨解决办法，上呈有关领导。"最后单士元还建议在大中小学中建立保护宣传传统文化文物的必修课，使后代知道文化遗产是我们国家的光荣与骄傲。

　　生活在河北保定的人，大都知道当地有个清代直隶总督府。清代直隶总督府，是清代八大衙署之一，现只为一处遗存。在民国初年曾是军阀曹锟的府第。解放后又成为中共保定市委所在地。由于是清代衙署的仅存，因此对它的保护和让人们了解它的历史文物价值就显得很有必要了。早在1986年保定被公布为第二批历史文化名城时，单士元等曾做提案修缮恢复其原貌。在当时保定市委非常重视作出决定搬迁另择办公用地。于1991年全部清出后，市委领导责成保定文物管理部门特地来京请单士元等专家，共同商议制订规划和原貌修复等问题。以便尽快让百姓及国内外游客一睹原清总督府真实原貌，了解它的历史文物价值。

　　有一本名叫《百科知识》的杂志，它是我国大百科全书出版社出版的一种普及科学知识刊物。单士元应约在该刊物上写了《谈谈我国的古建筑以及保护》一文。文中除涉及我国古建筑的悠久历史外，特别提到全国各地历史文化名城的保护。大到城市风貌，小到有历史价值的一条小街一个胡同，都要保护它的环境的整体性，而不仅保护单个建筑体。《中国博物馆总览》（日文本），是由日本对外文化协会主持在东京出版的一部向日本综合介绍中国博物馆的大型图书，也是中国在博物馆学研究方面取得的新成果。该书在内容上视野广阔，材料来源丰富，真实反映了中华民族自古至今所创造的文明业绩。该书分上下两卷，在设计装帧上全部彩色，印刷富丽精美，堪称是一本高标准图书，还邀请学者名家赵朴初、常书鸿、单士元、罗哲文等为编辑顾问。为祝贺《中国博物馆总览》（日文本）出版，于1991年5月6日在人民大会堂举行出版纪念会。单士元与罗哲文应《中国文物报》约稿，联合发表祝《中国博物馆总览》（日文本）出版的文章。

为了保护北京现存古建筑以及系统研究我国古代建筑的发展历史，尽早建立北京古代建筑博物馆，时将修整南城原先农坛遗址作为馆址。这时单士元、罗哲文、侯仁之等专家，又一次将建议上呈给北京市委市政府。建议中说："先农坛本身就汇集了中国古代建筑精华与难得实物标本，而且现仍有先农坛、大岁殿、神仓、观耕台和庆成宫等遗存。"追源先农坛始建于明朝永乐十八年（公元1420年），是明清两代皇帝祭祀先农诸神，以及举行藉田典礼的场所。早在朱元璋建立明朝后，即把祭祀先农之礼列为大祀，并建立专用祭坛。明永乐营建北京以仿旧制，在北京城外建起了规模宏大的天坛和山川坛（即先农坛），明朝皇帝不仅在先农坛内设立牌位祭祀先农，同时还划出一亩三分地，由皇帝作象征性的亲耕。封建王朝灭亡后到民国时期，北洋政府拆除部分坛墙辟为城南公园。解放后有些单位与中小学校先后入住占用。单士元等人的建议受到市委市政府领导的高度重视。1990年底首先修缮的太岁殿竣工。在竣工典礼上副市长出席并郑重宣布批准单、罗、侯三老的建议，将这里作为北京古代建筑博物馆址。在筹办过程中，单士元始终亲自指导，直至1991年9月正式开放。同时也筹办中国古代建筑展览（明清部分）对外展出。展览有城市宫殿、坛庙道观、园林陵寝、府第民居等内容。展览陈列利用大量图表、照片、文献、烫样和沙盘模型，整个展厅介绍了中国古代建筑从茅茨土阶的原始状态发展到明清时代城墙高筑、布局严整的宫廷建筑，再现了我国劳动人民的智慧以及世代匠人口手相传的精湛技术和卓越的创造力，更展示了中国古建筑悠久的历史和灿烂的成就。在1991年11月17日为了纪念从事古建工作与研究的前辈学人，首创中国营造学社的三位大师，即中国营造学社社长朱启钤、法式部主任梁思成和文献部主任刘敦桢，在古建馆开办两个月后，单士元又亲自建议与筹办举行"中国营造学社朱启钤、梁思成、刘敦桢纪念大会"。

说到单士元早年在故宫的工作，是整理明清历史档案文献。后考入北大研究所国学门做研究生，也是以报考明清历史与金石学为专业课题。自1930年单士元加入中国营造学社步入古建的工作研究，便一发不可逆转，数十年如一日。直至20世纪90年代仍是如此，1992年5月故宫西侧的中南海警卫局管理处负责人来访单士元，请他到中南海去考查一下原建筑，一是有些已多年未维修了，二来在"文革"期间虽说没有什么受到破坏，但当时负责人擅自改建，不当使用不少。当时单士元与警卫处同志共同商议修缮方案，并作为施工队的顾问参与其中。

1992年单士元去了外省市四个地方。一处是素有天下第一陵之称的黄帝陵，位于陕西黄陵县。这是中华民族人文始祖轩辕的陵寝，是海内外炎黄子孙祭祀和谒陵的场所。近年来随着我国对外开放政策，海外华人拜祖的人员与日俱增。由于陵园年久失修、祭祀场所狭小等原因，中共领导拟请专家考查论证规划并制定修缮方案。单士元则为专家组成员之一。其二是到山东曲阜在孔子故里参加《古建园林技术》杂志的第二届编委会。这也是《古建园林技术》杂志与曲阜古建公司联合举办的大型的学术会议。单士元在发言中再一次强调对古建工艺技术的传承。不足月余，他又风尘仆仆地应邀到河南开封，参加开封古城墙遗址的保护工作会议。他发言认为，开封古城墙必须很好地保护，不但对城砖的厚度、长度等要知道，如果有碎砖也一定要保留并加以研究其土质配料等成分。因为，砖的配料属于古建中的手工艺技术的范围。回忆在营造学社时单士元曾提出对材料的研究，因多方原因，未能进行。此外，单士元还处于1992年7月到承德参加由国家文物局、国家建设部组成的第三批历史文化名城的评审会。

1992年10月是院中首办《故宫人》报创刊两周年之日，单士元欣喜题词报端，热爱故宫，热爱社会主义祖国，热爱中华民族传统文化，热爱中华民族四句话，与院中同仁共勉。自单士元1925年进行故宫工作，可以说是有着得天独厚的条件，看到故宫这座雄伟壮丽的古建群体，使他产生对故宫建筑研究的兴趣。那时单士元在故宫院中文献馆，主要整理王朝遗留的档案文献。因此，他在工作中又得见封建时代营建皇宫以及北京城的规划设计的史料记载，包括有关建筑工艺技术，乃至明清两代工匠的记录名册。慢慢地他对营造史料进行收集整理，并加以研究，时还写出部心得札记在有关刊物发表。1930年应邀请他加入中国营造学社这一研究古建营造机构。营造学社里当年分有两个部，其一为以从事法式造型研究为主的法式部；另一则是文献部。单士元入社后任文献部的编纂。不久，他慢慢感觉到，由于学社是社长朱启钤先生刚刚建立的，两个研究部人员工作处于起步初期，尤其似对古建的法式造型研究有所侧重。而文献部中，对古建筑中在工艺技术方面仍未开展相关工作与研究。他是这样认为的，中国古建筑不管有多么的辉煌壮丽，还是必须通过古建筑的工艺技术和古建的艺术造型体现出来。所以单士元在参加营造学社初期第一个提出，应注意古建工艺技术在古建文物中的重要作用并加以研究。因此自营造学社后数十年来，单士元随处都在宣传古建筑传统工艺技术的重要性，并多方收集这方面的历史文献资料，更注意发现寻找有传统工艺技术的人才。

单士元从事古建工作远远长于史学从事时限，已有60年。然而他在故宫古建工作生命却因60年代"文革"运动而中止。70年代末虽任副院长主持古建业务，事实上有名无实。因为当年古建多有工程早已施工安排，他未参加初始之规划诸事，现无从插手。到1985年改为院级顾问，便"不在其位，难谋其政"了。作为已在故宫供职已有60余年的老者，保护故宫是他的生命与天职。因此他在所见中看到的问题写出来供有关领导参考。如他对当年基建管道工程一事曾写："这样的工程存在令人担心的问题，在故宫里的基建管道工程是一个新的事务。因为故宫地基状况是数百年前经过特殊处理的，施工中给故宫古建筑带来不利的影响。同时在工程竣工后，则应注意对古建所造成的不利，提出补救措施。"另外，单士元还对当年施工计划报表内容不完整规范的现象提出己见。曾存一报表眉批："故宫古建工程上报手续不健全。内容如设计书看不见，施工日期及预计完工日期也未注明。这种自由工作态度方法亟应改变。"

1994年5月18日台湾省中华海峡两岸文化资产交流促进会，邀请第一批大陆传统建筑学者，赴台参加海峡两岸传统建筑技术观摩研究会。单士元作为该团的学术总顾问赴台与会，邀请方安排了在台南彰化等地的古遗存遗址进行实地参观考查，之后返回台北举行研讨会。在会上赴台学者肯定了台湾宝岛古迹文物保存的成绩，并认为台湾省作为一个地区性代表，是自成一格的，既保存良好又有特色。在研讨会上单士元首先说，台湾省对于传统文化的守护，和对古建遗存的保护十分得体，在这方面与大陆建筑学者不谋而合。特别是有一批兢兢业业在从事维护保养工作的专业人员，令他十分佩服。然后单士元谈到自己对古建文物保护观点时说："我认为从事传统建筑的人既是护士，又要是医生。要保护建筑不坏，不得病。这是护士的职责。病了，要医生通过医疗手段，让他延年益寿。"单士元对文物保护形象恰到的比喻博得了两岸古建学者的普遍赞许与认同。研讨会之暇给大家一个各自询问看望自己同仁好友的时间，单士元此次访台还有一个最大的心愿与目的，就是会见他60年前故宫博物院的同事那志良。原来，早在1925年同为18岁的单士元与那志良这两个小伙子，一块儿被批准走进紫禁城的大红宫门，参与清室善后委员会，对文物珍宝点查并筹办故宫博物院的工作。故宫博物院在1925年10月成立后，两人同在院中工作成为无话不说的青年好友。1935年因躲避入侵的日本侵略者攻进华北，将故宫院中文物南迁时，那志良押送文物而离京南下，随南迁文物到了台湾，单士元则命在故宫院中留守。分离已历六十载，现在那志良先生已是台湾省故宫院中玉器专家，人们敬称为那公。漫漫沧桑一甲子，两人都已是耄耋之年的老者了。隔海相望，他们二人心中有着太多牵挂和共同的感慨。其实早在80年代虽有鸿雁传书，那志良先生曾约单老在香港一晤，但阴差阳错未能得见。期许一晤是两老的共同愿望。单士元赴台与会，将心中这一甲子之情告之台湾友人，在他们安排之下，终在5月21日于台北故宫博物院会客厅见面了。

台北故宫会客厅，灯光照在大厅内，数十名媒体记者的闪光设备几乎聚在两老身上。当年单老迈进大厅的那一刻，那公单老两位老者的双手终于在相隔60年之后，再次握在一起。岁月悠悠弹指一挥六十载，昔日的青年小伙已是白发老者。思念也都尽言在这碰面之中。谈文物之美，叙故友之情，大乐自在其中。但那公单老相逢之乐中，不免有丝丝的悲伤与无语的隐痛。当单老问及南迁时几位同仁故友是否安康之际，那公轻轻答皆已故去，只有我一人了。次日在那公盛情邀请下，单老又前往那公寓所做回访。两位老人对坐于沙发上一边吮着雪糕，一边回忆往事。单老说，《快雪时晴帖》虽然在台北，我却还能背下来。那公亦回忆说，当年一位审查员不识王莽嘉量（一古文物）时，吴玉章（另一南迁老故宫人，已故）就回他说，是古铜大沙帽。此时二老脑海现出60年前一起清点文物的时光。在那公私寓的花园里，那公问单老生活起居的情况，单老诙谐地说："我也有花园，比你的大多了，是故宫御花园！希望你方便时到我的花园走一走！"

那公单老的相聚毕竟是短促的，但是二老都有共同的心愿。海峡两岸的文物是中华民族传统文化的组成，我们都是炎黄子孙。加强两岸往来特别是文化交流是非常有意义的。同时二老又相互期许，虽是耄耋之年，不求万寿无疆，但绝不以百岁为足，并以长寿观尽更多的人事沧桑，那公单老在台北二次相见，台湾各大媒体都做了第一时间的报道。还有人赋诗说："北京相识是小伙，台北重逢已老叟。暌违思念一甲子，六下江南再聚首。"可是谁也没想到，这竟隔六十年的相见，虽说是二老的大乐，却又成了他们的永别。1998年5月25日和10月17日单老那公相继病故。天堂相见是他们的永恒。

炎帝陵又称天子坟、皇山，坐落在湖南省株洲市炎陵县城西。炎帝又称神农氏，是我国首创农耕文化的先哲。与黄帝轩辕氏同被尊为中华民族的始祖。炎黄二帝的陵寝，是炎黄子孙谒祖尊根的圣地。炎帝陵庙历尽沧桑，可谓屡建屡毁，屡毁屡建。新中国成立后，炎帝陵被列为湖南省重点文物保护单位。不幸在1954年除夕夜因香客祭祀焚香烛而不慎失火，致使炎帝陵正殿和行礼亭被焚，在八十年代湖南省曾拨专款主持修复了炎帝陵，1993年9月4日时中共中央总书记国家主席江泽民亲自题写了"炎帝陵"三个大字。同时由建设部湖南株洲规划院共同完成炎帝陵风景名胜区的总体规划方案。1994年7月湖南省建设委员会和株洲市政府，在株洲市召开"中国炎帝陵风景名胜区总体规划评审会"，邀请单士元等北京专家组成评审团对规划进行评审。单士元作为主任委员主持这次评审会。两年后的1996年11月炎帝陵被国务院公布为第四批全国重点文物保护单位。

由单士元作为会长的第七届中国传统建筑园林研究会学术研讨会，于1994年11月2日在享有"东南邹鲁"之誉的国家级历史文化名城歙县召开。来自北京、辽宁、黑龙江、山东、广东等近百名古建专家出席会议。单士元会长首先致开幕词，他说到了中国五千年的文明史是任何国家不可比的。古希腊文化今日已不复存在。埃及印度是文明古国，但他们的文化史中有间断。只有我们中国文化一直延续，尽管1840年以后中国遭受帝国主义侵略，但是我们民族没有屈服，文化没有中断，所以说我们民族传统文化的力量是国家兴旺之魂、中华民族之根。古代建筑是文化传统的重要组成部分，建筑艺术属一切文化艺术之首，没有建筑艺术则什么文化艺术都不可能发展。对于建筑史的研究，过去只有外国建筑史而无人研究中国建筑史，在30年代我们本国有识之士才开始研究自己的建筑史，现在已发展到世界有些国家开始注意研究中国的建筑史了。我们研究古建筑不是为了复古，而是为了借鉴，为了我们的传统文化中古建历史能够弘扬传承，在此可借助一句古训：不能礼失而求诸野。

著名学者启功先生，故于2005年，生前在学术、书法以及教育界都享有盛誉。启功先生与单士元两人生前可谓是君子之交六十载。单士元生于1907年，启功生于1912年。在20世纪30年代他们早年求学与工作，均从师受教于前辈史学大师陈垣，故此两人相识相知。1947年8月与陈垣先生同代学者，文字学家沈兼士病故。沈先生生前与陈垣同为辅仁大学教授，同时又兼任过故宫文献馆和图书馆馆长，同年12月故宫博物院为纪念沈兼士教授，特出版专刊《文献论丛》以示纪念。单士元写下《清代奏事处考略》，启老撰文《跋邺河伊拉里氏跳神典礼》。作为一名著名书法家、文物鉴赏家的启功先生。于解放后的1991年，将自己大部分书画作品举行义展卖出之后，筹得一笔巨款，并以先师陈垣"励耘书屋"为名设立了励耘奖学助学基金会，以作为鼓励后代学子奖学金和捐助困难学生资金。时启老聘单士元为理事会理事。当年11月27日启老为此事，特别到单

一〇一　单士元与启功、刘乃和的合影（右一为单士元、中
　　　　为启功、左为刘乃和）

士元家里送聘书。1993年初北京饮食业著名老字号全聚德烤鸭店，
为宣传我国饮食文化，准备用传统方式布置一个中外贵宾用餐厅堂。
如何布置呢？当年全聚德集团领导前来请单士元帮助规划指导，单
士元请来了启功、朱家溍和刘乃和（图一〇一）。在单士元专程前去
启老家说明此事时启老幽默地说："烤鸭好吃，明日单老赐鸭。"说
得在场者都笑了起来。

　　1994年初冬日启老做诗一首，特请专人送与单士元："窗前生意
满，树密鸟雀多。檐头有空隙，双双来作窝。不时出或入，警惕网
与罗。天真小麻雀，一一堪摩挲。出土玉与金，精工今逊古。何以
古技张，累降竟如许。朝代翻处频，大权由霸主，作俑各自娱，文
化成尘土。"（图一〇二）后单士元得见，立即回信表达问候敬意，同
时更多的是对诗的会意与感受。

　　早在1990年9月纪念紫禁城建成570周年学术研讨会上，与会

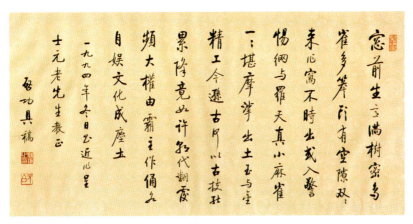

一〇二　启功先生送给单士元的诗

一〇三　单士元在《中国建筑艺术史》完稿会上发言（左一
　　　　为单士元）

的学者专家一致倡议应成立一个以弘扬民族文化，推动深入研究紫禁城各学科文化内涵为宗旨的学术团体。在有关领导主持下，中国紫禁城学会于1995年9月18日，在故宫博物院建院七十周年前夕宣告成立。单士元被推选为首任会长。在成立大会上，他致开幕词说："今天参加紫禁城学会成立大会，作为紫禁城中的老兵，自然欣喜于怀。不禁回忆起早年于1925年溥仪出宫后，筹办故宫博物院时，特别设立专门委员会，聘请在当时社会名流学者参与指导院中工作。今天我们也请来侯仁之、罗哲文、郑孝燮老辈学者，同时还有一批学识渊博的各学科中青年学者。"谈到紫禁城学会宗旨其特色应如何，单士元回忆说到，30年代我国最早研究古建筑的中国营造学社，它的特征在"营造"二字。因此，我联想紫禁城学会应重点在"紫禁城"三个字。具体而言通过紫禁城72公顷建筑的空间组合和使用功能，可上溯至祖国数千年社会发展史、其中有文化史、建筑史等。我还要特别强调营建宫殿中的工艺技术史的研究。另外紫禁城宫殿中的传世文物也是我们学会研究的课题。总之，古建筑，古也，古也，历史也。从学术上研究，再指导实际紫禁城的保护工作，是学会的主要任务与特征。紫禁城学会在单士元主持下开展工作直至他病故。

我国建筑具有鲜明特色，体现人民卓越的艺术创造才能和文化特性，因而形成了我国独特的建筑风格。自1989年中国建筑艺术史的课题研究，在中国艺术研究院设立。编写《中国建筑艺术史》，从理论上确定了中国建筑艺术的地位。1995年7月《中国建筑艺术史》完稿在即，时邀请有关专家对该书文稿进行统稿审评。单士元与会并发言认为，此项成果与以往的建筑史不同的是，在建筑中体现多学科文化传统的内涵，是重要的艺术史作。此项成果完成，定会对建筑界和文化艺术界产生震惊中外的影响（图一〇三）。

（二）国宝卫士誉桂冠

1995年10月10日对于故宫人来说是一个值得纪念的日子。故

一〇四　单士元在供职七十年会上做答谢

宫博物院已历七十春秋。可对于单士元来说，院内只有他一人有双喜临门的殊荣。因为他的工龄与建院相同，所以也是他供职故宫院中七十载之时。因此在 10 月 6 日院庆纪念前夕，故宫博物院为单老举行了"庆祝单士元为故宫博物院辛勤奉献七十年"纪念会（图一〇四），并向他赠送"鸿才硕彦"的楠木木刻烫金字匾一方（图

一〇五　故宫领导向单士元赠送"鸿才硕彦"匾

一〇六　单士元与张铸在一起（左为张铸、中为单士元）

一〇五）。单士元激动地说，当初进故宫，前辈师长告知吾等小辈，
点查故宫中文物以六至十个月为限，没想到干了70个年头。与其说
他是老北京大学毕业的，不如说是故宫紫禁城的老学生，老朽之年
尚未毕业。那天与会的自然有他的老友任继愈、罗哲文、郑孝燮、贾
兰坡、张镈、朱家溍等。他们在会上先后发言谈了与单老共事的感
受。张镈是北京规划设计院的规划大师。他说，在保护古都风貌等
工作中，感到单老最关心全国地上地下宝贵文物，是德才兼备的老
前辈（图一〇六）。任继愈是国家图书馆馆长，也是单士元相识相交
的挚友。任老说，我与单士元共事虽不太多，但是神交已久的老友，
感到他身上有一种爱国主义精神在支撑他的事业，因此单老严于律
己，理直气壮地干好自己的工作，并发挥其所长。任老还谈到使他
感受最深的事，就是单老对善本书籍的关心。任老最后希望，对人
的保护就是最大的保护，也希望单老能够在故宫发挥最大的余热

一〇七　单士元与老友任继愈、贾兰坡在一起（左一为贾
兰坡、左二为单士元、左三为任继愈）

一〇八　朱家溍赠单士元的对联

（图一〇七）。傅熹年先生是建筑界的大家，他也说到40年前与单老工作的往事。1956年中国建筑科学院成立建筑历史与理论研究室，主任是梁思成与刘敦桢二师长。当时梁刘二师均执于教院校，不在京，于是建研院领导请单老代为主持室内工作。在单老亲自领导下开展业务研究，研究室培养了一大批人才。如今他们都是建筑界的栋梁，发挥着极其重要的作用。

会上还有一位单老的老友，那就是与单士元称兄道弟的朱家溍。朱老说："我与单士魁、单士元兄弟二人解放前在故宫供职，曾称士魁兄为单大员外，士元二兄则为单二员外。这是从京剧单雄信戏中而来。如今碰面我还称单二哥。我们在故宫如能碰面，共识的话题与希望，就是青年故宫人要多读书才能胜任自己的工作。"会上朱老当场献出他早已写好的一副对联给单士元：

士元二兄在故宫博物院辛勤奉献七十年

笑指书田付后辈　　欣从寿国集同侪

乙亥闰八月十二日愚弟朱家溍拜书（图一〇八）

与会各级院内外领导，也在发言中祝愿单老健康长寿，望他发挥更大的余热。最后单士元做了答谢讲话，在万分感激之情下表示生命不息，为党工作不止。欣赏之余写下了故宫七十年院庆有感，抒发与故宫博物院共同走过风雨阳光的七十年，以续六十年院庆旧作：

长跑又十年，残烛尚可燃，晚霞满天照，余勇敢移山。

建院70年院庆过去了。单士元又站在一个新的起跑线上。回首人生，他却用四句话自嘲一把："问学无成，文博白丁，老弱病残，不堪回首。"并刻闲章"四有老人"。其实凭单士元在故宫70年工作经历，北京、台北博物院所藏书画器物均得见，有关编目书籍背得烂熟，足以说明单士元是在故宫文化遗产研究上的大家之一。基于此，数年前拍卖收藏回升高温时，有些拍卖人士邀请他去鉴定文物。一次单士元生病住院，接到拍卖公司托熟人转来的请柬，同时婉转言告明细，如参加会有好处，就医中的单士元，在请柬上写，我为文博白丁，不参加拍卖公司事。祖国文物当做商品买卖是对我的污辱。单士元认为，一个搞文化传统发展的人，见一件器物应从其相关社会概况、区域以及民族历史的学术价值进行研究。如果只从值多少人民币方面衡量，那是古玩商人，而不是文物工作者。因此单士元在他70年供职中自定"四不"原则:不有偿鉴定文物,不收藏文物,不买卖文物,不用货币价值定真伪。他还说:"我欣赏文物,在欣赏中虽有鉴定之意,而不是定金钱识真伪。我作为一名文物工作者,只有保护研究祖国文化遗产的权力。在故宫干一辈子没有私自利用鉴定赚钱。个人方方面面需要钱但取之有道,来之明白。若让我定真伪则进入寒蝉之状。"他具体解释认为,如果你是一名文物专家却又收藏文物,那就说不清楚。他不但给自己订下清规戒律,对亲属也告诫绝不能搞收藏,干买卖文物的营生。他说,那是一个文物工作者及其家属的"高压线",是碰不得的。其实单士元也不是生活在真空里,如有借吃饭之名,行鉴定之实,他一但知晓便婉言拒绝,但也有一次空前绝后的"鉴定"。一位在中央部委工作的友人,直接拿着自己心爱旧时名人画作来故宫找他,请单士元鉴定一下作品的真伪价值。得知后他已难回绝,先告知院办公室,请办公室找一位书画专家,同时请那位朋友不要进院,在传达室等候。不一会儿单士元与院中专家来到传达室由专家负责处理了这件事。然后单士元抱歉说明:"院中有不能私自鉴定文物的工作守则,我虽是一名老兵,不能破坏院中规定,请你谅解。"

记得在建院七十年前夕,多有媒体采访单士元,见报写道"溥仪出宫,单老进宫"。这是对单士元作为唯一的院史见证人的一句戏言,道出他七十年如一日的奉献以及对他的敬重。时也有记者采访问单士元:"以您七十年故宫工作,您如何看待文物的时代价值与文物工作者的职业道德准则。"单士元回答说:"作为一名文物工作者不能专攻真伪而不研习历史,不与历史相结合。如果只从货币价值看文物定真伪,或用货币去给国宝文物做价值取向,那么文物本身的历史与文化作用就会大大降低。同时至少说明是古玩商人,而不是文物工作者。"作为一名故宫人应意味什么?单士元是这样说的:"首先要从我国社会发展史上,对故宫博物院有高屋建瓴的认识,视故宫为一部包括我国建筑发展史在内的通史来认识到这一点,也是对一名故宫人的起码要求。"说到文物的时代价值,各类稀世珍宝器物体现祖国灿烂文化传统,几千年来未中断。今日我们可以得见,可

一〇九　1995年发行的故宫建院七十年邮封（这是经单士元
　　　　题签的纪念封）

以激发我们的爱国情怀。

　　10月10日在人民大会堂举办隆重的建院七十年庆典活动之际，故宫博物院还特许发行一套共计二张，纪念建院七十年的邮政纪念封和首日封邮品。在当年单士元又有一个小趣事。他是唯一亲历建院存世者，购买纪念封卡者，请他签名钤章，开始只是院内职工还好，留下或当时签，多了呢，单士元就带回家签好（图一〇九）。到后来媒体宣传便形成了签名大潮。时单士元未到办公室，签名者却比他还先到已在门口等候。院内的，院外的，认识的，不认识的都有，使单士元忙得什么也干不了。无奈之下，单士元在办公室门前写下戏言文字："喜迎七十院庆，首发纪念邮封，签名无法工作，声明抛笔歇业。"戏言归戏言，单士元在力所能及之下仍如此，或请他们留下电话，签好再联系。若是外地者则签好后尽快派家人邮寄给对方。

在院外，单士元的社会活动也不少。8月出席纪念天坛建成575周年，暨第二届天坛文化研讨会。单士元在发言中说，深入研究天坛在历代祭天仪式中，表现的传统文化内涵，再从古建筑角度上讲，要保护好这世界上的古建杰作。所以对天坛的保护与研究，是多种学科的。年底12月，单士元又参加北京昌平区关于居庸关长城的修复方案审评。他提出全面规划，逐步实施并实现用多种功能加强保护，应把长城本身当做最大的博物馆。单士元作为中国长城学会的顾问，也谈到应对长城的工程技术、材料工具、运输等相关史料要很好地收集总结研究。他说，北京长城以砖砌为主，过去没有大型起重机械来运输，又如何运上砖料修成，在陪同外宾参观时这是他们经常提到共同的问题。我们应收集确切史料文献加以整理宣传。同年的炎炎夏日，已是88岁的他又应湖南宗教局、文物局的邀请，乘飞机赴千里之外的南岳衡山参加修复规划工作会议，还由陪同搀扶登上了1290米高的衡山顶。

自1925年至1996年单士元在故宫供职已70年。解放前在故宫文献馆及营造学社，曾出版过部分专业的考证研究文著。但在解放后至80—90年代，只出版《故宫札记》和图文并茂的《小朝廷时代的溥仪》二书。前者以他多年来的随笔札记为主，后者则是只有万余字多的小册子，难以反映他多年从事历史档案与古建筑工作研究中的某些成果。此时单士元有一个心愿，把上述两学科的文著集出版成册，尤其是在故宫初期于明清档案方面早年编写的考证文章。他曾说明出版之因：选材史料均出自明清历史档案，其中有的是照抄原档而加写提要者，亦有用历史档案连缀成文者，择其要是以历史档案目录学为导引，窃思所辑史料皆为数百年间珍贵历史档案。多年封尘亦有不测而遭废弃，乃检出旧钞付梓藉供史学同仁参考。然而当时出版并非顺易，对于一生安贫度日的他，自然是件作难的事，也有告之该书不能盈利而表示为难。另有出版单位与单士

一一〇 《我在故宫七十
      年》书影

元协商他们的高招，拟将他考证文著如《清代秀女制度考》等拟编
成演义或戏说故事，对此单士元当仁不让坚决不同意。更有钱款颇
丰者，来到单士元面前以示成全，然多日后不了了之、无奈单士元
出版文集无果而待。当时他赋诗一首："潦倒寒儒囊羞涩，侠义豪
言愿助捐。迟迟不见阿堵面，宛似海市蜃楼缘。蕞尔幺魔来戏我，
要知真佛在眼前。锁而不会往前进，拨开云雾见青天。附言，余本
寒素厕身士林、读书之暇积稿盈尺。颇拟付之梨枣惜无制版之资，
号称侠义之人大言赞助，而口惠而实不至盖伪君子也。余知大千世
界真君子多于伪者，继续走访灵山，必见真佛也。余翘首以待良
缘。"单士元此诗不知何因被他的同门学长，北师大教授启功先生
得知。在启老大力帮助下，转年10月单士元首部学术论文集《我
在故宫七十年》(图一一〇)，终于在北京师范大学出版社出版。单
士元得以了结心愿。

　　中国文物学会下属中国传统建筑园林研究会，自成立以来一直

———　1996年单士元在医院与定居美国原故宫文献馆同
仁吴相湘先生相见

由单士元任会长。1996 年 7 月在东北齐齐哈尔明月岛召开第九届学
术研讨会。已近 89 岁的单士元虽年迈体弱，仍身体力行抱病与会。
并且在发言中回顾齐齐哈尔这块广阔大地，远自周代起就有中华民
族先民们在此生息繁衍，到清代初年反击沙俄入侵时，曾签订的尼
布楚条约，具有保卫国家权益的历史。同时他也谈到亲眼得见当地
的重要历史遗迹得到很好的保护。转年，单士元因病不再担任会长
的职务。

　　单士元作为一名老北京人，照他自己话说是世居京城的土著。
北京是他生长生活的地方，他自然对北京有深厚的感情。他在 80 年
代初，就被聘为北京市委市政府顾问团的顾问，在维护古都风貌、建
设新北京发展战略的工作中除了一份感情外，更多了一份责任。
1996 年 8 月北京市委市政府召开"首都文化发展战略研讨会"，单士
元应邀与会。他写出《对保护北京中轴线文化风貌的几点建议》一
文。他认为，今日能体现北京古都文化风貌的南北中轴线仍能见其
大体原貌。建议将景山后街原皇城墙合理整治，尽量将皇城遗址外

露，再现老北京规划风貌。

9月5日香港古迹保护委员会来内地访问，他们特地在故宫与单士元座谈，单士元说，在今后编写中国建筑史，待香港回归祖国后，一定要有香港特区建筑史，共同研究是非常有意义的。月底，第13届国际档案大会在京召开。单士元作为一名多年从事历史档案工作的老者，大会之前接受电视新闻片《走向未来》记者的采访。单士元回忆当年在故宫院中因整理明清历史档案文献得见真实史料，借此来说明凤阳中都宫殿与北京紫禁城修建规划设计等历史档案的记载和所起的作用。

是年10月25日，单士元在海外的老友，原故宫院中文献馆同仁吴相湘先生来京看望他（图一一一）。吴先生于解放前夕去了台湾，后定居美国。10月中旬为参加在广州召开的纪念孙中山先生诞辰130周年大会而顺道抵京，时单士元正在协和医院。吴先生特地赶到医院看望单士元。

纵观单士元一生，他生于清末光绪三十三年即1907年。求学时在师长提携下，参加清末帝出宫后文物清点工作。当时师长告诉他，这是完成辛亥革命未竟之业。青年的他还没有什么革命思想，脑际只潜在地认为参加宫中文物清点还属革命，自喜得以为荣。此后又在旧民国动荡之下和国民政府统治中，对于单士元这样一名只求固守清白的知识分子，难有一个生存环境。解放后他获得新生。1956年在党的培养教育下，从一个旧知识分子培养为共产主义奋斗终生的光荣中共党员。1996年12月4日，这一天对于年已89岁，有40年党龄的单士元来说，是个幸福的日子。因为他当选为中国共产党文化部直属机关第六届党代表大会的代表，光荣出席会议。在发言时他回忆自己早年亲历建院的艰辛和旧社会接连不断的内战，使得新生的故宫博物院总处在风雨飘摇之中，时时有被毁灭的危险。直到1928年南京国民政府统辖北平，故宫博物院才暂时稳定，然而日本军国主义入侵后，北平沦陷院内文物南迁。新中国成立后故宫博物院的事业才真正开展起来，成绩斐然，作为一名文物界的老兵在故宫七十年亲身经历这些变化，浑然地感觉到只有社会主义才能救

一一二　单士元与朱家溍在办公室

中国的硬道理，而领导中国走向社会主义的就是我们光荣的中国共产党，作为一名共产党员要为党的事业奋斗终生。

　　单士元与朱家溍可以说是当年故宫院中年长又德高望重的学者。二人在故宫工作相知相交也有数十年了（图一一二）。虽说两老都在院中，如果不是在院内外同时出席某些会议活动等，平日也难得相见。1997年1月7日故宫有关部门召开院内职工的职称评定工作会，邀请二老为评委。于是他们在会上得以相见了。晚饭后二老又坐在一起交谈，主题三句话不离故宫事，二老一致认为，故宫培养专家较多，而培养多学科者似不足，说到学术，则学少术也不够。二老共识，基础要厚知识要博，选二三科深入学习研究可触类旁通，朱老还回忆他在辅大求学时的导师顾随先生，只要一见到顾随先生，头一句话就问，现在读什么书？当时自己不能说没读书，只能告诉先生正在读哪些书，时顾先生又说了，有什么问题没有？自己又不能说没问题，于是顾先生让有什么问题记下来。……经朱老一说，让单老回忆起挨陈垣师的一顿"批评"。一次，单士元去看陈垣先生。

陈师知单士元在教书就问他，你讲课选些什么相关材料？单士元回答说，不用选些什么，有讲义课本教材足矣。时陈垣师抿嘴一笑对单士元说，现在教书可真容易啊！然后告他课前准备，做一些卡片，讲课要认真。对这些单士元说，陈师的教训使我受用一生。朱老和单老还认为现在院内应加强责任制与管理，一旦发生失误后果是很严重的。

　　在1996年单士元一次到外地开会，由于接待大会宾馆的地面很滑而不慎摔倒，当时似无大碍，但回来不几日后，一条腿不能下地走路了，需住院医治。就这样，他的身体每况愈下，到1997年春又

一一三　1997年国家文物局文博专家迎春茶话会合影（左二为单士元、左三为李铁映）

合并其他老年病，再次住院。

　　1997年新年伊始，农历的新春佳节就在阳历2月初。1月31日国家文物局举办文博专家迎春会，国务委员李铁映繁忙中出席并讲话（图一一三）。时李铁映领导向在座的专家祝贺新春时，特别搀扶单士元，邀请单士元与自己同坐在主座上促膝交谈。1997年3月6号《中国文物报》头版刊登了国家文物局机关工作人员守则（试行）。当时引起文博界的普遍关注，诸多专家表达了守则的必要性，以及拥护实施遵守的心情。单士元看到在欣喜之余，于刊登的报纸上《守则》第六条"严守职业道德，严禁个人收藏买卖文物，不在文物交

　　一一四　1997年单士元出席中国古代建筑艺术展并讲话
　　　　　　（后排右一、二、四分别为罗哲文、张铸、高占祥）

一一五　单士元在1997年举办的庆回归香港热土收藏仪式上
（左为单士元、撒土者为侯仁之、侯仁之后右二为张开济）

易活动中充当捐客的规定"文字下，用红笔分别画上红圈，后又增加了3个红红的叹号，表示是非常重要的内容。同时在报纸空白上写下"一个文物工作者不能在买卖文物中做捐客，拍卖中举牌落锤。这是重要文件，严格遵守"。是年5月底，由北京市古建学界数个单位在中国美术馆联合举办"中国古代建筑艺术展"，请单士元出席并为彩画长卷题词（图一一四）。他写下"山节藻棁"四字并解释说，早在《论语》中已有描写彩画出现的文字。说明在两千多年前，我国就有彩画工艺技术了。山节就是节柱上的斗栱，藻棁为画着水草花卉的短柱。

　　1997年7月1日这一天对于我们中华儿女来说，是一个值得庆贺的日子。这一天中英香港政权交接仪式在香港隆重举行，标志我国政府对香港恢复行使主权。仅3天之后的7月5日来自回归庆典之后香港大地的一抔黄土，由单士元与侯仁之代表全国人民，用双手郑重地撒在中山公园五色土社稷坛的坛台中央（图一一五）。数日后

一一六　1997年故宫院中举办单士元首部论文集《我在故宫七十年》首发式

　　他建议故宫院内有关部门学会，将原清王朝在不平等条约上钤印的玉玺，以香港回归祖国的契机，进行一次爱国主义教育展览，同时附有回忆讲解，使人们了解这段被欺辱的历史。虽无果，但后来单士元写下文字来说明："对于我国人民参观故宫，不要作为单一的旅游胜地，从明清以来，葡萄牙占澳门，英吉利占香港，明清两代王朝留下的国耻，在紫禁城里可以查出。沙俄在17世纪逐渐吞并我国领土有150万平方公里，第二次鸦片战争火毁圆明园，沙俄以调停人身份借机夺取我国土地，河流之长相当欧洲多瑙河那样长，清王朝钤的玉玺还在故宫博物院中。但是这些可耻的证据，而只作为珍宝向中外游人参观介绍，这样怎能激起国人爱国思想呢？"

　　故宫自1961年被列为全国重点文物保护单位，1978年又被联合国教科文组织批准为世界人类文化遗产之一，在国内外享有极高声誉。紫禁城外52米宽的护城河也是故宫的重要组成部分，然而因种种原因90年代护城河周边遭到污染，部分河墙残坏未能及时修缮。

总之，环境令人堪忧。其实两年前的1995年作为院中顾问的单士元对筒子河保护表示明确的看法："维护筒子河与维护故宫一样重要，也是一个重要系统工程，不可忽视。"筒子河的现状不但牵动着单士元的心，也让其他专家学者看在眼里，希望整治筒子河工程尽快实施。1997年8月12号单士元与罗哲文、侯仁之、张开济、张镈、吴良镛、李准7位专家学者在《北京日报》上发表呼吁书，呼吁在20世纪末，一定要通过坚持不懈地努力，整治好筒子河，在我们的手中，把一个壮美的紫禁城完整地交给21世纪。

香港回归百日后，又迎来了建国48周年国庆日。在全国人民举国欢庆之际，中央电视台在故宫神武门前采访单士元，那天上午天气很晴朗，蓝天、白云、高高的五星红旗随微风飘扬。采访记者对单士元说，今日是建国48周年国庆日，中华人民共和国的五星红旗在高高飘扬，您老已90高龄，一生见过几种旗帜？单士元告诉记者，我生在清末光绪三十三年（公元1907年），儿时见过清朝大龙旗。启蒙私塾已辛亥革命后，那时是民国五色旗。步入青年时期北伐革命成功，那时见到的是国民党的青天白日旗。中年30岁时至不惑之年，是我一生中最艰难困苦的8年，那就是日本侵略者入侵北平后，见过日本入侵的太阳膏药旗。经八年抗战，侵略者终于与他们旗帜一起被赶出我们神圣的国家。说到解放后单士元告诉记者，1949年在北京，一名从旧社会过来的知识分子，第一次见到盼望已久的五星红旗。他同时兴奋地说，在共产党的培养教育下，光荣地参加中国共产党，在党的旗帜下宣誓，为共产主义事业奋斗终生。1997年7月1日香港回归祖国，又见到了香港特区的标志旗帜。单士元欣喜之情溢于言表，采访记者对单老说，您老一生所见的旗帜，从一个侧面反映我国从落后衰败走向繁荣富强，是祖国昌盛、人民幸福的缩影。同时也说明了只有在中国共产党的领导下，走社会主义道路才能救中国的真理。

《我在故宫七十年》是单士元关于故宫研究的第一本学术论文集，全书辑论文40篇，凡35万字是他部分论文的结晶。由北京师范大学出版社出版。全书大致为两部分内容，其中历史档案部分是清史档案学研究的理论之作。如《总理各国通商事务衙门大臣年表》一文,是清史稿所缺记的。又如《档案释名发凡》是较早论述档案学的理论文著。还有对原皇宫中的军机处档案、清代内阁大库档案整理的亲历所记,以及明清两朝奏折、黄册、题本等档案文献原件考证论述之作。其二就是古建研究。这是单士元早期对中国建筑史研究的主要成果。其中对故宫文渊阁、南三所、浴德堂等从建筑宫廷史角度的论述考证,经过数十年间至今仍为学术界敬重。10月16日在出版完成之际,北师大与故宫院中联合举办单士元首部学术论文集《我在故宫七十年》首发式(图一一六)。单士元终于得见自己的学术成果成册。尽管如此,单士元仍在卷首前言写到出版目的,就是想给历史档案学界留下可信可用的真实史料。

　　1997年12月单士元90岁生日那天,中国文物学会会长罗哲文等学会领导成员,拟为单士元举办一个九十华诞祝寿会。开会祝寿单士元同意了,但送什么寿礼最好呢?最好能表达学会同志的心情,又能体现他在文博界的辛勤奉献。这使罗会长等领导大伤脑筋,知送其钱物单士元是概不接受的,同时这也不是开祝寿会的初衷。后

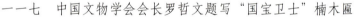

一一七　中国文物学会会长罗哲文题写"国宝卫士"楠木匾

经反复研究决定由罗哲文会长亲题写"国宝卫士"四字，制成楠木烫金字牌一方，在12月1日祝寿会上献给单士元。届时他欣喜接受了这块寿匾并说："我在80岁时故宫同人赠'鸿才硕彦'匾一方，是对我这文博白丁，痴叟不虞老朽之誉，愧不敢当。今年90岁之际，文物学会赠'国宝卫士'匾一方，是识我工作而言。拜领更需继续努力。"（图一一七）

单士元九十人生在晚年还曾立座佑三铭鞭策与律己，加强自己的修养道德规范。其一，安贫乐道铭："君子安贫真富贵，达人之命是吉祥。"其二曰处世铭："行止无愧天地，褒贬自有春秋。"其三是修身铭。他曾解释说，古有言："君子安贫达人之命。在当时正值经济开放，下海经商是热道之时，我不能矣。对经济收入，安贫不等于不喜富。但取之有道，若贪心欲望大，再不合法理攫取，则失去自己自然与原本富贵了。还有遇过誉之言如秋风过耳心无感受，不沾沾自喜不引此为荣。若遇求全之毁言。犹如帽带我耳。不得闻。若入耳，亦不介意而当引以为戒。"

转年1998年1月底新春佳节就要到了。1月21日单士元出席国家文物局在京专家迎春茶话会后，身体又有不适。3月底昌平十三陵办事处邀请他参加居庸关长城修复庆典活动，之后又住进医院。就这样断断续续地住院出院近一个月。到4月初检查出有癌症，再次入院治疗，在前几日只做一些常规检查，在医生的护理下，他的精神明显好转。凑巧院中几位刚分配来的大学生看望单士元。他笑着问他们，何为故宫博物院呢？青年一下子愣住说，那是单位名称啊！单士元对他解释说，其中有两个内容，一个是故宫，另一为博物院。两者既为一体又有区别，前者是最早列入世界文化遗产名录和全国重点文物保护单位的古建群体。后者则是全国最大的博物院。作为封建帝王宫殿的故宫，我认为故宫本身就是一座最大的有关我国古建发展史的博物馆，其内珍藏器物又反映社会发展史和传统文化内涵。单士元还向年轻人提出另外一点，就是革命先行者孙中山是中华文物保护第一大家。他推翻帝制王朝没有损坏宫殿群体，因而我们得见由皇宫成为故宫再缔造的博物院。来访青年听后兴奋不

一一八　单士元在张伯驹先生百周年诞辰会上与启功先生见面

已,连连感谢单士元。

单士元在住院期间仍然想着故宫的工作,关心文博事业的发展。4月15日《中国文物报》头版报道,在国务院及教育部文化部等有关方面努力下,为培养多门类高素质专业人才,适应新世纪文博事业发展的要求,国家文物局和北京大学联合兴办中国文物博物馆学院,又称北京大学考古文博院,追溯历史,自1922年北京大学研究所国学门设立考古研究室算起,已走过76年的发展历程。时单士元在病榻上得见此报道,欣喜写了恭贺中国文物博物馆学院成立的文字:"……国家文物局与北京大学合办文博学院……文博院性质与旧北京大学研究所国学门性质有相似之处。余为原北大研究所国学门研究生。故余所知研究所设立是蔡元培校长倡议,当时蔡校长任所长,沈兼士教授任主任。同时成立一个委员会都是本校名教授委员,有蔡元培、沈兼士、李大钊、马裕藻、朱希祖、陈垣、李宗侗、袁复礼、江绍源、王国维、柯绍忞、陈寅恪等大师轮流讲课。研究生不分某学某系都能来听。三院工字楼每次讲座无虚席。……我欣喜有此学院，祖国文物博物馆事业更加兴旺发达。"

4月25日北京市档案馆举行建馆40周年纪念大会。单士元仍应邀坚持抱病与会。弱不禁风重病缠身的他，发言时还幽默一把说："我今年已过90岁，有人问我，单老头儿，你吃了什么补品？我回答，从青年小伙到现在垂暮老朽，吃的补品就是历史档案！"大家听了报以掌声。特别一提的是，在4月中首都文物界、学术文化界和故宫博物院，集百余名专家学者隆重召开文物收藏家张伯驹先生诞辰百年纪念会。单士元特地从医院赶来与会。他身体虚弱，只能简短地回忆缅怀张伯驹先生便离开会场。但使单士元欣慰的是，他听到了有关领导对他的关心，以及祝他早日康复的祝福。单士元更是见到他数十年来相识共事相交的老友，如启功、朱家溍、周汝昌等（图一一八），时还与单士元期许，待他病愈再相聚。5月6日那天，著名海内外学界公认的古籍版本目学家顾廷龙先生，也到医院看望单士元（图一一九）。顾老是来与单士元商谈国家国书馆新馆建

一一九　1998年著名学者顾廷龙前往医院看望病重的单士元

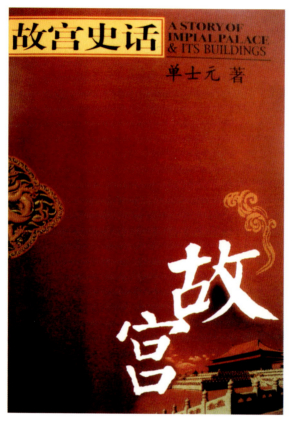

一二〇　单士元故去六年后其遗作《故宫史
　　　　话》出版（这是封面照）

成后，老馆修复之事。原来顾老与单士元早在 1930 年时，在图书目
录学、历史档案的研究上经常探讨合作。二老曾多次在老北图馆里，
在版本目录与古籍刊刻、鉴定珍版稀有史料诸方面上共事。这次顾
老来到医院，是北图拟请二老做顾问指导，顾老听说单士元住院，便
与北图同志一起看望他。谁知苍天无情，谁也没想到，单士元与上
述老友相见，却成为最后一面的永别，5 月 25 日单士元手术后 3 日，
因突发心脏病不治而病逝（图一二〇）。

附　　录

生平简表

1907 年　农历 10 月 17 日，公历 11 月 25 日，生于北
　　　　京西城什刹海畔南官坊口胡同一四合院中，
　　　　父亲单宝田，母亲单马氏为城市贫民。

1911—1915 年　4 岁开始读私塾，至 1915 年已 8 岁，
　　　　曾在地安门内东板桥，地安门外帽局胡同
　　　　和地安门东原清末太医院的太医办的私塾
　　　　学习。读书内容大体为旧时儿童启蒙读物，
　　　　即三字经、百家姓、千家诗、千字文。此时
　　　　乔迁到地安门东蓑衣胡同。过继给无子女
　　　　的二伯父母单宝亭做养子。

1916—1918 年初　在鼓楼前方砖厂胡同一老中医办
　　　　的私塾堂学习。1918 年因年龄已 10 岁，是
　　　　学童中大生，又有数年私塾学习经验，故
　　　　先生忙于接诊时，多由单士元代为小先生。
　　　　此时在民国教育部已要求私塾堂按照民国
　　　　颁发统一课本教授学童。并有执行检查者
　　　　称为"督学"。以查是否按教育部的新编课
　　　　本教书，但当时多数私塾先生不愿接受新
　　　　式教法内容。让学童备新旧两套课本，巡
　　　　查到以示搪塞用之，但新课本已是主流。

1920—1921 年　12—13 岁，一面读书一面做工，曾
　　　　在大栅栏门框胡同一小五金作坊当小学徒，
　　　　后又在东四牌楼附近的万历桥一前店后厂
　　　　中药铺学制丸药。但时间都不长，各有数
　　　　月，总计不足年。

当年有浙江文澜阁补抄四库全书之举，地点在安定门内国子监，因代为求职者之误，单士元以单鑫福之名，被聘录抄写员。补抄页现存杭州文澜阁图书馆内。

其养父和生父共积攒千元，买下鼓楼后街附近前坑胡同一所三进院住所。

1922—1924年初　1919年五四运动前后，在北京大学校长蔡元培倡导下，由学生会筹办"平民夜校"，有初、高二班学制，办学宗旨是让平民子弟获得读书机会。此时单士元就读平民夜校，由于对文史有兴趣，成绩优秀，通过考试被批准到史学系旁听。夏秋考入史学系成为一名正式学生，当年受教于沈兼士、朱希祖、陈垣、马裕藻、周作人诸教授。

1924年　11月5日，清逊帝溥仪自辛亥革命后居住清宫苑之地，被逐出宫苑，民国政府即成立清室善后委员会以清查原宫藏物品，主持者大多为北大教授和社会名流。12月29日单士元以一名书记员身份被批准在善委会参加点查事项。

1925年　1月7日，在善委会职员名册中，正式入册为书记员，清点文物单士元曾参与坤宁宫、交泰殿、弘德殿、昭仁殿、端凝殿以及原御茶库药房等处的点查。

因在北大读书，经教授同意以半工半读形式点查事务。

2月—3月，由部分师生利用清宫原历史档案史料编辑一本名《文献》的历史知识性小型刊物，委任单士元做校对之事，出至第 5 期因故而停。

10 月 10 日，以清宫点查旧址成立故宫博物院，单士元被批准继续在院。后分配在院内设立图书馆下的文献部，以整理原皇宫中旧藏历史档案史料文献为主要职责，仍在北大读书。

是年底，沈兼士教授指导下，完成《南三所考》一文，对宫内南三所其名渊源进行考证。

1926 年　1 月，奉陈垣委派与同仁张德泽等人到民国政府国务院接收原清朝自雍正到宣统年的军机处档案折包，三千余包，计八十多万件珍贵军机处档，得使这批原档案史料"二进宫"。

1927 年　文献部改称掌故部，民国要员许宝蘅负责图书馆及掌故部工作。曾指导单士元整理出版以清代档案为主的刊物《掌故丛编》，《文献丛编》在至第 7 期后许离开，由陈垣、沈兼士前来指导，出版 20 余期，此时单士元已多为主编，同时整理清军机处档于大高玄殿内。写出《清代军机处档案》等对军机处档案的研究文章。

1928 年　国家南北统一，成立国民政府，派官员接收故宫，在相对稳定环境中，单士元整理出版档案。得见有学术价值史料则编辑发表，如《清代内阁大库档案流散记》以一家之言叙述内阁大库档案痛失的概况。

1929 年　国民政府派易培基任故宫博物院院长，在此时于文献部、掌故部的基础上，成立文献馆。同院中古物、图书两馆一起，形成三

个独立研究业务机构。此时单士元编辑多
种档案文册，如太平天国文书、中日交涉
史料，撰写文著《五国公使觐见中国皇帝
史料辑要》。这些出版物为研究明清历史的
各界学人所重视，因此时前来查阅利用档
案的学界人士日益增多。此刻单士元在文
献馆又多一个接待学者的任务，接待过蒋
廷黻、吴燕绍、刘半农、顾廷龙、王芸生、
妙舟法师等。

在史学系毕业后，教授又推荐单士元报考
北大研究所国学门，习研明清史档案史和
金石考古之学。当年要例行通过考试，交
报考论文，单士元以《清代文字狱》一文，
经教授会一致通过，发给研究生证。

1930 年　在原皇宫中内阁大库和实录库存有明清两
代王朝档案实录文书，此时文献馆开始对
内阁在库剩余残存档案进行清理，完成后，
与同仁共商编出《清内阁库贮旧档（内阁
留有部分）辑刊》。

此年，民国政要朱启钤隐退政界后，在北
平中山公园成立中国营造学社。朱为社长，
有法式与文献二部，分别由建筑专家梁思
成、刘敦桢主持。单士元应聘在文献部任
编纂。

除夕，北大校长蒋梦麟邀请北大教授及研
究所师生在二院宴会厅举行茶话会，单士
元在被邀之列。

1931 年　以东华门内阁旧址设立临时办公处，开始
整理红本实录，并对乾清宫、皇史宬等处所
存实录、圣训起居注及昇平署剧本等着手

整理。上述工作单士元均参与其中。当年
刘半农师生对宫中乐器集中鉴定音律，单
士元给予协助。是年，生父病故。

1932年　1月，社会调查所所长陶孟和及汤象龙教
授，请单士元在其刊物《中国近代经济研
究集刊》撰写《故宫文献馆档案之分析》。
夏秋，单士元在研究所国学门毕业，论文
为《总理各国通商事务衙门大臣年表》，是
一篇对清史稿补遗之作。

1933年　由于日本入侵东北，华北告急局势紧张，国
民政府决定择故宫精品文物出宫南迁，单
士元虽被留守故宫院中，但参与南迁文物
的包扎装箱等工作。是年，编出《太平天
国史日历》。

1934年　研究所毕业后，多有聘书邀请授课，如北
师大，中国大学等。单士元讲授通史，近代
史、明清史和历史档案，同时在文献馆撰
写《整理清代实录记》。

1935年　利用原档案史料，编辑历史档案重要文著
《清帝起居注考》、《北京天坛》及《满文老
档》等。

1936年　在中国图书馆博物馆协会第一次年会上，
应邀发言介绍建立档案目录的论文《档案
释名发凡》。以说明用档案释名之法，根据
目录使阅者依名检索，获得指南的便利。
应辅仁大学校长陈垣的邀请与辅大秘书长
英千里及古建专家梁思成、林徽茵、刘敦
祯、刘致平等人以首批研究者身份，进入
原恭王府邸进行实地考查。此时尚未有对
其府历史沿革的考证问世。故陈垣命单士

元做史实沿革之考，写出《清恭王府沿革考略》。

1937年 7月7日北平沦陷，中国营造学社古建研究被迫中断。

是年北平沦陷时期，故宫处在难以维持的时期，单士元不与日人和私汉奸合作，在处境艰难生命更难保全之下，保持民族气节。

1938年 曾写出《清代秀女制度考》一文，以借古讽今暗骂汉奸犹同清王朝皇帝内务府下的奴才一样，并改名"单乾"隐居在北平沦陷区。

1941年 辅仁大学爱国抗日师生组织"炎社"，以顾炎武"天下兴亡，匹夫有责"的精神进行斗争，时以《辛巳文录》出版刊物，单士元应约撰文后遭敌人搜查，险些被抓。

1942年 北平伪政权派人接管故宫。后伪政权接管者在朱启钤、叶恭绰暗示之下，将单士元从文献馆调到图书馆，使其躲开了汉奸的迫害。

1946年 当年旧华北文法学院址系清代礼王府，单士元在授课期间对该府的历史沿革、礼王传略、礼王承袭和府第规制颇有研究，写出《礼王府考》一文。

1947年 12月，故宫博物院文献馆馆长沈兼士8月病故，12月为沈先生出版纪念特刊《文献论丛》，单士元撰写《清代奏事处考略》以缅怀恩师。

1948年 养母（二伯母）病故。

1949年 1月，北平和平解放。2月，军管会接管故宫，单士元以旧政府机关职员留用，并开始参加革命工作。在党的教育下，初步懂得革命道理，决心用自己熟悉历史档案取材，揭露帝国主义封建主义对人民的压迫，从重视历史的真实性出发，编辑《近代史丛谈》近百余篇，曾在《天津进步日报》、《上海大公报》辟专栏，以笔名君实发表。

1950 年　在《上海大公报史学周刊》发表《一八七三年五国公使觐见中国皇帝始末》(以提要发表，全文待发)。

1952 年　与来华讲学的前苏联专家交流历史档案工作。

1953 年　编辑第一本《故宫导引》。

　　　　是年，养父（二伯父）故去。

1954 年　时正值加紧建设百废待兴的新中国，当时中央政府文化部文物局领导人郑振铎、王冶秋，通过梁思成的举荐，把修缮故宫古建任务委任单士元主持。当年单士元着手组建建筑研究室，工程修缮队接收自明清以来生产古建琉璃砖瓦的老窑厂，并聘用院外有娴熟传统工艺技术的匠师来院参与修缮，还提出四句十六字原则，即：着重保养，重点修缮，全面规划，逐步实施。

　　　　在中国人民大学应聘教授，开办历史档案专题讲学，至 1955 年。

1956 年　国家建工部决定成立建筑科学研究院，时院长主持设立建筑历史与理论研究室，因梁思成、刘敦桢二先生在校执教，请单士元代理研究室主任。

　　　　6 月，与故宫同仁李鸿庆受文化部文物局指派，到山东曲阜孔府，协助当地文保所清理原孔府的档案文物，并考查孔庙等古建筑，返京后，写出《山东曲阜孔府档案整理记》的工作报告，郑、王二领导曾亲写眉批并发表在 1956 年《文物参考资料》上。

任故宫建筑研究室代主任，主持对故宫西北角楼的修缮，启用老匠师马进考、杜伯堂等人，以老带青传授技艺，并实施古建修缮方针。是年，生母病故。

11 月，由两位长征老革命介绍被批准入党。

1957 年　首次在建研院以"北京故宫进行修保护养状况"的专题讲述故宫。

1958 年　院外，为纪念建国十周年，在刘敦桢主持下决定编写《中国古代建筑史》，《中国近代建筑史》和《中华人民共和国建筑十周年》三部书，单士元作为编委会成员之一，并承担明代至鸦片战争时期涉及明清故宫、坛庙衙署等的内容。

担任国家建委建筑史编纂委员会委员。主持故宫大修工程，写有《永定门》、《正阳门》等有关北京古建筑史的文章，编印建筑艺术装饰丛书《宫灯图录》。

1959 年　9 月，故宫大修在单士元主持下高质量提前完成。

1962 年　单士元正式被任命为故宫博物院副院长。

编写《中国历史小丛书·故宫史话》。

1963 年　在建筑学报上应约撰写《宫廷巧匠——样式雷》，介绍供役明清两代宫廷建筑世家雷氏家族。

院内主持修缮午门正楼的加固工程，在不拆卸前提下，采用"叉手"加固法，解决劈裂架梁的承重问题。

《清代秀女制度考》刊于1963年《故宫博物
院刊》。

1964年　北京大学历史系周一良教授邀请单士元在
历史系开历史档案专题讲座"六十年来新
发现的史料",阐述明清历史档案的学术价
值与利用。

8月出席建研院召开的《中国古代建筑史纲
要》专题研讨会。

1966年　"文化大革命"开始,单士元从陕西被召回
北京参加学习。

1969年　到湖北咸宁向阳湖湖畔参加"五·七"干校。

1971年　到丹江继续学习革命文件。

1972年　5月,单士元被暂时安置在院研究室,但无
工作任务。他自己找研究课题,如易经中
有关科技内涵和古代罗盘等的研究。

1975年　7月,与吴仲超院长前往承德,参观承德避
暑山庄古建园林。

10月,应邀到安徽凤阳与当地文管所共同
对明皇陵考查研究。

参加在江西景德镇召开的中国建筑保护维
修学术讨论会,并参加在京西郊香山举办
的中国古陶瓷和窑炉的学术会议。

1976年　4月,出席《中国建筑技术史》协作会议。

9月,中科院学部组织专家学者编写卷帙浩
繁的《中国科学技术史》。其中一个分支卷
册《清工部工程做法》约请故宫博物院组
织编写。于1958年开始时,院领导则任命
单士元主持编写,此历近20年终于完成。

1977年　中科院编写《中国古代建筑史》时聘单士
元为全书顾问之一。单士元亲自担任《琉

璃砖瓦技术》的编写。内容包括琉璃工艺考源、琉璃釉料的制作和制釉挂釉等。

夏，考古学家宿白先生写信给单士元，共同研究故宫地基工程有关砖瓦用料年代的确定。

1978年　中组部下发恢复单士元故宫博物院副院长的任命书。

1979年　被选为全国政协第五届委员。

在杭州召开中国建筑学会，建筑史学会委员会推选其为主任委员。

建筑大师吴良镛先生写信，对单士元提出的进行古建工艺技术的研究表示支持与赞许。

5月，应邀参加在南京召开的太平天国史学术讨论会。

7月，与院中同仁到东北沈阳清太祖努尔哈赤陵寝管理处做业务交流。

1980年　6月，到山东曲阜协助孔庙孔府文物档案的整理工作。

6月中旬，与老友古建专家陈从周畅游故宫。

9月，参加北京史学会成立一周年的学术年会，被聘为顾问。

参加内蒙古呼和浩特的长城保护研究座谈会，会上响应罗哲文的建议，即建立全国性的长城保护机构。

任北京市土木建筑学会古建园林研究组组长。

与有关学者在京举办圆明园被毁120周年学术讨论会，在会上签署保护整修利用圆明园遗址的倡议书。

1981 年　8 月，出席《北京市历史地图集》的审图会议。主持江西景德镇建筑史学会年度学会，再次重申古建工艺技术研究的重要性。

应邀参加《中国大百科全书·考古卷》的撰写。

1982 年　12 月，受聘为国家文物委员会委员。

1983 年　与侯仁之、吴良镛被邀请为编写《北京建筑史》一书的顾问。

与侯仁之、罗哲文考查北京西便门明代城墙遗址。

与国家建工总局、中国建筑学会联合在故宫午门城楼举办"北京明清建筑展览"。

参加国家文物局召开的全国古建筑及古文物的保护以及制立安全措施的讨论会，单士元发言应以故宫为例，做好安全防火，要万无一失。

1984 年　6 月—7 月，应邀出席在美国路易斯安那州举办的世界博览会，介绍中国古老乐器编钟的历史文化内涵。

10 月，已过古稀之年的单士元从副院长职务改为院中顾问。

继任全国政协第六届委员，在什刹海银锭桥修缮施工竣工后题写"银锭桥"三字。

1985 年　6 月，应邀参加安徽歙县古城保护规划评议会，10 月，故宫博物院建院六十周年之际，文化部长朱穆之向单士元授供职的60年的荣誉证书以及院级顾问证书。

1986 年　6 月，在广东佛山召开的古建园林学术研讨会上，与罗哲文等专家呼吁修缮古建要修旧如旧，不能走样。

与罗哲文、郑孝燮、侯仁之等人，考察山海
关长城遗址和内蒙古元上都城遗址。

10 月，北京市科学技术协会主席茅以升授
予单士元荣誉证书。

参加清华大学举办"纪念梁思成诞辰八十
五周年"纪念会并撰写忆文。

11 月，应贵州省文化厅邀请与时任国家文
物局马自树副局长等到贵州做文物文化遗
产的考查。

12 月，审阅由天津大学建筑工程系编写的
《清东西陵》一书文稿。

1987 年　参加邓之诚诞辰百年纪念会。

全国政协文化组织视察，单士元与罗哲文
到四川乐山得见已辟为校址的大庙的柱础
结构源于殷商时代，时克服阻力建议加以
保护。

出席在人民大会堂召开的中国长城学会的
成立大会。

任中国文物学会下的中国传统建筑园林研
究会会长。

出席纪念中国营造学社大师刘敦桢诞辰八
十周年纪念会。

1988 年　中国土木学会授予"单士元同志半个世纪
以来您为我国土木工程建设工作辛勤耕耘
做出了优异成绩特予表彰"的荣誉证。

接到国家档案局第00359号的表彰及"单士
元从事档案工作三十年"的荣誉证书。

与罗哲文、郑孝燮、史树青等专家到河北
保定出席保定莲池书院开院典礼。

1989 年　出版《小朝廷时代的溥仪》一书。

在北京市建设技术交流中心，召开"中国营造学社六十周年"纪念大会。

1990年 4月，与罗哲文、郑孝燮到陕西仙游寺遗址考查论证。

6月，出版第一本以笔记札记为主，以明清历史档案古建史料为内容的《故宫札记》。

9月，与侯仁之考查北京金中都水关遗址。第一位妻子病故。

12月18日，参加北京先农坛太岁殿修缮竣工典礼。

12月25日至27日，应邀到辽宁省丹东市参加"明长城东端起点的论证会"，考证出明长城东端起点的具体地段，认定位置与走向。

1991年 5月，与罗哲文共贺《中国博物馆总览》（日文本）出版，撰文于《中国文物报》。

8月，应邀出席保定清代直隶总督府旧址修复规划研讨会。

9月，参加首届北京文物节庆祝活动。

25日，在单士元亲自筹办下，北京古代建筑博物馆正式开放。

1992年 8月，单士元上陈国家文物局等主管单位，建议将有古建工艺技术的匠师及他们的手艺拍成影视图像，以规范修缮古文物的原则技法。

10月，为《故宫人》报创办两周年题词：热爱故宫，热爱社会主义祖国，热爱中华民族传统文化，热爱中华民族。

1993年 年初，应邀参加市文物局召开的京西石景山区明代法海寺内壁画、佛经以及木雕佛像等历史文物价值的研讨会议。

1994 年　5 月 21 日，赴台湾会见 60 年前与他同在故宫供职的同仁，台北故宫博物院学者那志良先生。

7 月，到湖南株洲主持修复炎帝陵风景区规划审评会。

11 月，收到老学长启功先生赠送会意诗。

1995 年　7 月，应湖南宗教局文物局邀请参加湖南南岳衡山修复规划会议，以 88 岁高龄上到 1290 米峰顶。

9 月 18 日，出席中国紫禁城学会成立大会，被推选为会长。

10 月 6 日，故宫博物院为单士元举办"庆贺单士元先生为故宫博物院辛勤奉献七十年"纪念会，向他赠送"鸿才硕彦"楠木烫金字匾一方。

10 月 7 日，因其为中国档案学会理事，第一历史档案馆特聘单士元为馆外职称评委，单士元应邀参加中国第一历史档案馆成立 70 周年纪念会。

10 月 10 日，出席文化部在人民大会堂举办的故宫博物院建院七十周年纪念大会。

12 月，参加北京昌平县居庸关长城修复方案审评会。

1996 年　6 月，参加中国当代古建学人举办的第二届兰亭叙谈会暨《古建园林技术》三届四次编委会。

7 月，以 89 岁高龄到黑龙江省齐齐哈尔市参加第九届中国传统建筑园林研究会年会。

8 月 27 日，参加首都北京文化发展战略研讨会,提出对北京首都中轴线的保护建议。

9月,在故宫与来内地访问的香港古建保护委员会学者座谈。他提出,在编写中国建筑史时一定要有香港特区。

12月4日—6日作为中国共产党文化部直属机关第六届党代会代表之一,参加党代会。

1997年　1月31日,出席国家文物局举办的文博专家迎春茶话会。

5月28日,被邀请出席中国古代建筑艺术展,并为彩画长卷题写"山节藻棁"。

7月5日,与著名学者侯仁之代表全国人民,将回归后香港第一抔黄土,撒在中山公园五色土社稷坛中央。

8月12日,与侯仁之、吴良镛、罗哲文、张镈、张开济、李准六位著名古建学者投报呼吁,把一个壮美的紫禁城完整地交给21世纪。

10月1日,接受中央电视台记者在故宫神武门前的采访,通过亲身得见不同时期的旗帜畅谈国家繁荣昌盛。

10月16日,单士元首部学术论文集《我在故宫七十年》出版。中央各级领导及单士元诸多好友参加了首发式。

1998年　1月21日,参加国家文物局召开的在京专家学者迎春茶话会。

3月28日,应邀出席居庸关长城修复典礼。

4月16日,首都文物界学术界举办张伯驹先生诞辰100周年纪念座谈会,单士元仍抱病与会。

4月25日,抱病参加北京市档案馆建馆四

十周年纪念会。

5月6日，与相识共事五十余年的顾廷龙先生，在协和医院病房相见。

5月25日，病逝于协和医院，享年91岁。